西昌学院“质量工程”资助出版系列专著

民族地区职业技术教育与经济互动发展研究

MINZU DIQU ZHIYE JISHU JIAOYU
YU JINGJI HUDONG FAZHAN YANJIU

主　编　马小丽
副主编　易　莉　耿德英

四川大学出版社

责任编辑：陈　纯
责任校对：杨丽贤
封面设计：墨创文化
责任印制：王　炜

图书在版编目(CIP)数据

民族地区职业技术教育与经济互动发展研究 / 马小丽主编. —成都：四川大学出版社，2013.12
（西昌学院“质量工程”资助出版系列专著）
ISBN 978-7-5614-7460-0

Ⅰ.①民… Ⅱ.①马… Ⅲ.①民族地区-职业教育-关系-区域经济发展-研究-中国 Ⅳ.①G719.2 ②F127

中国版本图书馆 CIP 数据核字（2013）第 315621 号

书名　**民族地区职业技术教育与经济互动发展研究**

主　　编　马小丽
出　　版　四川大学出版社
地　　址　成都市一环路南一段 24 号（610065）
发　　行　四川大学出版社
书　　号　ISBN 978-7-5614-7460-0
印　　刷　郫县犀浦印刷厂
成品尺寸　170 mm×240 mm
印　　张　13.5
字　　数　281 千字
版　　次　2014 年 5 月第 1 版
印　　次　2014 年 5 月第 1 次印刷
定　　价　28.00 元

◆读者邮购本书，请与本社发行科联系。
电话：(028)85408408/(028)85401670/(028)85408023　邮政编码：610065
◆本社图书如有印装质量问题，请寄回出版社调换。
◆网址：http://www.scup.cn

总序

为深入贯彻落实党中央和国务院关于高等教育要全面坚持科学发展观，切实把重点放在提高质量上的战略部署，经国务院批准，教育部和财政部于2007年1月正式启动“高等学校本科教学质量与教学改革工程”（简称“质量工程”）。2007年2月，教育部又出台了《关于进一步深化本科教学改革 全面提高教学质量的若干意见》。自此，中国高等教育拉开了“提高质量，办出特色”的序幕，从扩大规模正式向“适当控制招生增长的幅度，切实提高教学质量”的方向转变。这是继“211工程”和“985工程”之后，高等教育领域实施的又一重大工程。

在党的十八大精神的指引下，西昌学院在“质量工程”建设过程中，全面落实科学发展观，全面贯彻党的教育方针，全面推进素质教育；坚持“巩固、深化、提高、发展”的方针，遵循高等教育的基本规律，牢固树立人才培养是学校的根本任务，质量是学校的生命线，教学是学校的中心工作的理念；按照分类指导、注重特色的原则，推行“本科学历（学位）+职业技能素养”的人才培养模式，加大教学投入，强化教学管理，深化教学改革，把提高应用型人才培养质量视为学校的永恒主题。学校先后实施了提高人才培养质量的“十四大举措”和“应用型人才培养质量提升计划20条”，确保本科人才培养质量。

通过7年的努力，学校“质量工程”建设取得了丰硕成果，已建成1个国家级特色专业，6个省级特色专业，2个省级教学示范中心，2个卓越工程师人才培养专业，3个省级高等教育“质量工程”专业综合改革建设项目，16门省级精品课程，2门省级精品资源共享课程，2个省级重点实验室，1个省级人文社会科学重点研究基地，2个省级实践教学建设项目，1个省级大学生校外农科教合作人才培养实践基地，4个省级优秀教学团队，等等。

为搭建“质量工程”建设项目交流和展示的良好平台，使之在更大范围内发挥作用，取得明显实效，促进青年教师尽快健康成长，建立一支高素质的教学科研队伍，提升学校教学科研整体水平，学校决定借建院十周年之机，利用

2013 年的“质量工程建设资金”资助实施“百书工程”，即出版优秀教材 80 本，优秀专著 40 本。“百书工程”原则上支持和鼓励学校副高职称的在职教学和科研人员，以及成果极为突出的中级职称和获得博士学位的教师出版具有本土化、特色化、实用性、创新性的专著，结合“本科学历（学位）＋职业技能素养人才培养模式”的实践成果，编写实验、实习、实训等实践类的教材。

在“百书工程”实施过程中，教师们积极响应，热情参与，踊跃申报：一大批青年教师更希望借此机会促进和提升自身的教学科研能力；一批教授甘于奉献，淡泊名利，精心指导青年教师；各二级学院、教务处、科技处、院学术委员会等部门的同志在选题、审稿、修改等方面做了大量的工作。北京理工大学出版社和四川大学出版社给予了大力支持。借此机会，向为实施“百书工程”付出艰辛劳动的广大教师、相关职能部门和出版社的同志等表示衷心的感谢！

我们衷心祝愿此次出版的教材和专著能为提升西昌学院整体办学实力增光添彩，更期待今后有更多、更好的代表学校教学科研实力和水平的佳作源源不断地问世，殷切希望同行专家提出宝贵的意见和建议，以利于西昌学院在新的起点上继续前进，为实现第三步发展战略目标而努力！

西昌学院校长　夏明忠

2013 年 6 月

前　言

民族地区经济的发展，不仅是国民经济发展的重要组成部分，更是推动区域经济发展、促进民族融合、维护国家统一和完整的关键环节。西部民族地区的快速发展，不仅可以增进中国与周边国家的联系与交往，为中国的社会主义现代化建设营造良好的国际环境，而且还可以为西部边疆的国防建设提供坚实的经济支持，为国家的国防安全建设提供经济保障。

改革开放以来，民族地区的经济得到了长足的发展，但是由于政策、人口、教育、产业结构等诸多因素的影响，民族地区总体经济发展水平不高，经济发展落后的面貌并没有得到根本的改变，与经济发达的地区相比还有较大的差距。特别是在民族地区经济发展过程中，一个区域内不同民族之间改革开放的差异，影响着整个民族地区经济的全面发展。

目前，民族经济地区发展中，不同人群的收入差异应是民族地区经济发展应关注的重点问题。从实际操作层面来看，民族地区政府经济政策往往只重视资源配置、投入产出、福利增加（直接补贴）等，却忽视了对劳动者素质技能尤其是文化素质方面的投入。马克思主义认为，一个社会的生产力由劳动者、劳动资料（如生产工具、土地等）和劳动对象构成，其中劳动者是生产力中最活跃的因素。也就是说，一个地区经济要持续发展，关键在劳动者。在民族地区经济发展过程中，民族文化与该区域内的经济发展具有一定的调适性。只有让各民族劳动者的主体地位真正凸显出来，才能使民族地区经济获得可持续发展的动力。在民族地区经济发展过程中，如果单纯依赖政府以直接补贴等方式补给养分，将会使劳动者失去自立发展的能力。因此，民族地区发展经济应充分调动各民族劳动者的积极性、主动性，使劳动者真正成为经济发展的主体，从而实现民族地区经济的全面发展。

“民族地区经济发展应以民族劳动者为主体”，提高民族劳动者素质是民族地区民众摆脱贫困落后、促进经济和社会发展的重要途径。民族地区经济的发展依赖于民族地区劳动者的素质，而经济发展状况又受制于民族地区劳动者的素质。劳动者素质主要包括身体素质、技能素质和文化素质。在民族地区的经济和社会发展过程中，劳动者身体素质是基础，而技能素质和文化素质是关键环节。提高民族地区劳动者素质的根本在于发展民族地区的教育事业。为了加快民族地区的经济建设，进一步缩小东西部地区的差距，努力提高民族地区劳动者素质是我国在现代化进程中必然的选择。这就要求民族地区在经济发展过程中加大教育投入力度，积极推动教育事业的发展。

职业教育在我国教育事业中具有举足轻重的作用，特别是改革开放以来，我国职业教育取得了较大的成就。但是在职业教育发展过程中，由于政治、经济、文化等各种原因，各地区职业教育发展差距较大。特别是在少数民族聚居的西部地区，教育经费投入偏低、师资力量薄弱等因素，导致职业教育教学基础设施落后，教育水平偏低，从而严重地制约了西部民族地区职业教育的快速发展。

民族地区大力推行职业教育，不仅可以推进民族地区教育事业的健康发展，还可以有效促进民族地区经济的快速发展。首先，劳动者大多分散在农牧区，他们迫切需要通过职业培训获得简单易学的实用技能，以便找到脱贫致富的门路。其次，民族地区受自然条件和自身财力的限制，对外部人才的吸引力较弱，民族地区经济发展所需的大量人才必须依靠自己培养，而职业技能培训则是对现有人才进行素质技能提升的重要方式。

民族地区职业技术教育的发展需要经济的支撑，同时，民族地区经济发展需要职业技术教育的配合。本书首先详细分析了民族地区经济及职业技术教育发展的现状、原因，结合民族地区的实际情况，提出了促进民族地区经济与职业技术教育发展的措施。其次，以西昌学院为例探讨民族地区大学生职业社会化教育的新模式，从而探寻民族地区大学生职业社会化的途径，及其在当地职业技术教育的发展、经济与社会发展中的作用。最后，根据民族地区经济发展的特点及当地职业技术教育的现状，并在借鉴国内外典型案例及经验的基础上，探寻适合民族地区的经济与职业技术教育发展的良性互动模式。

本书在写作过程中参阅了大量的相关研究文献，所参阅的文献都已在书末逐一列出，但由于时间仓促，有所遗漏实非故意，恳请原作者谅解。在此，对所有被直接引用或参阅的文献作者表示诚挚的感谢！另外，由于作者水平有限，书中难免有不足和疏漏之处，恳请同行专家与读者予以指正，以促进这一领域研究的发展。

马小丽

2013 年 10 月

目　录

第一章 概 论

职业技术教育是我国教育事业的重要组成部分，它和其他类型的教育一样是促进经济、社会发展和劳动就业的重要途径。

第一节 职业技术教育概述

一、职业的界定

在界定职业技术教育的概念之前，首先要对职业做一个明确的认定。职业是社会分工的产物，是人们在社会中所从事的作为谋生手段的工作。从社会角度来看，职业是劳动者获得的社会角色，劳动者为社会承担一定的义务和责任，并获得相应的报酬；从国民经济活动所需要的人力资源角度来看，职业是指不同性质、不同内容、不同形式、不同操作方式的专门劳动岗位。

二、职业技术教育的概念

职业技术教育是在一定普通教育的基础上，为适应某种职业需要而进行的专门知识、技能和职业道德教育，以使受教育者成为社会职业所需要的应用型人才。

关于职业技术教育的内涵，我们采用大职业教育概念进行解释。其纵向上包括初等、中等、高等三个层次，横向上包括就业准备、在职提高、转换职业等三种不同类型的职业技术教育。它既包括中等专业学校、技工学校及职业高中等正规学历教育，也包括短期培训、转岗培训等非正规学历教育。职业技术教育内涵的特点反映了我国社会对多层次、多形式职业教育的客观需求，以及由此构成的职业技术教育现状。

在不同的国家，甚至在同一国家的不同时期，职业技术教育的表述都是不一致的，有的称为“职业教育”，有的称为“职业技术教育”，有的把二者分开为“职业教育”和“技术教育”，二者在培养任务上存在一定的区别。“职业教育”专指培养以劳动力为主的技术工人，而“技术教育”专指培养以脑力劳动为主的技术员。

我国对职业技术教育这一术语的使用经历了历史演变的过程。我国的职业技术教育开始于清朝末年，当时称为实业教育，《钦定学堂章程》和《奏定学堂章程》中都有规定。1917 年，以黄炎培为首的一批职业教育工作者在上海创立了中华职业教育社，大力推行职业教育。1922 年颁布的“壬戌学制”，把实业教育改为职业教育，将实业学堂改为职业学校。1949 年 9 月颁布的《中国人民政治协商会议共同纲领》明确提出“注重技术教育”。1951 年颁布的《关于学制改革的决定》中使用了“中等专业学校”“技术学校”。后来，人们把培养中级专门人才的学校称为中等专业学校，把培养中级技术工人的学校称为技工学校。1958 年颁布的《中共中央、国务院关于教育工作的指示》中使用了“职业教育”的术语。1985 年《中共中央关于教育体制改革的决定》，1991 年国务院发布的《关于大力发展职业技术教育的决定》，1993 年中共中央、国务院颁布的《中国教育改革和发展纲要》都将其称为“职业技术教育”，偶尔也用“职业教育和技术教育”。1996 年《中华人民共和国职业教育法》和《中共中央国务院关于深化教育改革全面推进素质教育的决定》都使用“职业教育”一词。

在本书中我们统一使用“职业技术教育”一词。

中国拥有世界上规模最大的职业教育。2008 年，职业院校的招生规模已达到 1100 万人，在校学生总数已超过 3000 万人。中等职业教育和高等职业教育分别占据了高中阶段和高等教育的一半。

第二节 职业技术教育的发展历史

一、我国古代职业技术教育

（一）古代职业技术教育的发展

我国古代以农牧业为主要职业，尽管还有官吏、僧侣、手工业者等职业，但这些职业数量少且多为世袭或半世袭，因此当时职业分化的程度很低。同时，职业间流动有限，当时并没有建立起开放的社会化的职业技术教育体系，职业技术教育仅仅局限在各个行业内部就能满足社会的需要。当时的职业技术教育主要有两种形式：一种是直接满足官场需要的官学，另一种是零星散布于民间的学徒制。

1. 古代职业技术教育的产生时期

中国作为世界文明最早的发源地之一，职业技术教育早在原始氏族公社时期就已出现。史书中记载：“神农因天之时，分地之利，制耒耜，教民农耕”，“尧聘弃……拜弃为农师，封之台，号为后稷”。此外，古籍中记载有伏羲氏教民猎渔畜牧的传说，史书中还记载有制陶、纺织、房屋建筑等专门手工艺传授的内容。

到了奴隶社会，随着社会分工的扩大，发达的手工业生产要求对手工业奴隶进行强制性技术培训，当时出现了一种带有强制性的职业教育形式。此外，“六艺”教育中的“射、御、书、数”就具有鲜明的职业训练的性质。

春秋战国时期，科学技术空前繁荣，手工业内部分工更加细密，加之解放出来的奴隶形成个体经济的家庭，这些都促进了职业技术教育的快速发展。当时官家编辑的《考工记》《术经》及私人编撰的《墨经》等书籍，为职业技术教育的开展提供了蓝本，古代职业技术教育进入第一个兴盛期。这一时期产生的是家业父传型的职业技术教育形式。管仲在齐国执政时明确规定：士、农、工、商的子弟应子就父学，弟从兄学。管仲曰：“少而习焉，其心安焉，不见异物而迁焉。是故其父兄之教不肃而成，其子弟之学不劳而能。”《国语·齐语》云：“访其子弟，相语以事，相示以巧，相陈以功。”通过语言、动作示范、观摩实践，实现家业的父传子承、兄传弟继。在这一阶段，家业父传型的职业技术教育形式得到了巩固和发展。当时还兴办了很多私学，它们实质上就是传授专业技能的职业学校。如墨子创办的私学传授木工和器械制造等手工艺技能；许行设学收徒，组织农家学派，传授农业生产知识和技能；鲁班也招收学徒，传授技术。

2. 古代职业技术教育的鼎盛时期

从秦王朝到唐宋时期，封建社会发展繁荣昌盛，我国古代职业技术教育的发展也达到顶峰。

第一，教育形式更加丰富。这一时期，不仅家业父传的职业技术教育形式得以推广，而且出现了设官教民的方式。如汉武帝晚年命全国各郡守派所属县令到京师学习赵过创造的新耕作法便是一例。另外，还出现了艺徒制的职业技术教育形式。据史书记载，唐朝设有“掌百工技巧之政”的少府监和“掌土木工匠之政”的将作监，这两监的职能之一便是培训艺徒。

第二，专科学校的建立。东汉末年灵帝之时，在洛阳设立“鸿都门学”，专门学习尺牍、辞赋、字画等，这是我国历史上第一所专科性质的学校。南北朝宋文帝元嘉二十年（443），太医令秦承祖请皇帝设立医学，成为中医专门职业学校的雏形。两晋时期建立的国子学和南朝开始的分科设官施教更成为隋唐专科学校的渊源。唐朝中央官学中的专门职业学校系统包括尚书省国子监管辖的律学、算学、书学等专科学校，尚书省管辖的四种职业技术学校，太医署管辖的医药学校，太卜署管辖的卜筮学校，司天台管辖的天文、历数、漏刻学校，这些都可以算是高等职业技术学校。另外，在地方官学中还设有府州医药学校，在普通学校系统中还设有实科学校（教授自然科学等实用学科）。可以说，我国在唐代就已形成了职业技术教育体系的雏形。到了宋代，专门学校中又增设了武学和画学，且于熙宁九年（1076）将医学从太常寺中独立出来成为专门学校。各类学校中的招生人数也大大超过前代，如宋代崇宁年间建立的算学，史称“生员以210人为额，许命官及庶人为主”，比隋唐算学30人的规模大大扩展；“太医局：有丞，有教授，有九科医生额300人”，是隋唐医学80名学生的近4倍。在当时的专科学校教育中，还有专门的教材和严格的考试制度。

中国古代的官学与西方相比更加发达。据《大英百科全书》称，欧洲至9世纪才有医学专科学校在意大利创建，比中国晚了两三百年；欧洲的实科学校到了17、18世纪才出现，比中国隋唐之初的实科学校晚了近千年。

第三，行会组织的出现。随着工商业的不断发展和生产规模的不断扩大，社会的自给自足性在减弱，商品性在增强，并逐步向更大的地区扩散。如唐代天宝年间制茶艺人刘清真有徒20人；北宋出现了专门的手工业者从事竹器、木具制作；南宋时杭州职业多达12种，从业者多达1.2万户，形成了行会组织；明清以后，城市形成了十大商帮，他们组成会馆等组织以保护和协调同乡、同行的工商户经营与教育。

3. 古代职业技术教育的缓慢发展时期

元明清时期，我国封建社会进入衰败期，以传播科学技术为主的职业技术教育也受到影响，处于缓慢发展时期。首先，在传统私学教育中出现了研讨和传播自然科学、技术应用的新风气。如研究和传授数学的职业数学教育家朱世杰，研讨天文、律历、地理的刘秉忠等。其次，官营作坊中的艺徒制进一步发展，朝廷中设置管理官营手工业的机构，在全国形成一个庞大系统，培养大批能工巧匠。元朝时国家还设立司农司、劝农司衙门，地方成立会社进行农田、水利、树艺、鱼畜等职业教育。再次，民间手工业作坊得到发展，并出现了传授技术的专著。这一时期反映农业技术的教材有《沈氏农书》《补农书》《三农纪》《农言著实》等，反映水稻生产技术的教材有《江南催耕课稻编》，反映烟草生产技术的教材有《烟草谱》，反映甘薯生产技术的教材有《金薯传习录》等，反映畜牧兽医技术的教材有《元亨疗马集》和《养耕集》等。此外，还有介绍园林建筑技术的《园冶》，为经商计算服务的《算法统宗》《盘珠算法》等。

（二）古代职业技术教育的特点

1. 古代职业技术教育行为的强制性[①]

我国古代以农牧业为主，农业是我国的立国之本，历代有作为的政府及官吏为提高农业产量，增加国家收入，都非常重视农业生产者的职业技术教育。因此，推行职业技术教育便成为一种政府行为，具有强制性。国家统治者运用手中的权力，集中国家力量，总结推广民间的创造、发明及职业技术教育经验，促使

① 曹银根. 漫谈我国古代的职业技术教育［J］. 职教论坛，1995（3）.

职业技术教育在全国推广，从而提高社会生产力。如春秋战国时期，齐国在齐桓公和管仲执政时期明确规定：士、农、工、商的子弟应子就父学，弟从兄学。明朝时国家规定医者之子恒为医，考试成绩好的可享受国家薪俸，喻仁、喻杰就是在这种情况下培育出的著名的兽医兄弟。这些都是我国古代政府推行职业技术教育的典型例子。

2. 古代职业技术教育形式的多样性

职业技术教育自古以来都与国计民生密切相关，历代统治者都非常重视，国家举办为主、民间举办为辅是我国开展职业技术教育的主要途径。在此特征下，教育形式的多样化显得十分鲜明。从“六艺”之教发端的官学教育到专科学校的创建与发展，从畴人之学到宦学，从劝课农桑的社会教化到官府作坊艺徒制的建立，从民间的世袭相传到师徒相传，其教育形式的多样化是世界上任何一个国家都难以相比的。

3. 古代职业技术教育内容的丰富性

我国古代职业技术教育内容十分丰富，几乎涉及国计民生的各个方面，天文历算、冶炼铸造、纺织、农医兵器等无所不有。包含这些学习内容的教材从最早的《夏书》《墨经》到《考工记》《营造法式》《天工开物》等，数千种职业技术教育专著在职业技术教育发展的历史中起了重要的作用。但从整个发展过程来看，主要有天、算、农、医四门，这四门学科的教材也相对完备。

4. 古代职业技术教育思想的先进性

我国古代职业技术教育的主要特征是倡导“博通物理”的辩证思想，即培养善于将事物综合起来进行整体研究，在把握事物普遍规律的基础上，具体掌握一技一艺之理的人才，它体现了以理御术、培养辩证思维的特点。这种以自然哲学为基础的辩证思维理念，从整体上影响着古代职业技术教育的目的观、价值观和质量观，具体反映在“师生论难”、言传身授、考试考核等人才培养过程中。这也说明我国古代职业技术教育的先进思想同时还反映在注重实证和应用的理念上。

5. 古代职业技术教育教学方法的创造性

我国古代的职业技术教育与“人文教育”的区别是它注重教学的直观性、实证性和可操作性。墨子早在两千多年前就创造了小孔成像实验法，赵爽早在一千多年前就创立了图解法。在医学教育中，自秦汉到宋元我国一直使用的极富创造性的案例教学比西方早了近两千年。此外，宋代医学教学中还创造了第一具医学教学模型——针灸铜人。在职业技术教育考核中，我国自古就重视操作性应用考核，无论是工艺技术的考核，还是宦学中的职官考试，无论是医学的实证案例考试和平时的实证性记录考核，还是天文历法和作坊制器的考核，都是建立在实证基础上，以操作和应用能力为目标。

二、我国近代职业技术教育

19世纪后期，随着西方列强的入侵，西方帝国主义国家的文化、宗教、先进的工业思想和器物也被带了进来，中国人在看到西方工业文明和进步的同时，也在反思中国传统以农为本、自给自足的封闭社会系统，认识到封建体制对中国现代化道路的阻滞，中国要走向富强，需要向西方国家学习。职业技术教育作为一种对经济发展有着极大推动力的教育形式，自然地成为近代中国教育的选择。

（一）近代职业技术教育建立的背景

首先，是中国近代以来经济发展的客观需要。自明清以来，中国的经济发展出现了资本主义萌芽，经济的发展必然需要人才的保障，近代职业技术教育正是在近代大工业的背景下产生的一种和经济发展最为密切的新的教育形式。

其次，是国家自强抵御侵略的客观需要。19世纪40年代以后，在帝国主义列强枪炮威逼下，清政府不得不引进西方的机器生产。洋务派为了“自强求富”，先后兴办了一批制造枪炮、船舰和弹药的军工厂，为了满足新式军事、科技人才和熟练工人的需要，建立了军事技术学堂、武备学堂，创立了电报、铁路等实业技术学堂。在洋务运动失败后，以康有为、梁启超为代表的维新派提出“工战不如学战”的主张，认为“才智之民多则国强，才智之民少则国弱”“欲任天下事，开中国之新世界，莫亟于教育”。朝野各界人士一致认识到创办农、工、商、矿学堂，大力开展农、工、商业，是振衰起微的重要手段，从而大力提倡职业技术教育。

再次，是一大批教育界和实业界有识之士大力推动的结果。从早期的洋务派、资产阶级改良派到甲午战争之后的维新派，再到晚期洋务派的张之洞，实业界的张謇，再到辛亥革命后的黄炎培、蔡元培、蒋梦麟等，无不为中国近代职业技术教育走向制度化、建立职业技术教育体系作出了不可磨灭的贡献。

（二）近代职业技术教育的发展

从近代职业技术教育体系的产生形成的过程来看，它反映出与大机器工业生产相联系、以学校教育为形式、以近代科学技术知识为内容、以培养初中级专业人才为主的职业技术教育的本质特点。它的发展可分为以下三个阶段。

1. 第一阶段：初步确立期（鸦片战争时期至民国初年）

在这个阶段，以资产阶级改良派、维新派和洋务派为代表，这是一场典型的防卫性自强运动。以洋务派为典型代表，其绵延三十多年的洋务思想起到催化中国传统教育解体和新式教育诞生的作用。他们提出的“中学为体，西学为用”的主导思想，引进西方语言知识、科技知识，倡导实业教育，动摇了“道本器末”的中国传统价值体系和教育根基，拉开了近代中国文化变异和教育变革的序幕。

(1) 兴办职业技术教育学堂。

作为中国新式学校先声的，应属1862年由总理衙门奏设的京师同文馆，该馆主要培养翻译与办理外交事务的人员。而在工业技术方面，新式学校应首推1866年由左宗棠奏设的福州船政学堂，该学堂专用于培养国防所需的造船、驾驶技术人员，是近代中国最早的具有实业教育性质的一所新式技术学堂。随后，洋务派又开设了一系列类似的实业学堂，如1867年开设的福州电气学塾、1885年由江南制造局附设的工艺学堂、1896年张之洞准许设立的高安蚕商学堂等。1893年，张之洞创办了“自强学堂”。甲午战争之后，张之洞又在湖北大规模兴办新式教育——实业教育、师范教育和国民教育，创办了“农务学堂”和“工艺学堂”。

(2) 建立仿日的近代职业技术教育制度。

1902年，清政府颁布了张百熙拟定的《钦定学堂章程》，产生了中国近代第一个法定的学制体系。其中规定了一套比较系统的职业技术教育（当时称为实业教育）制度，其分为三级：简易实业学堂学制2年，中等实业学堂学制4年，高等实业学堂学制5年。在普通学堂中开设实业科，相当于现在的劳动技术课。1903年，张百熙、荣庆、张之洞等人重新拟定的《奏定学堂章程》更是明确地提出了唯实教育，它把实业教育分为3级3类。3级为：初级实业学堂学制4年；中等实业学堂学制5年，分为本科（相当于现在的大专）和预科（相当于现在的职业高中）；高等实业学堂学制3～4年。3类为：正式实业学堂、补习实业学堂和实业师范。

(3) 实业教育思想的产生和发展。

早期洋务派教育家们已有了实业教育思想的萌芽，而以早期资产阶级改良派的思想最典型，其中郑观应形成了较完整的实业教育思想体系。改良派一方面宣传西方发达资本主义国家的教育实践和制度情况，一方面勾勒中国的实业教育制度蓝图。甲午战争后，中国掀起实业救国热潮，各阶级各派别围绕建立实业教育制度这个目标，批判封建教育的不切实用，继续提倡学习西方及日本的实业教育，在“商战”不如“学战”的口号下，提出了中国实业教育制度轮廓。实业教育制度确立后，晚清政府和民初政府都以“尚实”或“实利主义”为教育宗旨，实业教育的种种具体问题成为讨论重点，先进人士则开始反思实业教育实践脱离生产生活的问题，这些成为实业教育思潮的主要内容。而张謇以实业教育思想体系的完整和实业学校教育实践的成功，成为实业教育思潮的代表性人物。

(4) 对国外职业教育理论的宣传。

在甲午战争前，以早期资产阶级改良派、早期洋务派和一批西方传教士为代表，对西方职业技术教育理论进行了宣传介绍。他们大多有海外生活经历，目睹了西方发达资本主义国家职业技术教育状况，因而他们对西方职业技术教育的介

绍很有说服力。重要的有丁篷良的《西学考略》、李提摩太的《七国兴学备要》、花之安的《泰西学校论略》和《德国学校论略》、林乐知的《文学兴国策》。甲午战争后，对外国职业技术教育的介绍首先集中在对日本的宣传上，代表著作有张之洞的《劝学篇》、夏偕复的《学校当言》、罗振玉的《日本教育大旨》和《扶桑两月记》、梁启超的《教育政策私议》、缪荃孙的《日游汇编》等。著名刊物《教育世界》《教育杂志》也发表了一大批关于日本职业技术教育的文章或资料汇编。

2. 第二阶段：发展时期（民国初年至20世纪20年代）

受中国传统重道轻艺观念的影响，技艺工匠根本没有社会地位。因此，人们都以升入普通中学为荣，即使进了职业技术学校，也仍然考虑着普通教育。这种观念严重影响了职业技术学校的办学方向，使职业技术教育失去特色。此外，我国职业技术教育存在着严重脱离生产生活实际的弊端，在以黄炎培为首的中华职业教育社的领导和推动下，掀起了一场关于职业技术教育的改革。

（1）实用主义职业技术教育思想的推广。

五四新文化运动时期，杜威的实用主义教育思想得到广泛传播，他的教育思想也多方面地影响了20世纪20年代的职业技术教育思潮。他在中国极力宣扬的平民主义教育思想，在教育界掀起了平民教育思潮和运动，黄炎培、邹恩润等也积极宣传平民主义职业技术教育。杜威反对把职业教育与文化教育对立起来，而应着眼于人的发展。中华职业教育社诸人受这种思想的影响，在20世纪20年代他们也强调职业技术教育并不仅仅是解决生计问题，也要注重人格的发展。实用主义教育思想与19世纪以来我国职业技术教育思潮主张实用的精神高度吻合，这也是我国职业教育界十分自然地接受杜威思想的根本原因。

（2）建立仿美的近代职业技术教育制度。

民国时期，民族资本主义有了一定程度发展，而实业教育实践却出现了严重脱离社会生产、生活的弊病。以黄炎培为代表的教育家们，为克服这种弊病，满足资本主义发展对工商业实用人才的需求而大力提倡实用主义，批判实业教育的不切实用，进而否定实业教育制度，宣传美国式的职业技术教育制度。陆费逵、顾树森、蔡元培、蒋梦麟、穆藕初等著名人物都主张在中国建立职业技术教育制度，并在1922年确立了壬戌学制。

壬戌学制整个渗透着要求职业技术教育紧密联系中国经济和生产发展、人民生计的精神，显然是继承了癸卯、壬子、癸丑实业教育制度中“实用”的思想。

（3）对欧美职业技术教育理论的宣传。

民国时期，国内对国外职业技术教育理论的介绍重点转向了欧美。在壬戌学制颁布前，蔡元培、蒋梦麟、黄炎培发表了一批欧美职业技术教育理论的文章，顾树森通过江苏教育研究会出版了若干本专著，朱景宽译了《职业教育论》，各类教育杂志几乎每期必有对外国职业技术教育的介绍。此外，还有邹恩润编译的

职业教育丛书，顾树森在中华书局出版的《德国职业实施法》《德国职业补习学校概况》和《柏林职业指导总局概况》，王文培译的《青年职业指导》，杨鄂联、王长平编译或译的《实业教育》和《工业教育》等。

3. 第三阶段：完善时期（20 世纪 20 年代末至 30 年代）

20 世纪 20 年代末到 30 年代初，中国陷入了严重的经济危机，职业技术教育脱离社会生产、生活的弊病没有得到根本性的转变。因此，从 20 世纪 20 年代末起，要求重新提倡重视职业技术教育，调整职业技术教育制度的呼声又汇成强大潮流，职业技术教育制度和理论的中国化取得了可喜成绩。但由于社会动荡，这个过程没能持续下去。

（1）对仿美职业技术教育制度的修订。

1932 年，在民国政府引导下，把中等教育问题作为讨论重点，扩大职业技术教育，限制普通中学成为一致选择。1932 年，通过了蒋梦麟、胡适的《修正中小学教育制度》案，停止综合中学制，取消分科制选修制，职业学校也与中学分开单独设置，致力于培养初中级技术和管理人才，努力沟通职业技术教育与建设部门的联系；职业技术教育要因地制宜设置学校及专业，重视实践；建立职业技术学校、职工补习学校、职业指导与农村职业技术教育有机结合的中国式职业技术教育模式。这个模式虽然经历抗战、解放战争，在战争动乱的环境中无法得到足够的实验，但其影响却延伸至 1949 年后，直到今天。

（2）对“教育救国论”的批判。

不同阶级、不同政治派别，出于不同的利益，对职业技术教育的作用有不同的认识，存在不同的期望。清末地主阶级希望靠职业技术教育达到富国强兵的目的，以维护封建统治；资产阶级从早期改良派到维新派再到革命派，都把职业技术教育作为救亡图存发展资本主义的工具；早期共产党人陈独秀、恽代英、杨贤江等都很重视职业技术教育。职业技术教育推动社会经济发展的作用正是各阶级派别都能承认并发生共鸣之处的原因，尽管利用这一工具所求达到的目的有所不同。把职业技术教育功能的信仰推向极端的是近代资产阶级，他们相信依靠职业技术教育可以救国。这一观点引导人们走上了改良主义的道路。早在 20 世纪 20 年代末 30 年代初，恽代英、杨贤江已对此进行了充分的批判，但是他们的批判并不意味着十多年前共产党人对职业技术教育本身功能的否定。陈独秀把职业技术教育列为方针，恽代英主张在初中等教育阶段加强职业技术教育，杨贤江也研究职业技术教育理论，并提出发展职业技术教育的主张，在各解放区都有开办职业技术教育的实践活动。

（三）近代职业技术教育的特点

中国近代职业技术教育产生于一个特殊的社会、政治、经济背景下，因而中国近代职业技术教育有着自身的独特性。

1. 政治性

近代中国人将职业技术教育作为救国救民的重要工具，清末就提出了“实业救国”口号，《奏定实业学堂通则》中有“实业学堂所以振兴农工商各项实业，为富国裕民之本计”，《中华职业教育社章程》中也提到，发展职业技术教育为“救国家救社会唯一方法”。1925 年年底，黄炎培又提出“大职业教育主义”理论，该理论是对“职业救国”论的发展，但当这一理论也无法使职业技术教育走出困境时，黄炎培等人才逐渐认识到职业技术教育的作用是十分有限的。20 世纪 30 年代中期以后，“职业救国”论便被放弃了，职业技术教育的政治色彩也逐渐被淡化了。

2. 特色性

无论是没落的清王朝，还是新兴的民国政府，对于兴办职业技术教育都有着十分明确的目的。从挽救清王朝的命运，到振兴实业、富国裕民，从培养洋务事业急需的人才，到与列强抗衡、立足于为开展“商战”而储备人力资源，近代的有识之士始终认为发展职业技术教育足以富国强民，足以挽救民族于危亡。

回顾整个近代职业技术教育的历史，“求实”“务实”之风贯穿始终。与之同时，政府高度重视，学部（教育部）定期视察，“以防虚冒”，指派专人调查核实，写出详细、准确的调查意见。各省纷纷制订结合当地实际的开办计划，且往往由省城率先举办，以树立风气，带动地方。各项政策和措施都有组织、有计划、有指标、有期限、有督促、有检查，为职业技术教育的一度兴盛奠定了良好的基础。

3. 引进性

中国近代职业技术教育不是中国社会自然发展的产物，而是西方引进的。19 世纪 60 年代以前，中国的师徒教育从某种意义上讲就是职业技术教育，但这并不是近代意义上的学校职业技术教育。中国第一批职业技术教育学堂，如京师同文馆、福建船政学堂等的教育内容大部分都是从西方引进的，担任教学的也都是外国人。近代第一次颁布的新学制是仿照日本的学制制定的，黄炎培等人所宣传并推广的职业技术教育理论是借鉴美国的。所以，周予同先生说中国现代（近代）教育的进展完全为外烁而非内发的，作为中国近代教育开端的职业技术教育就更是如此了。

4. 不平衡性

中国近代职业技术教育的不平衡，首先表现为地区发展的不平衡。近代职业技术教育是从首先产生近代工业的沿海和沿长江经济、交通比较发达的地区及北部政治中心发展起来的。到清朝末年，职业技术教育的差距还在不断扩大，且这种状况存在于整个近代阶段。在学校数量上，1909 年，浙江、湖北、湖南、四川、河北、山东、河南、广东、云南和上海这 10 个省、市学校数量都在 10 所以上，总计有163所学堂，占全国学堂总数的67.36%，而西部省份大多只有2～3所学堂。在学生数量上，1909年，仅湖北、湖南和河南三省职业学校学生就占全国的30.9%。

其次，是职业技术教育内部各门类之间比例的不平衡。工业技术类学校产生在先，农业类学校发展后来居上，而且在大部分时间里，农业类学校一直占绝对优势，农工类学生数之和超过总数的60%。商业类学校所占比例较少，在抗战前后学校数始终未超过总数的15%。职业技术教育内部各门类之间的不平衡反映了经济内部各部门之间发展的不平衡，这也体现出职业技术教育与经济之间的密切联系。

5. 不稳定性

在1907至1909年间，中等实业学堂发展不稳定，尤其是工、商两类。工业类学堂数在1909年出现了负增长，中等实业学堂总数在1909年出现了零增长，初等实业学堂发展状况还比较稳定。

民国初年，职业技术教育出现了大幅度增长，但从1913年后又停滞不前了。这一状况一直持续到1917年，到1922年又出现了长达7年的大滑坡。南京政府成立后，职业技术教育出现了短暂的转机，但从1932年起又出现了衰退，一直到抗战爆发。抗战初期的大破坏到中期以后的复兴继续呈现出波动现象。

职业技术教育的发展尽管起起伏伏，但仍然在波动中缓慢前进。每一次衰退后必有一个新的发展，包括数量的增长、理论的发展和体制的进一步完善。

6. 缺陷性

中国近代职业技术教育理论存在着严重的缺陷。我国在引进职业技术教育时，只看到职业技术教育给西方经济带来了发展，却没有真正掌握职业技术教育发展的规律，没有找到适合中国国情的职业技术教育。

三、新中国成立后的职业技术教育

（一）新中国成立后职业技术教育的发展

1949年10月1日中华人民共和国成立后，职业技术教育经历了曲折艰难的发展历程，社会、政治、经济、文化等各方面都不同程度地影响着职业技术教育。中华人民共和国成立后，我国职业技术教育的发展可分为5个阶段。

1. 接管改造与整顿时期（1949年至1952年）

这一时期职业技术教育发展面临两大任务：一是继承和发展革命根据地职业技术教育经验，建立适应新中国社会、政治、经济发展特征的职业技术教育体系；另一方面是对原国民党统治区的职业技术教育进行接管和改造，并将其逐步纳入新中国的职业技术教育体系。

1951年，中央人民政府《关于改革学制的决定》中明确规定了各级各类职业技术学校和专科学院在学制中的地位。随着国民经济的恢复和社会改造的成功，大力培养初级技术人才、发展职业技术教育就成了新中国成立初期的当务之急。

2. 调整与发展时期（1953 年至 1965 年）

这是我国社会主义经济建设前两个五年计划时期。这一时期顺利地实现了对农业、手工业和资本主义工商业的社会主义改造，我国职业技术教育在这一时期也得到很大的发展。到 1965 年为止，全国已有中等职业技术学校 871 所，在校生 39.2 万人；中等师范学校 394 所，在校生 15.5 万人；技工学校 400 所，在校生 12.3 万人。

3. 劫难和恢复时期（1966 年至 1978 年）

“文化大革命”十年是新中国历史上的大劫难，也是职业技术教育发展的劫难期。由于当时批判刘少奇倡导的“两种教育制度，两种劳动制度”，造成了中等教育结构的单一化，职业中学被一扫而光，半工半读中等职业技术学校和职业中学在“文化大革命”初期全部停办。据统计，1965 年到 1972 年间，中等职业技术学校减少 397 所，占学校总数的 45%；中等师范学校减少 47 所，占学校总数的 11.9%。从 1971 年到 1976 年，中等职业技术学校、中师、技工学校开始恢复，但半工半读学校、职业中学和农村职业中学一直没有招生，农村职业技术教育受到毁灭性的打击，直到 1980 年才艰难地开始恢复。

4. 发展和规范时期（1979 年至 2002 年）

党的十一届三中全会确立了教育在社会主义建设中的战略地位，政治、思想上的正本清源及经济的改革开放带动了职业技术教育在恢复中发展。这一时期职业技术教育的发展主要有两大特点。

第一，政府在思想和政策上高度重视。1986 年、1991 年、1996 年我国 3 次召开了全国职业教育工作会议。1991 年，国务院发出《关于大力发展职业教育的决定》。1993 年 2 月，中共中央、国务院印发了《中国教育改革与发展纲要》，为进一步改革和发展职业技术教育事业提出了明确的方向、目标、任务和途径，创造了良好的机遇和条件，对职业技术教育的管理体制、办学体制、投资体制、教学工作、师资队伍建设、学制、评估标准等提出了一系列规定和基本原则，各地也相继颁布了《职业技术条例》。1996 年颁布的《中华人民共和国职业教育法》（以下简称《职业教育法》），对我国职业技术教育从此走上依法治教、开创职业技术教育新局面具有里程碑意义。

第二，中、高等职业技术教育快速发展。中等教育方面，1978 年 4 月，邓小平在全国教育工作会议上强调要“扩大农业中学、各种中等专业学校、技工学校的比例”。1982 年，党的第十二次代表大会特别提到要“加强中等职业教育”。1985 年，《中共中央关于教育体制改革的决定》系统地做出了“调整中等教育结构，大力发展职业教育”的指示。从1980年到2000年，我国中等职业技术学校（未含成人学校）得到迅速发展。高等教育方面，1980年，首批地方性的短期职业大学在新的经济和社会发展高潮中应运而生，并迅速扩展。1985年，原国家教委开始试办初中后五年一贯制职业技术教育，至1996年有22所学校被批准实施五年制教学。20世纪末期，国家要求所有高等专科学校和成人高等学校都与高等职业技术院校一样，培养“高级技术应用性专门人才”，从而把这些院校实施的教育统称为“高职高专教育”。截至2000年，全国此类教育的各项数量指标都超过了普通全日制高等教育。

5. 改革与快速发展时期（2003年至今）

2002年7月，国务院召开全国职业教育工作会议，通过的《关于大力推进职业教育改革与发展的决定》明确了“十五”期间职业技术教育改革与发展的目标任务，强调要从实施科教兴国的战略高度，大力推进职业技术教育的改革与发展。2004年，经国务院批准，教育部等七部门再次召开全国职业教育工作会议，印发了《教育部等七部门关于进一步加强职业教育工作的若干意见》，对推进职业技术教育在新形势下快速持续健康发展提出了一系列措施。

2005年11月，国务院再次召开全国职业教育工作会议，印发了《国务院关于大力发展职业教育的决定》，把发展职业技术教育作为经济社会发展的重要基础和教育工作的战略重点；把进一步建立和完善适应社会主义市场经济体制，满足人民群众终身学习需要，与市场需求和劳动就业紧密结合，校企合作、工学结合、结构合理、形式多样、灵活开放、自主发展、有中国特色的现代职业技术教育体系作为新时期职业技术教育改革发展的目标；要求动员全社会关心支持职业技术教育发展，多渠道增加经费投入；坚持以就业为导向，深化职业技术教育改革，严格实行就业准入制度，完善职业资格证书制度，建立职业技术教育学生资助制度；积极开展城市对农村、东部对西部职业技术教育对口支援工作，大力推行工学结合、校企合作的培养模式。在这次会议上，国务院决定，“十一五”期间中央财政对职业教育投入100亿元，重点用于支持实训基地建设，充实教学设备，资助贫困家庭学生接受职业技术教育。

2006年2月，教育部《中国教育“十五”发展情况和“十一五”工作思路》中把“大力发展职业教育”作为“十一五”时期着力做好的三大任务之一，进一步确立以就业为导向、以服务为宗旨的观念，实现职业教育办学思想、办学模式、发展思路的根本转变，适应全面建设小康社会对高素质劳动者和技能型人才的迫切要求。职业院校要更好地面向社会、面向市场办学，紧密结合生产服务一线对人才的要求，实行灵活多样的人才培养模式，突出职业技能和实践能力的培养，抓好以敬业和诚信为重点的职业道德教育，提高职业技术教育服务经济社会发展的能力。

在这两次全国职业教育工作会议的引导下，我国职业技术教育在新时期得到了快速发展。2012 年 6 月 11 日，国务院新闻办公室发布《国家人权行动计划(2012~2015 年)》，期间我国将大力发展职业技术教育，保持中等职业教育和普通高中招生规模大体相当；扶持建设紧贴产业需求、校企深度融合的专业，建设既有基础理论知识和教学能力，又有实践经验和技能的师资队伍；逐步实行免费中等职业教育。

(二) 中华人民共和国成立后职业技术教育发展经验对未来的启示

1. 国家重视职业技术教育

中华人民共和国成立以来，党和国家在确定教育优先发展的战略地位的同时，始终把发展职业技术教育、提高劳动者素质作为实现社会主义现代化的一项重要措施。1951 年，毛泽东同志指出，培养技术人员，是我们国家的根本之图。1952 年，政务院发布的《关于整顿和发展中等技术教育的指示》指出："培养技术人才是国家经济建设的必要条件，而大量地训练与培养中级和初级技术人才尤为当务之急。"1963 年，周恩来在《关于中小学和职业教育问题的讲话》中指出："职业教育十分重要，必须努力办好。"1978 年 4 月，邓小平同志在全国教育工作会议上提出，整个教育事业必须同国民经济发展的要求相适应，应该考虑各级各类学校发展的比例，特别是扩大农业中学、各种中等专业学校、技工学校的比例。1985 年，《中共中央关于教育体制改革的决定》指出，社会主义现代化建设不但需要高级科学技术专家，而且迫切需要千百万受过良好职业教育的中初级技术人员、管理人员、技工和其他受过良好职业培训的城乡劳动者。《职业教育法》明确规定，职业教育是我国教育事业的重要组成部分，是促进经济、社会发展和劳动就业的重要途径。这一切为我国职业技术教育的改革和发展提供了重要的思想基础。

2. 职业技术教育的发展要适应经济和社会发展的需要

职业技术教育作为教育与经济的重要结合，必须紧紧抓住经济建设这个中心，以培养应用型人才为目标，积极推进职业技术教育改革来促进职业技术教育发展。中等专业学校招生和分配制度由改革开放之初的按国家计划统一招生、统一分配，经历了国家任务计划和调节性计划相结合，发展到目前实行的招生并轨、学生缴费上学、毕业后通过劳动力市场自主就业，这是教育适应经济体制和劳动用工制度改革需要的最好例证。

农业职业教育根据农村经济发展需要，坚持为农业、为农村、为农民服务的办学方向。第二产业职业教育根据各行业产品、技术更新换代和经营方式的转变，更新教学内容。第三产业各新兴职业和职业群成为职业高中设置专业、开发课程、培养复合型人才的主要依据。

3. 实行政府统筹，充分调动各方面办学的积极性

改革开放以来，我国职业技术教育的办学体制，逐步由政府办学向全社会共同办学转变，依靠政府、行业、企业、社会团体、公民个人等各方面力量办学的体制应运而生。在职业技术教育发展中，已逐步形成了在政府统筹管理下，包括政府办学在内的多元办学主体并存的办学体制。这种办学体制有利于促进职业技术教育与经济、社会的密切联系，形成相互依靠、相互促进的机制，有利于调动各方面的积极性，促进职业技术教育的健康发展。

4. 建立评估机制，加强骨干示范性学校建设

在职业技术教育中，通过科学全面地评估，选择一批基础较好的学校，集中必要的力量建设成水平较高的具有示范性的骨干学校，既可以进一步促进学校管理工作的规范化，端正办学方向，提高教育质量，主动适应当地经济和社会发展需要，还可以通过树立榜样更好地宣传职业技术教育的成绩，提高职业技术教育的社会声誉和地位。20 世纪 90 年代初，我国在全国范围内对三类中等职业学校开展了合格评估、办学水平评估和选优评估。据不完全统计，各地各部门在学校评估期间通过多种渠道，增加投入 20 多亿元，较明显地改善了办学条件。目前，全国已经形成了由一批起骨干和示范作用的职业技术学校带动其他学校共同发展的局面。

5. 坚持从实际出发，多层次、多形式确定职业技术教育的发展模式

我国现今生产力呈现多层次、不平衡的特点，各地各部门职业技术教育面临的任务和发展条件都不一样。因此，必须坚持从实际出发的方针，根据分区分类指导、因地制宜的原则来确定各地职业技术教育发展的具体目标和发展模式。如在中西部经济发展水平较低的地区，特别是农村和边远贫困地区，应以中等职业技术教育为重点，同时与义务教育相结合，积极发展多种形式的初中阶段的职业技术教育，广泛开展职前和职后的各种职业培训；而在经济和教育比较发达的东部地区和中心城市，应在巩固中等职业技术教育的基础上，积极发展高中后的职业技术教育和培训。

（三）《中华人民共和国职业教育法》简介

1. 基本内容

1996 年 5 月，八届全国人大常委会第一次会议通过了《中华人民共和国职业教育法》（以下简称《职业教育法》）。这是我国职业技术教育发展历史上的一个重要的里程碑，标志着我国职业技术教育的发展进入有法可依、依法治教的新阶段。该法对发展职业技术教育的根本问题作了明确的法律规定，其主要内容包括以下几个方面。

（1）办学体制。

《职业教育法》明确规定要大力提倡各种形式的联合办学，联合办学的各主

体共同承担办学经费、师资、设施等义务，同时享有参与学校决策和管理、优先录用毕业生等权利。该法还规定：部门、行业在地方办的中等职业学校应与地方联办或共建，充分利用教育资源，扩大服务方向，在保证部门、行业人才需要的同时培养地方所需人才。另外，对民办职业教育各地应积极鼓励、正确引导，并采取有力政策予以扶持。随着《职业教育法》的颁布和实施，一个依靠政府、企业和其他社会力量及个人办学的体制逐渐形成。

（2）管理体制。

《职业教育法》第 11 条规定："国务院教育行政部门负责职业教育工作的统筹规划、综合协调、宏观管理。""国务院教育行政部门、劳动行政部门和其他有关部门在国务院规定的职责范围内，分别负责有关的职业教育工作。""县级以上地方各级人民政府应当加强对本行政区域内职业教育工作的领导、统筹协调和督导评估。"《职业教育法》对职业技术教育管理体制中各部门的关系做了清晰的梳理，促使各部门分工协作、相互协调，促进职业技术教育的管理走上科学化、规范化的道路。

（3）投资体制。

《职业教育法》对职业技术教育的投资体制也作了明确规定："国家鼓励通过多种渠道依法筹集发展职业教育的资金。""企业应当承担对本单位的职工和准备录用的人员进行职业教育的费用，具体办法由国务院有关部门会同国务院财政部门或者由省、自治区、直辖市人民政府依法规定。""国家支持企业、事业组织、社会团体、其他社会组织及公民个人按照国家有关规定设立职业教育奖学金、贷学金，奖励学习成绩优秀的学生或者资助经济困难的学生。""国家鼓励金融机构运用信贷手段，扶持发展职业教育。""国家鼓励企业、事业组织、社会团体、其他社会组织及公民个人对职业教育捐资助学，鼓励境外的组织和个人对职业教育提供资助和捐赠。"

（4）职教科研。

《职业教育法》规定："国家鼓励并组织职业教育的科学研究。""县级以上各级人民政府和有关部门应当建立、健全职业教育服务体系，加强职业教育教材的编辑、出版和发行工作。"这些规定为职业技术教育科研工作的开展提供了有利依据。

（5）师资队伍建设。

《职业教育法》规定："县级以上各级人民政府和有关部门应当将职业教育教师的培养和培训工作纳入教师队伍建设规划，保证职业教育教师队伍适应职业教育发展的需要。职业学校和职业培训机构可以聘请专业技术人员、有特殊技能的人员和其他教育机构的教师担任兼职教师，有关部门和单位应当提供方便。"《职业教育法》对教师的重视，为职业技术教育的开展提供了人力资源的保障。

(6) 必须坚持为地方经济、行业发展和社会进步服务。

《职业教育法》规定:“职业教育是国家教育事业的重要组成部分,是促进经济、社会发展和劳动就业的重要途径。国家发展职业教育,推进职业教育改革,提高职业教育质量,建立、健全适应社会主义市场经济和社会进步需要的职业教育制度。”“职业学校、职业培训机构实施职业教育应当实行产教结合,为本地区经济建设服务,与企业密切联系,培养实用人才和熟练劳动者。”

2.《职业教育法》的地位和作用

《职业教育法》规定:“职业教育是国家教育事业的重要组成部分,是促进经济、社会发展和劳动就业的重要途径。”这就确立了职业教育的地位和作用。职业技术教育是振兴经济的必由之路,是科学技术转化为现实生产力的桥梁。发展职业技术教育,是优化教育结构、提高教育整体效益的根本措施;发展职业技术教育,是促进劳动就业、深化企业改革的重要条件。通过职业教育和培训,富余人员走上适当的工作岗位,保证了企业改革能顺利进行,保持社会持续稳定发展。

第三节 我国职业技术教育的特点

一、职业技术教育自身的特点

和普通教育相比,职业技术教育具有自身鲜明的特点。《中国教育改革和发展纲要》中指出:“职业教育是现代教育的重要组成部分,是工业化、社会化和现代化的重要支柱。”它的培养目标“应以培养大量社会需要的具有一定专业技能的熟练劳动者和各种实用人才为主”。这就规定了职业技术教育具有双重属性。一方面,它有其他类型教育都具有的一般属性,是培养人的社会活动;另一方面,它又有其他类型教育所不具有的特殊属性,它是直接为地方经济和社会发展包括行业建设服务的,它是直接为人员就业服务的,它与市场特别是劳动力市场的联系最直接、最密切。这些特殊的属性决定了职业技术教育的不可替代性。其特殊性主要包括以下几个方面。

(一) 鲜明的生产性

一方面,职业技术教育的产生和发展是由社会生产力决定的;另一方面,职业技术教育的发展又是直接为社会生产力服务的。与普通教育相比,职业技术教育鲜明的生产性主要体现在,它通过向受教育者传授其特定教育内容,使他们能很快提高生产技能和操作水平,从而在提高劳动生产率和促进社会经济增长上发挥巨大作用,直接促进社会生产力的提高和社会经济的发展。

（二）时代性

职业技术教育必然受社会生产力发展的制约，受特定社会生产力关系的制约，它带有历史和时代的特征。在人类社会的漫长发展过程中，当处于生产力不发达的时代，人们所从事的是劳动密集型产业，职业技术教育只能以人人相传或父子祖传的形式在自觉和不自觉中世代相袭，这就使职业技术教育的效率和其所形成的社会效益是原始的、低下的。而在生产力高度发达的今天，人们的劳动也由劳动密集型产业向知识密集型产业转变，这就要求职业技术教育要适应这一需要，运用一切现代化教育理论和现代化手段，提高职业技术教育效率，要求职业技术教育及时在培养目标、课程开发及专业设置等方面做出积极的反应，培养出适应现代社会生产力要求的、具有现代知识结构的专门人才。这些都使职业教育具有鲜明的时代特色。

（三）地方性和行业性

一方面，职业技术教育主要是针对地方和行业的具体特点来培养人才的，因此，它能够为地方和行业提供人才支持和技术支持，以此带动地方和行业发展，特别是促进经济的发展；另一方面，职业技术教育的发展又需要依靠地方和行业的优势和条件，需要地方和企业能够为职业技术教育的开展提供诸如办学资金、设备以及实践场地等条件，需要地方和企业与学校沟通、完善专业结构及教学内容的设置等；再一方面，职业教育的地方性与行业性还体现在地域和行业的差异性上。不同地方和行业对人才的需求是不一样的，不同地区有不同的资源状况、产业结构、开发方向和生产力发展水平，职业技术教育必须主动适应这些差异，突出地方和行业的特点。

（四）教学过程的实践性

职业技术教育的教学区别于其他类型学校教学之处就在于它特别强调实践性，这是由职业技术教育特定的培养目标所决定的。职业技术教育以造就具有专业知识和操作技能的专业人才为目标，这就决定了它必须注重实际能力的培养，加强实践性环节的教学和训练。

二、我国职业技术教育的特点

我国职业技术教育在长期发展的过程中，不仅具有职业技术教育的共性，同时也具有其自身的特殊性。因此，发展民族地区的职业技术教育不仅需要考察职业技术教育本身的特点，还需要考虑中国职业技术教育的独特性，这样才能充分实现职业技术教育的功能。

（一）发展空间的区域性

我国是一个幅员辽阔、人口众多的国家，各个地区由于地理位置、历史发展等方面的差异，造成了经济发展水平差异显著的现状。由于职业技术教育与经济社会的发展水平密切相关，因此，我国的职业技术教育也相应地呈现出发展空间的区域性特征。

也就是说，职业技术教育应结合本地区自然条件、资源优势、民族文化传统等经济、社会特点和发展需要，根据当地资源优势、技术优势、产业优势形成不同特点的产业门类，以此来确定职业技术教育的总体结构、办学形式、学校布局、专业设置等，形成具有区域特色的职业技术教育体系。根据这一要求，在开展职业技术教育的过程中就应明确：发展职业技术教育的主要责任是在地方；要打破行政色彩的地方性特点，适应区域经济的区域性特点；行政部门要协调各方面的横向联合，将职业技术教育发展的区域性与国际化趋势有机地结合起来。

（二）办学形式多样化

我国当前的所有制结构是以公有制为主体，多种经济成分并存。职业技术教育与经济、社会发展状况密切相关，其办学形式也会伴随经济成分的特征而呈现出多样性的特点。近年来，我国的综合国力有了迅猛提升，但由于我国各地经济、文化等发展不平衡，发展职业技术教育所需的客观条件与现状之间存在较大的矛盾。这些因素都决定了我国职业技术教育必须采取多形式、多层次、多规格办学。办学形式的多样性主要体现在办学主体多样化、教育教学形式多样化。

（三）教育管理的开放性

在市场经济条件下，经营主体在法律允许的范围内，寻求资源的优化配置，追寻利益的最大化。其生产要素依据经济效益的最大化原则，自由流动，具有明显的开放性特征。市场经济条件下的职业技术教育也必然遵循市场经济的原则和规律，被打上市场经济的烙印。因此，在职业技术教育的管理上也必然具有明显的开放性特征。

第四节　职业技术教育与社会互动发展

一、职业技术教育与社会政治的互动

上层建筑领域中各种权力主体维护自身利益的特定行为以及由此结成的特定关系，是人类历史发展到一定时期产生的一种重要社会现象，政治对社会生活各个方面都会产生重大影响。职业技术教育与社会政治之间存在制约与反作用的关系。一方面，社会政治制约着职业技术教育的性质和目的；另一方面，职业技术教育作为培养人才的社会活动，在传授职业知识技能的同时，也传递着一定的社会政治意识和职业道德，从而维护和巩固现有的社会政治制度。

（一）政治对职业技术教育的制约作用

1. 政治决定着职业技术教育的性质和目的

职业技术教育的目的规定着其是为哪个阶级培养人才以及培养什么样的人才，反映了统治阶级的经济利益和政治利益。

《中华人民共和国职业教育法》规定："为了实施科教兴国战略，发展职业教育，提高劳动者素质，促进社会主义现代化建设，根据教育法和劳动法，制定本法。""国家发展职业教育，推进职业教育改革，提高职业教育质量，建立、健全适应社会主义市场经济和社会进步需要的职业教育制度。"这些都反映了我国的职业技术教育要为社会主义市场经济的发展和社会进步的发展服务，为社会主义现代化建设培养人才。

2. 政治决定着职业技术教育的管理体制

国家的政治制度决定着它的教育制度。世界上典型的政治制度形式是中央集权制和地方分权制。与中央集权制的政治制度相对应的便是中央集权制的教育制度，而与地方分权制的政治制度相对应的便是地方分权制的教育制度。在中央集权制的国家中，通常设有教育部或教育委员会，掌管着各地区教育的组织、行政、经费和监督的权力，同时又在很大程度上决定着教育法令、学校课程编制、人事安排以及教材和教学法的审核等。在地方分权制的国家中，教育则由各个行政区分别管理。我国是典型的中央集权制的政治管理体制，因此采用中央集权制的教育管理体制。例如，我国在教育部专门设有职业教育与成人教育司，负责统一管理全国的职业技术教育，学校管理信息化、师资、教材的建设，以及对各级各类的职业技术教育的教育教学活动进行指导等。

3. 政治制约着职业技术教育的改革与发展

经济、科技、文化引发的职业技术教育变革，通常要借助政治力量才能得以迅速推动和实现。回顾我国职业技术教育改革历程也会发现，我国的职业技术教育改革也是在政府的力推下逐步展开的，凡是由政府力推的职业技术教育改革，改革的进程就会加快。

（二）职业技术教育的政治功能

职业技术教育通过促进学习者的社会政治化，维护现有的社会政治关系，这是其典型的政治功能的表现。职业技术教育有计划、有目的、有组织地对学习者传授职业知识，培养职业技能，进行思想政治教育和职业道德教育。通过这种教育活动把在一定社会中占统治地位的政治意识传递给受教育者，把他们培养成一个和一定的社会价值标准相一致的人，促进个体的社会政治化，从而维护现有的社会政治关系。

二、职业技术教育与经济的互动

美国的教育经济学家舒尔茨认为：教育在经济增长中发挥着巨大的作用。现代经济发展与教育密切相关，职业技术教育作为教育体系中的重要组成部分，它对社会经济发展起着巨大的促进作用。对世界其他国家的研究发现：职业技术教育越发达的国家，经济发展水平也相对较高。目前，经济发达国家都有体系完备的职业教育。它在推动经济增长、促进就业和再就业中具有不可替代的重要作用。经济与职业技术教育之间的作用是相互的，一方面，经济的发展水平制约着职业技术教育的发展；另一方面，职业技术教育通过培养大量高素质劳动者推动着社会经济的发展，发挥了强大的经济功能。

（一）经济对职业技术教育的制约作用

经济的发展为职业技术教育的发展提供了必要的物质条件，它通过投入大量的人力、物力和财力作为职业技术教育发展的物质基础。同时，经济发展的水平制约着职业技术教育的发展水平，不同的经济发展水平要求职业教育为其提供不同数量、规格、质量的劳动力。

1. 经济的发展水平制约着职业技术教育的发展规模、速度

经济发展水平直接决定着对职业技术教育人力、物力、财力投入的多少，而这直接影响着职业技术教育的发展规模和发展速度。首先，只有经济和生产力水平提高了，才有可能增加对教育的投入，而教育资金的投入直接影响着教育的规模和速度。其次，经济发展了，才能提供剩余劳动力，他们中的一部分人才能接受教育，这影响着职业技术教育的规模。再次，只有经济发展了，才有条件扩大职业技术教育的规模，提高国民受教育的程度和年限。

2. 经济结构决定着职业技术教育的结构和内容

经济结构是指国民经济总系统中各子系统各部分排列、组合的方式，包括产业结构、技术结构、劳动力结构及区域经济结构等。不同地区的产业特点对劳动力的类型结构有不同的要求，产业结构变动和发展趋势及其对劳动力类型的需求结构都会对职业技术学校的专业设置和教学内容产生直接的影响。因此，职业技术教育的培养类别、层次及学校数量、专业设置都受社会经济发展状况的制约。职业技术教育在向社会培养专门人才时，必须适应产业结构、技术结构、行业结构、就业结构的特点，满足其需要，以充分发挥职业技术教育的作用。

（二）职业技术教育的经济功能

职业技术教育通过向社会各行业培养高素质的劳动力来推动经济发展，从而实现其经济功能。

1. 开发人力资本，提高劳动生产率

职业技术教育是传递职业知识和技能、培养社会劳动力的教育。它能促使劳

动者成为发达的和专门的劳动力，而正是掌握了知识和技术的高素质的劳动者成为了推动经济的增长和发展的最主要因素。因此，职业技术教育是人力资本开发的重要途径。同时，人力资本理论认为：通过接受教育，一个人可以获得更多的知识和技能，当这种知识和技能通过劳动力市场进入生产过程的时候，就可以提高劳动生产率。较高的劳动生产率就会带来较高的经济收入，而较高劳动生产率的源泉则是教育。

职业技术教育对人力资本开发的重要性主要体现在对应用型和技术型人才的培养。职业技术教育通过培养大批高素质劳动者和初、中、高级技术人才，使国家各类型各层次的人才保持合理的比例，使国家的人力资源构成一个知识技术结构合理、高效率的智力群体，为经济发展提供坚实的人才基础。

2. 提高就业能力，降低失业率

职业技术教育不仅要使受教育者获得从事某种职业的能力和资格，同时还要通过“核心能力”的培养，获得开发寻求就业、保持就业和变更就业的能力。职业技术教育可以通过对失业人员的转业、转岗培训，帮助他们重新就业，通过专业设置与各种培训，调节与解决社会结构性失业问题，促进就业。

总之，职业技术教育的发展，归根到底要受到经济发展的制约。如果不顾经济所能为其提供的物质基础，片面强调职业技术教育的发展，反而不利于经济的发展；反之，如果认识不到经济发展对职业技术教育的需求，不重视职业技术教育的发展，就会造成经济发展中所需要的劳动力和专门人才的短缺，从而阻碍经济的发展。职业技术教育事业的发展必须与国民经济的发展相适应，才能充分地发挥职业技术教育的经济功能。

三、职业技术教育与文化、科技的互动

职业技术教育本身就是一种社会文化现象，包含在文化系统之中，一个国家或民族的传统文化特征必然以潜在的方式影响着职业技术教育的发展。职业技术教育领域中的各方面都受特定社会文化的影响。职业教育观念、教育培养目标的设定及内容的选择、教育方式等涉及职业技术教育过程的各个方面都受到一定社会文化的影响。

科学技术是社会系统中一个重要子系统。它通过与社会经济、政治、文化、教育等相关子系统的相互作用，推动社会的发展。科学技术与职业技术教育之间是相互促进、相互影响的关系。

（一）文化、科技对职业技术教育的影响

1. 文化价值观对职业技术教育价值观的影响

不同的社会政治制度和文化背景下的人们，对职业技术教育的价值认识是不同的。在工业革命以前的农业社会中，封建等级制和宗法制是社会文化的基础，

个体价值都是由其在社会中所处的特定阶层所决定的。在这种社会制度和文化背景下，教育的价值取向主要是求取功名，以改变个人的社会地位和身份，而不是赋予学习者谋生的技能。工业革命以后，在资产阶级自由、平等、民主的思想影响下，文化对个体自身在职业活动中的价值予以肯定。人们也开始意识到实用技术的价值，在实用主义教育思想的影响下，教育与生活相结合，教育与生产相结合，教育的价值取向转向培养能解决生产实际问题的实用性人才。进入20世纪以来，伴随着高新技术产业的发展，新的职业不断地出现，职业技术教育的价值更体现在加快科技转化为现实生产力上。

2. 科技发展水平决定着职业技术教育的人才培养目标

社会、经济、科技发展水平不仅制约着职业技术教育的培养目标，同时也制约着教学内容和课程结构体系，影响着教学方式、手段的运用，培养具备何种素质的劳动者最终是由科技发展水平决定的。随着科技的迅猛发展，企业技术更新速度不断加快，产品技术含量不断提升，科学技术的高度分化与综合催生出许多新型职业，企业对技能型人才的知识结构、能力结构都提出了新的更高的要求。在这种情况下，如何适应企业技术与工作方式的飞速变化，培养能够满足工作需求的高素质的劳动者，已成为职业技术教育面临的最为重要的问题。

3. 文化、科学技术的发展丰富和更新了职业技术教育的内容和教学手段

文化的内容非常丰富，科学技术也是文化的重要组成部分。科学技术知识是职业技术教育内容的重要方面。科学技术既可以物化在生产工具、劳动对象上，也可以语言、文字、信息等形态出现。技术的变革意味着文化的进步，同时也要求职业技术教育课程内容的更新。随着社会的发展，科学技术的发展日新月异，这些技术也被纳入职业技术教育的内容之中。由此可见，科学技术作为文化的一部分，决定着职业技术教育的内容。

另外，随着科学技术的发展，新产生的科学技术在丰富职业技术教育教学内容的同时，也为新的教学手段的使用提供了可能，如视听工具自动化、通信卫星在教育中的运用。这些现代教学手段改变了传统的、单一的教学方式和教学手段，极大地提高了职业技术教育的教学效率。

（二）职业技术教育的文化、科技功能

1. 职业技术教育对文化的传承、发展与创新

职业技术教育是传递和传播文化的重要途径，通过传递、传播文化，促进文化的发展。职业技术教育对先进的文化进行加工、吸收、消化和传播，为广大劳动者所掌握，这实际上也起到了发展文化的作用。职业技术学校作为文化传播机构，只有那些被认为是优秀的、精粹的文化，才能进入学校教育领域。而文化一旦被学校教育所选择，则具有一定的导向作用，因为教育所选择的文化更具有权威性，传播的面更广，影响更大，更易被社会各界所接受。这充分体现了职业技

术教育对文化的选择性。职业技术教育在选择文化的同时，也是一个对文化进行系统化、条理化的过程，职业技术教育通过教材编写、教学内容组织等方式提高个体选择文化的能力，使得人们在文化选择中能够具有正确的取向，遵循客观的规律，优化选择的过程。职业技术教育通过对内容、课程、教材、教法等的选择与整理，对人类已经创造的文化产生影响，在吸收、融合、传播本国和世界先进文化的同时，通过职业技术学校的各种教学实践活动不断地创新、充实和发展文化，以确保人类文化的传承和延续。

2. 职业技术教育对社会文明的促进

职业技术教育通过其全部教育与教学活动对学生进行政治思想教育、公民道德和职业道德教育、心理素质和心理健康教育、环境和生态教育等，培养学生成为“四有”新人。它是社会精神文明建设一个有机的组成部分。我们认为：职业技术教育作为终身学习的组成部分，在新时代应发挥至关重要的作用，因为它是实现和平文化、实现环境的可持续发展、实现社会和谐和国际公民意识的有效手段。

3. 职业技术教育具有传递、积累、发展和再生产科学的社会功能

科学技术是人类认识自然和改造自然的智慧结晶，它的发展也是一个不断积累、传承的过程。通过职业技术教育这个途径，在教师的指导下有计划、有系统、有目的地将科学知识、技术世代相传，具有高效性、简捷性、引导性等诸多特点。职业技术教育在传播科学知识和技术的同时，也对这些科学知识和技术进行创新，从而形成新的科学知识和技术。因此，职业技术教育对科学技术而言是一种“扩大的再生产”，确保了人类科学知识的不断传播与发展。

4. 职业技术教育具有使科学技术转化为现实生产力的作用

职业技术教育是使科学变为技术，变为直接生产力和现实生产力的重要途径，科学技术活动是联结教育与经济的关键环节之一。接受过专门训练的科技工作者所获得的科学发现、技术发明经过科技成果商业化，使成果的潜在价值转化为经济领域里的现实价值。经过职业技术教育而获得专门训练的科技研发人员、技术人员担负着科技成果转化的重任，他们的职业素质越高，科技转化为现实生产力的能力就越强。

第五节 职业技术教育与区域经济互动发展

一、区域的概念和划分

随着生产的发展，各地区经济发展的分工协作日益密切，这就必然面临经济发展区域化的问题。实现经济区域化，改变孤立闭塞的自然经济是我国地区经济

发展的要求。

“区域”是内在的有机联系的区域综合体。“区域”的划分是经济社会文化综合发展客观规律的反映。划分“区域”要依据国民经济发展需要和地区条件的可能，从国家整体利益出发，服从国家经济社会发展总任务、生产总布局、自然条件、自然资源及社会历史文化等条件的差异和各地历史发展的基础水平和特点。专业化和综合化是“区域”的基本特征，划入同一区域的地区具有长期历史演变过程中形成的稳固的经济社会化文化共同点，其经济、社会的发展方向和远景具有相对一致性，它是区域内部联系性、外部差异性和区域特点的完整性集合。

虽然学者对“区域”的划分存在一些分歧，但仍然有一致的地方。大家都认为每个区域都有在经济、文化、政治各方面发挥重要辐射影响的中心，根据区域中心所影响的范围、职能、类型和规模的不同，可划分为全国性、区域性、地方性的不同级别的区域。在具体对我国区域经济划分时，有人根据我国社会、经济发展差异程度将其分成 3 类地区：东部发达地区、中部发展中地区、西部贫困地区。其实，区域划分具有相对性，在东部、中部、西部内也有发达的、欠发达的、不发达的区域或部分。因此，有人又以经济带来划分。全国各省、市的发展战略规划较多采用这种模式，即以经济带为纽带或龙头，带动和辐射相邻地区。我们认为以经济带划分发展状况，比东、中、西部划分表述区域发展状况要准确一些，但它主要依据的是经济状况，对社会文化背景因素考虑较少，也就有其不足之处。我们讨论职业技术教育与经济、社会发展的关系，从经济带来划分区域更易说明问题，因此本书采用这种模式来论述相关理论。

区域发展不平衡不仅是一个经济问题，而且是一个政治问题、价值判断问题。经济问题的核心是利益，利益的核心是分配。作为一个有机的整体，区域发展状况直接代表着整个国家经济发展的均衡状况。如果经济发展不均衡，也即各区域的经济利益不均衡，作为一个国家，其经济利益的分配是无法公平的。于是，区域差距就成为社会成员之间的收入和福利差距，也就成为社会不平等的重要根源。不平等与政治不稳定历来就是密切相关的，一方面，不平等使落后地区的人们沮丧并对政府不满；另一方面，富裕区域对落后区域也会产生歧视和排斥，或者存在经济的“掠夺”，进一步加剧区域社会主体之间的矛盾，使社会稳定的压力增大。

二、职业技术教育与区域经济互动发展的关系

（一）区域经济对职业技术教育的影响

与普通教育相比，职业技术教育具有更鲜明的地方性特点，与区域经济的关系更为密切。它不仅为区域经济发展培养人才，而且也在教育规模、专业设置、人才培养规模等诸多方面受到区域经济发展水平的制约。一方面，不同区域经济

发展水平为职业技术教育的发展提供不同水平的教育投入，从而制约着该区域职业技术教育发展的规模和速度；另一方面，不同区域经济发展水平和特点，对职业技术教育提出不同要求，要求职业技术教育的专业设置、教学内容与之相适应。因此，区域经济非均衡发展的现实使得职业技术教育区域化发展成为必然。现实证明，经济发展较快的地区职业技术教育往往也发展较快，而经济较落后的地区职业技术教育发展则相对缓慢。

（二）职业技术教育对区域经济发展差异的影响

区域经济发展的不平衡是区域差距的核心，但区域差距绝不能简单地归结为经济发展差异。区域之间差距现象的背后是各个区域之间显著的知识差距。教育是知识发展的基础，教育本身既是社会发展水平的重要标志，又是经济发展乃至整个社会发展最重要的决定因素之一。因此，教育发展的区域差距是产生我国区域发展差距的关键因素。1961 年舒尔茨在研究美国 1929 年到 1957 年的经济增长状况后就认为，美国整个国民收入增长额中 33%的贡献率是通过教育投资获得的。而张铁明对广州的研究也得到了类似的结论。

教育对经济发展的作用是通过两个层次来传递的。一方面，教育能够促进人力资本的优化，特别是提高劳动力的工作或生产效率。一般来说，所受到的教育越多，人们的知识和技能也越高，其相应的工作效率也就越高。另一方面，教育可以改善人类生活和生产的社会经济环境，从而通过对生存环境的优化促进生产力的提高和人们生活质量的改善。比如，接受过高等教育的人婚姻往往稳定，在生育行为上更重视人口质量，在日常生活中更重视健康。人们的教育程度对消费行为、资产管理和选择也具有积极影响，而且教育发达也有利于减少失业和犯罪现象。所以，教育对地区经济发展的作用是毋庸置疑的。

教育发展所引起的地区间经济发展的差异通过两个方面起作用。一方面，教育发展的整体规模和投入强度与经济发展之间有着密切的正向关系，教育投入上的差距是引起区域经济发展差异的主要因素之一；另一方面，教育发展结构的不同也会促进或制约区域经济的发展。概括地说，教育作为经济发展的主要动力因素之一，其发展的规模效应和结构效应也正是导致区域经济发展差异的因素。

职业技术教育作为我国教育事业中的重要组成部分，它的发展在受到该区域经济、文化等各方面因素影响的同时，也制约或促进着该区域经济的发展。

三、职业技术教育的区域化发展

我国疆域辽阔，几千年来经济社会的发展，以及改革开放以来沿海地区优先发展的梯度战略的实施，使得原已存在的区域经济社会发展差异更加明显。

根据我国社会经济发展的差异程度，可以初步分成发达地区、发展中地区、贫困地区三类地区。这三大地区在经济发展上存在较大的差异。

发达地区主要是指珠江三角洲地区、长江三角洲地区、环渤海地区、重庆—三门峡经济区等，其工业基础较好，发展水平较高，同时在人力资源上也具备一定的优势。北京、天津、上海、重庆、广州等城市，拥有众多的高等院校、科研机构和比较完备的职业技术教育体系，可以依托它们走产学研一体化的发展道路，最终建立创新体系，由工业经济向知识经济转变。这类地区现阶段的任务是发挥知识对工业经济的引导作用，将原有的第二产业向高新技术产业提升和转化，有能力的企业应该抢占科技制高点，进入知识经济下的主导产业，如生物医药、信息通讯等产业，培育企业自身的核心竞争力和竞争优势，以迎接未来的竞争。另一方面，由于知识经济方兴未艾，很多新的行业和产业还在孕育之中，这些地区和企业应对电子商务、电子贸易等突破传统模式的第三产业，及新兴的第四产业，如软件业、咨询业等产业的商机有所预测和准备，以便化挑战为机遇，创造出一系列新的经济增长点。根据这一区域特点，在发展职业技术教育时要把握这几点：应从增强竞争力的高度来发展职业技术教育；在更宽厚的普通教育基础上开展职业技术教育；由单一的岗位技能训练转向综合职业能力培养；努力提高职业技术教育的地位；要努力构建终身教育体系；应使职业技术教育具有充分的灵活性；应建立职业指导机构，加强职业指导；应加强创业培训。

发展中地区，特别是广大中西部地区和部分沿海地区，可采用“存量改造、增量发展、适度跃迁”的战略，以知识经济引导和完善传统工业经济。同时，局部地区可依托高素质人才优势，发展某些知识经济的主导产业，进行适度跃迁。在条件成熟的地区，可以发展知识经济中典型的依赖于人力资本的相关产业，如软件业和咨询业等，以对原有经济结构进行较大幅度的调整，借助于人才优势，充分发挥研究能力和创新能力，局部突破，推动区域经济的发展。根据这类地区特点，在开展职业技术教育时要注意：应由“有计划地培训人才，供应人才，促进经济发展”的计划经济观念向“根据劳动力市场实际需要组织培训，满足要求，适应经济发展”的市场办学观念转变；办学模式由“学校为本”的职业学校教育模式向“企业为本”的职业培训模式转变；改变对职业技术教育是“低层次教育”的观念；办学主体上改变单一主体为多元主体；专业设置及结构要与本地区经济结构、产业结构密切结合。

贫困地区特别是老少边穷地区，可采用“打好基础、台阶式跃进”的战略。政府对此类地区，应该变“输血”为“造血”，加快其信息网络平台、交通、能源等基础设施的建设。这类地区，从长远来看，最重要的问题是提高人的劳动素质，只有人力资源有所提升，才可能进一步发展知识经济，充分利用知识推进区域经济的发展。目前，这类地区可以借鉴发达地区的经验，适当发展结合当地自然资源的工业；同时，在农业发展中运用网络信息获取最新科技知识，以推动优质高效农业的开展。反过来，这又能促进这类地区对教育的投入和人力素质的提升。这类地区的较重要课题是对自然资源要有保护，以利条件成熟时高效开发。因此，可先在合适的地区发展结合自然景观、人文资源的旅游业和无烟工业等，初期可采用跨区合作、共同开发的方法，达到发展经济、培养当地人才、提高人力资源素质的目的。在贫困地区发展职业技术教育，要改变“以输送人才为目标”的职业技术教育办学观，树立“为当地社会主义建设服务”的办学观念；坚持与农结合、与社会结合的办学原则；立足现实条件，规划贫困地区的职业技术教育发展战略；要树立服务意识、效益意识和竞争、改革意识。

在这种区域经济与职业技术教育非均衡发展的大背景下，职业技术教育的发展战略要以区域经济为依托，融入区域经济、社会发展的总体计划之中，正确认识不同区域职业技术教育发展的重点，按照“分类指导、梯度推进、协调发展”的方针，因地制宜地选择与区域经济发展相适应的职业技术教育发展战略，实现职业技术教育的区域化发展。这不仅是区域经济、职业技术教育非均衡发展的客观要求，也是有效促进区域经济与职业技术教育协调发展的必由之路。

第二章　民族地区经济发展

民族地区经济的发展是整个社会经济发展的重要组成部分，在民族地区经济发展过程中以区域（分为东中西部）为划分依据的社会经济发展战略，对整体经济的迅速发展起到了带动作用，但却忽视了一个区域内不同民族之间经济发展的差异性。因此，应注重民族地区内部各民族间发展的差异性，推动整个民族地区经济的全面发展。

第一节　民族地区经济界定

民族是一个历史范畴，有其发生、发展和消亡的过程。马克思主义认为，民族是“人们在历史上形成的一个有共同语言、共同地域、共同经济生活以及表现于共同文化上的共同心理素质的稳定的共同体”。关于民族，国内学术界有不同的界定，一是从宏观层面界定；二是从微观层面界定。民族是一个国家内部所特指的各民族，比如中国，中华民族是总体民族，而其中包括法律承认的 56 个民族。所以，不管是宏观层面的民族还是微观层面的民族，都是密不可分的。刘永佶在《民族经济》（第四辑）中说道：“民族是人们在同一政治组织和相应制度框架内，在共同地域内由同一文化形态主导从事经济活动的具有共同语言的长期稳定的社会存在方式。”

民族地区是对民族进行的区域性划分，有时候民族地区也泛指“民族自治地方”。“民族自治地方”是中国少数民族在本民族聚居区实行民族自治的行政区域，目前分为自治区、自治州、自治县（旗）三级。但从包括的地域范围来看，二者是不同的。我国的民族地区除了民族自治地方外，还有少数民族聚居的地区。目前，中国形成了以下几个民族区域：（1）东中部区域。东部区域主要分布在辽宁省、河北省、海南省、广东省和浙江省的 20 个民族自治县，以及上海、北京、天津等大城市内；而中部区域主要分布在吉林省、湖北省和湖南省的 3 个民族自治州、32 个民族自治县内。（2）西北部区域。主要分布在甘肃省、宁夏回族自治区、青海省、新疆维吾尔自治区、内蒙古自治区和陕西省 6 个省、区。（3）西南部区域。主要分布在重庆市、四川省、贵州省、云南省、广西壮族自治区、西藏自治区6个省、区、市[①]。其中，少数民族人口主要集中在西南、西北和东北各省、自治区。内蒙古、新疆、西藏、广西、宁夏5个自治区和30个自治州、120个自治县（旗）、1200多个民族乡是少数民族聚居的地方，因而我们所谈的民族地区主要指的是西部民族地区。但在这些地区又都杂居着汉族，如在内蒙古、广西、宁夏三个自治区中，汉族人口都超过了少数民族人口；在新疆，汉族人口占40%强。同样，在各汉族地区也杂居了许多少数民族。特别是随着人口迁移的规模、范围的不断扩大，少数民族的分布越来越凸显出“大杂居、小聚居”的特点。

少数民族地区经济又称为民族地区经济，少数民族地区经济与少数民族经济一直都是中国少数民族经济研究密不可分的两个方面，黄健英在《论少数民族经济与少数民族地区经济》中写道：“少数民族经济是以某一少数民族为主体，具有共同历史、共同特征、共同利益关系的群体的经济，或者把一定地域范围内具有一些共同特征的几个少数民族的经济作为一个整体进行研究，也可以把55个少数民族作为一个整体，虽然内部存在着差异，但在经济发展的很多方面具有共性，面临着共同的发展问题。”少数民族经济研究的侧重点是多民族国家中人口处于少数的民族的经济问题，具体包括某个或某些民族经济发展的历史、现状、特点、发展模式以及与其他民族的经济关系等。而少数民族地区经济研究的是少数民族居住地区的经济，即把一定地域范围作为研究的重点，这个地域居住的可能是单一民族，也可能是几个或多个民族，是区域因素与民族因素的结合。也就是说，当我们从微观的视角研究某个少数民族聚居的乡村时，少数民族经济与“民族地区经济”大体上是一致的，即这时候的少数民族聚居区经济基本上也是该少数民族的经济。而当我们从宏观视角研究具有一定行政区划内涵的“民族地区经济”时，如广西经济、新疆经济、内蒙古经济等民族地区经济，或中国少数民族地区经济，由于少数民族人口只占这些“民族地区”人口的一部分，很可能就会出现少数民族经济与民族地区经济分离的情况，即民族地区经济的发展并不等于少数民族经济的发展。

民族的分布本身就具有一定的地域性，而在民族经济发展过程中以“区域（分为东、中、西部）”为划分依据的社会经济发展战略，虽然对整体经济的迅速发展起到了带动作用，但却忽视了民族地区经济与少数民族经济之间存在的差异性。也就是说，在加快民族地区经济发展的同时，还应关注到同一区域内不同民族之间的经济发展，促使各民族共享经济、社会发展的利益，推动整个民族地区经济的全面发展。

---

① 王玉芬. 内生拓展——中国少数民族经济发展的理念、根据、条件和战略［M］. 北京：中央民族大学出版社，2006.

第二节 民族地区经济发展的特性分析

我国是统一的多民族国家，全国有50多个少数民族聚居在西部地区，即聚居生活在重庆、四川、贵州、云南、广西、陕西、甘肃、青海、宁夏、西藏、新疆、内蒙古这12个省、市和自治区。其土地面积686.7万平方公里，占全国国土面积的71.5%；目前有人口约3.67亿，占全国人口的27.9%。西部地区各类自然资源人均占有量都超过东、中部地区，但是西部地区相对于东、中部地区经济发展比较落后。2009年，西部地区实现国内生产总值66973.5亿元，仅占全国的18.3%；人均国内生产总值为18286元，仅为全国平均水平25575元的71.5%。尽管西部地区经济发展比较落后，但西部地区经济的发展在整个国家安全和社会、经济发展全局战略中占有非常重要的地位，特别是发展西部民族地区的经济，提高民族地区的现代化水平，不仅会直接影响各经济区域间的均衡与协调发展，而且还会影响全国经济健康、稳定、协调和可持续发展。

一、资源充裕性

按照区域进行划分后的东、中、西部中，民族自治地方在西部地区占74%，也就是主要分布在西部地区。西部地区12个省（区、市）耕地面积72690万亩，占全国耕地面积的32.25%，人均2.1亩，为全国平均水平的1.4倍；林地179679万亩，人均5.1亩，为全国平均水平的1.9倍；牧草地387222万亩，人均10.9亩，为全国平均水平的3.6倍[①]。地处陕西、甘肃、宁夏、青海、新疆、内蒙古（只含其西部区域）6个省区的西北少数民族聚居区总面积约400万平方公里，该地区自然资源中可资利用的土地和地下（矿物）资源丰富多样，其中草原面积为1.2亿公顷，约占全国草原面积的48%，尚待开发的潜力很大。

（一）矿产资源

我国矿产资源主要集中于西部民族地区，在全国已经探明储量的156种矿产资源中，西部地区占有138种。煤、石油、天然气、油页岩藏量主要富集于西北的青海、新疆、甘肃、陕西、内蒙古等地区；非金属矿产中磷矿主要集中于云南、贵州、四川等地；镁盐、硼矿、砷重晶石和明矾石、石棉、云母等，也主要分布在西部地区。据2010年中国区域经济统计年鉴统计（见表2－1、表2－2）：西部地区集中了大量的镍矿储量，铜、铅、锌的储量分别占全国的40.27%、67.65%、77.16%，铬矿的储量占全国的98.68%，钒、原生钛铁矿等稀有金属的储量分别占全国的75.72%和97.94%，其中攀枝花市钒、钛储量巨多。除此

① 王洛林，魏后凯. 中国西部大开发政策［M］. 北京：经济管理出版社，2003.

之外，西部地区钾、镁、锂、锶储量均居全国首位，其中钾盐资源的储量占全国的99.6%，盐矿资源储量占全国的90.9%，特别是柴达木盆地，有30多个盐湖，储量巨大。西部地区能源与矿产资源在全国的绝对优势和巨大的潜力表明，西部地区具备了建设全国能源原材料基地的资源潜力，同时，西部地区地势高峻，地形复杂，地质勘探工作十分欠缺，导致其矿产资源开发的潜力仍然巨大。积极开发西部地区优势矿产资源，不仅可以缓解全国资源短缺的矛盾，还可以带动整个区域经济的快速发展。

表2-1 西部地区主要能源、黑色金属矿产基础储量

地区	石油（万吨）	天然气（亿立方米）	煤炭（亿吨）	铁矿（矿石，亿吨）	锰矿（矿石，万吨）	铬矿（矿石，万吨）	钒矿（万吨）	原生钛铁矿（万吨）
全国	294919.8	37074.2	3189.6	213.0	18576.6	522.5	1258.9	23291.4
内蒙古	7618.3	6721.3	772.7	15.8	568.7	126.7	0.8	
广西	181.7	3.4	7.7	1.1	3848.1		171.5	
重庆	161.7	1969.8	21.3	0.0	1806.9		0.0	
四川	105.1	6487.0	52.3	28.9	32.1	0.0	689.8	22763.3
贵州		4.5	128.1	0.5	2479.6		0.0	
云南	12.2	2.5	77.5	4.2	582.4	0.1	0.1	0.0
西藏			0.1	0.3		209.1		
陕西	22490.2	5658.7	268.7	4.1	287.5	1.1	0.9	0.0
甘肃	13798.8	163.6	58.4	3.9	132.4	125.1	89.9	0.0
青海	4361.7	1377.3	20.0	0.1		0.8		
宁夏	190.9	2.2	55.5	0.0				
新疆	46664.0	8354.1	148.0	3.6	422.4	52.7	0.2	47.6
小计	95584.6	30744.4	1610.3	62.5	10160.1	515.6	953.2	22810.9
占全国比重	32.41%	82.93%	50.49%	29.34%	54.69%	98.68%	75.72%	97.94%

数据来源：中国区域经济统计年鉴（2010年）计算整理。

表 2-2 西部地区主要有色金属、非金属矿产基础储量

地 区	铜 矿（铜，万吨）	铅 矿（铅，万吨）	锌 矿（锌，万吨）	铝土矿（矿石，万吨）	硫铁矿（矿石，万吨）	磷 矿（矿石，亿吨）	高岭土（矿石，万吨）
全 国	2951.0	1340.1	3838.5	83923.9	162133.4	31.7	63593.1
内蒙古	290.0	385.8	1005.8		17485.5	0.1	433.2
广 西	13.9	18.3	153.6	22573.4	4636.5	0.0	18185.0
重 庆		3.9	14.8	3639.1	1907.1	0.0	
四 川	83.7	78.1	220.0	14.4	40605.6	3.5	56.1
贵 州	0.3	6.0	14.7	20430.6	5716.2	4.1	10.4
云 南	289.4	179.5	820.0	1971.3	6111.7	8.1	391.7
西 藏	199.4	0.0	0.0				
陕 西	16.0	13.5	64.2	725.9	577.6	0.2	81.1
甘 肃	178.2	103.0	436.1		1.0	0.0	0.0
青 海	45.9	86.4	145.7		96.8	0.6	0.0
宁 夏	0.0				0.0	0.0	
新 疆	71.6	32.1	86.8		17.4	0.0	
小 计	1188.4	906.6	2961.7	49354.7	77155.4	16.6	19157.5
占全国比重	40.27%	67.65%	77.16%	58.81%	47.59%	52.37%	30.13%

数据来源：中国区域经济统计年鉴（2010 年）计算整理。

（二）农业资源

西部地区除了拥有丰富的矿产资源与生物资源外，还拥有丰富的农业资源，如光能资源、风能资源以及水能资源。这些资源成为民族地区从事农业生产的优势资源，并且为促进民族地区农业经济的发展提供了有力保障。就光照条件而言，西南地区地处热带和亚热带气候区，温暖湿润，全年≥10℃的积温达 4500℃～7000℃，可实行一年二至三熟，年降水量 750～1600 毫米，雨热同期，有利于农作物与林木生长。西北大部分地区年日照时数为 2500～3400 小时，年太阳辐射约 5200～6200MJ/平方米，大部分地区位于温带和暖温带，热量资源较为丰富。在甘肃、新疆等地区年太阳辐射总量高达 58～67 亿焦耳/平方米，是全国太阳辐射能量最丰富的地区之一。特别是新疆的南疆、东疆与甘肃西部为暖温带，全年≥0℃的积温达 4000℃～5700℃，可以一年二熟，宜种植棉花、玉米、水稻、小麦等作物。在风能资源方面，内蒙古和西北的部分地区地势较高，山口众多，风大风急，是我国风力资源最为集中的区域。根据国家气象研究院公布的

测算结果，中国可开发利用的风能资源为2.33亿千瓦时，其中内蒙古拥有1.01亿千瓦时，占全国的43.3%；新疆拥有8000万千瓦时，占全国的34.3%；甘肃拥有1950万千瓦时，占全国的8.4%；青海拥有1210万千瓦时，占全国的5.2%。随着国家“节能减排”战略的实施和对清洁能源生产的不断重视，西部地区风能的开发利用规模将不断得到提升①。在水能资源方面，西南地区降雨充沛，水系发达，海拔落差大，是中国水能资源最为集中的区域。作为长江、珠江、怒江、澜沧江、雅鲁藏布江等江河的上游区，西南地区水资源总量巨大。据2010年中国区域经济统计年鉴统计（见表2－3）：西南片区水资源总量达10788.2亿立方米，占全国水资源总量的44.62%，其中，西藏水资源总量为4029.2亿立方米，占全国水资源总量的16.66%，人均占有水量和亩均占有水量均居全国首位。由于整个西南地区境内江河流量稳定，水量相对集中且落差大，西南片区水能资源极其丰富，而且大部分水电资源开发具有淹没损失小、技术经济指标优越等优点，是西南片区极具开发潜力的优势资源。

表2－3　西部地区水资源情况

地　区	水资源总量（亿立方米）	比重	人均水资源量（立方米/人）
全　国	24180.2	100.00%	1816.2
广　西	1484.3	6.14%	3069.3
重　庆	455.9	1.89%	1600.3
四　川	2332.2	9.64%	2857.5
贵　州	910.0	3.76%	2397.7
云　南	1576.6	6.52%	3459.7
西　藏	4029.2	16.66%	139658.9
陕　西	416.5	1.72%	1105.6
甘　肃	209.0	0.86%	794.3
青　海	895.1	3.70%	16113.6
宁　夏	8.4	0.03%	135.5
新　疆	754.3	3.12%	3516.6
内蒙古	378.1	1.56%	1563.9
小计	13449.7	55.62%	

数据来源：中国区域经济统计年鉴（2010年）计算整理。

① 聂华林，马经翰．中国区域经济格局与发展战略［M］．北京：中国社会科学出版社，2009.

（三）生物资源

西部地区植物种类在 35000 种以上，仅乔木灌木树种达 8000 余种，兽类 400 多种，鸟类 1100 多种。四川省国家保护的珍稀动物有 59 种，占全国珍稀动物的一半还多，并且四川省的中药种植量及产量位居全国首位。贵州省的森林覆盖率达 30.8%，食用野生植物 500 多种，工业用野生植物 600 多种，绿化、美化及抗污染野生植物 240 多种，药用植物 3700 多种，占全国中草药品种的 80%。还有西藏、陕西也都是我国野生植物资源丰富的省份。青藏高原还是全球最大的高原生物基因库，青藏高原目前已经查明的包括苔藓在内的高等植物有 13000 余种，陆栖脊椎动物近 1100 种，它们在全国同类物种内所占比例均为 45%左右，鱼类 115 种、真菌 5000 余种，以及包括昆虫在内的无脊椎动物、藻类、地衣等物种更是难以统计。这些繁杂的生物种群所保存下来的不同基因组合，不仅能为科学研究提供标本，而且还能为其地区经济发展作出巨大的贡献。

二、经济落后性

改革开放以来，民族地区的经济得到了长足的发展，但是由于诸多因素（如投资力度不足、教育落后、人才素质不高等）的影响，民族地区总体经济发展水平不高，经济发展落后的面貌并没有得到根本的改变，与经济发达地区相比还有较大的差距。

（一）基础设施建设滞后，基础条件落后

民族地区基础设施建设滞后，严重制约了民族地区经济的发展，主要表现在交通运输与通讯方面。据 2011 年《中国统计年鉴》显示：民族自治地方交通运输业中铁路营业里程绝对数为 20919.20 公里，占全国比重为 24.46%，公路里程数为 877873.27 公里，占全国比重为 22.74%；邮电通信业的邮电业务总量为 2180.94 亿元，仅占全国比重的 8.02%。而按照区域进行划分，少数民族比较集中的西部地区与东、中部等地区相比，其交通运输业、邮电通信业的平均占有量较低（如表 2—4）。比如交通运输业方面，东部地区铁路营业里程数为 19144 公里，每万平方公里拥有量为 208.90 公里，中部地区铁路营业里程数为 19721 公里，每万平方公里拥有量为 191.93 公里，而西部地区铁路营业里程数为 32754 公里，每万平方公里拥有量为 47.70 公里，西部地区每万平方公里拥有铁路营业里程数是东部地区的 22.83%，是中部地区的 24.85%；东部地区公路里程数为 970830 公里，每万平方公里拥有量为 10593.95 公里，中部地区公路里程数为 1044440 公里，每万平方公里拥有量为 10164.87 公里，而西部地区公路里程数为 1504532 公里，每万平方公里拥有量为 2190.96 公里，西部地区每万平方公里拥有公路里程数是东部地区的 20.68%，是中部地区的 21.55%。

表 2-4 按区域分交通运输与邮电业情况统计（2009 年）

指标	全国总计	东部地区			中部地区			西部地区			东北地区		
		绝对数	占全国比重（%）	每万平方公里拥有公路里程数（公里）或每万人拥有邮电业务量（亿元/万人）	绝对数	占全国比重（%）	每万平方公里拥有公路里程数（公里）或每万人拥有邮电业务量（亿元/万人）	绝对数	占全国比重（%）	每万平方公里拥有公路里程数（公里）或每万人拥有邮电业务量（亿元/万人）	绝对数	占全国比重（%）	每万平方公里拥有公路里程数（公里）或每万人拥有邮电业务量（亿元/万人）
铁路营运里程（公里）	85518	19144	22.4	208.90	19721	23.1	191.93	32754	38.3	47.70	13899	16.3	176.40
公路里程（公里）	3860823	970830	25.1	10593.95	1044440	27.1	10164.87	1504532	39.0	2190.96	341017	8.8	4328.18
邮电业务总量（亿元）	27193.5	14161.6	52.1	0.29	4951.9	18.2	0.14	5891.8	21.7	0.16	2188.2	8.0	0.20

注：1. 本表中涉及分地区数据相加不等于全国总计的指标，在计算东、中、西和东北地区占全国的比重时，分母为 31 个省（区、市）相加的合计数。

2. 数据来源：中国统计年鉴（2011 年）计算整理。

同时，由于民族地区人少地多，土质较差，而农田水利等基础设施比较落后，并且山路崎岖，交通极为不便，机械化农业耕作基本无法实现，导致民族地区（特别是偏远的少数民族聚集区）仍然是牛犁、人背、马驮的传统耕作模式。人力、物力的大量投放，加大了生产成本，使投入与产出价值比较低，从而严重阻碍了生产力的发展，整个民族地区的发展后劲受到了严重的束缚。

（二）经济基础薄弱，经济发展水平低

由于诸多因素的影响，民族地区的经济基础仍然比较薄弱，总体经济发展水平不高，其人均GDP、人均工业总产值、人均储蓄、人均消费、人均收入等指标均低于全国平均水平。据2011年《中国统计年鉴》显示：民族自治地方地区生产总值为31968亿元，人均地区生产总值18133元，远低于人均国内生产总值25575元。按照区域进行划分，东部地区生产总值为196674.4亿元，占全国比重为53.8%，中部地区生产总值为70577.6亿元，占全国比重为19.3%，东北地区生产总值为31078.2亿元，占全国比重为8.5%，而少数民族比较集中的西部地区其地区生产总值为66973.5亿元，占全国比重为18.3%。从人均国内（地区）生产总值来看，西部地区人均地区生产总值为18286元，低于国内人均生产总值25575元，低于中部人均地区生产总值19862元、东北人均地区生产总值28566元，远低于东部人均地区生产总值40800元，东部地区是西部地区的2.23倍。同时，西部地区城镇居民可支配收入为14213元，低于全国城镇居民可支配收入17175元，更低于东部地区城镇居民可支配收入20953元，东部地区是西部地区的1.5倍，西部地区农村居民人均纯收入为3816元，也低于全国农村居民人均纯收入5153元，而东部地区农村居民人均纯收入为7156元，是西部地区的1.9倍（见表2—5）。

表2—5 按区域分国内生产总值及人均收入情况统计（2009年）

指标	全国总计	东部地区		中部地区		西部地区		东北地区	
		绝对数	占全国比重	绝对数	占全国比重	绝对数	占全国比重	绝对数	占全国比重
国内（地区）生产总值（亿元）	340506.9	196674.4	53.8%	70577.6	19.3%	66973.5	18.3%	31078.2	8.5%
人均国内（地区）生产总值（元/人）	25575	40800		19862		18286		28566	

续表2-5

指　标	全国总计	东部地区		中部地区		西部地区		东北地区	
		绝对数	占全国比重	绝对数	占全国比重	绝对数	占全国比重	绝对数	占全国比重
城镇居民可支配收入（元）	17175	20953		14367		14213		14324	
农村居民人均纯收入（元）	5153	7156		4793		3816		5457	

1. 本表中涉及分地区数据相加不等于全国总计的指标，在计算东、中、西和东北地区占全国的比重时，分母为 31 个省（区、市）相加的合计数。2. 数据来源：中国统计年鉴（2011 年）计算整理。

三、民族贫困性

贫困，作为一个困扰着人类社会发展的问题，一直受到学术界和各国政府的高度重视。中国扶贫开发在经过三十多年的实践以后，取得了世人瞩目的成就。伴随着经济、社会的快速发展，扶贫开发也正在进入一个转型跨越的主要时期，但是，贫困仍然是民族地区的一个标志。

贫困是一种社会客观存在的现象，它在生产力发展的不同阶段和不同地区具有不同的特点，因而对贫困的划分也就出现了历史性贫困、地域性贫困、物质性贫困与文化性贫困等标准。随着贫困研究的不断深入，贫困的划分逐渐与民族的特性结合起来，从而形成了民族性贫困问题。在我国，“民族贫困”是“贫困”的一个外延概念，是在贫困类别中融入了民族的特性。首先，民族贫困包含特殊的构成要素，包括少数民族地区的特殊地理条件、生理素质、组织基础、政治制度和历史背景等。其次，民族贫困依托于民族关系的多样性和复杂性，强调构成或维系民族存在的情感因素，包括民族感情、宗教信仰、文化认同等特定条件影响下的贫困，因而民族贫困主要指的是少数民族贫困。民族地区贫困现象是民族地区社会经济发展过程中的普遍现象，不仅包括由于地理环境条件优劣差异带来的地域性贫困，还包括政策、人口、教育、经济结构等因素影响带来的物质性贫困和文化性贫困。西部民族地区是我国最主要的贫困地区，国家“八七扶贫攻坚计划”所列的 592 个国定贫困县中，西部 12 省区总共有 375 个，占全国的 63.3%。其中，有 224 个民族贫困县在西部地区，占全国扶贫开发工作重点县总数 592 个的 37.8%，占全国重点扶持民族贫困县 258 个的 86.8%。按照国家贫困标准，我国剩余的贫困人口绝大多数都集中在西部地区，民族贫困县集中分布在西部的云南、贵州、内蒙古、广西、新疆、四川、甘肃、青海及宁夏等地区。

关于民族地区贫困根源的研究，以马尔萨斯为代表的“人口挤压”理论认为，由于人口过多，增长速度过快，物质资料难以满足需要，因此，贫困是“绝对必然的结果”。1953年，美国经济学家纳克斯提出的“贫困恶性循环”理论认为，资本短缺是阻碍经济发展和导致贫困的关键因素，不发达的国家或地区贫困的根本原因是其在资本供给和资本需求方面存在着恶性循环。与纳克斯这一理论基本相似的还有纳尔逊（R. R. Nelson）于1956年提出的“低水平陷阱”理论和诺贝尔经济学奖获得者缪尔达尔（G. Myrdal）于1957年提出的“循环积累因果关系”理论。缪尔达尔认为，发展中国家由于人均收入水平低，教育、文化落后，劳动生产率低下，使其总是陷入低收入和贫困的累积性循环而不能自拔。在国内的学者中，郑长德（1997）认为，“边际”地理区位、恶劣的自然环境、人口数量增长快、人力资本水平低、经济发展水平低、基础设施落后、非正式制度的约束等原因的共同作用，导致了民族地区的贫困。张培刚（2001）认为，贫困地区和贫困人口大都处在自然环境恶劣的地区，如山区、边缘地区、热带地区等，这些地区普遍环境恶劣，自然条件极差，许多地区又缺乏可供开采和满足人们生产与生活需要的自然资源，环境恶劣、自然资源贫乏是造成贫困的主要原因。朱乾宇、姚上海（2005 ）认为，民族地区特殊的自然地理环境、人文、社会、历史、心理等因素造成的经济结构的超稳定性、经济关系的超封闭性、经济发展的缓慢性以及自然经济基础的根深蒂固，是其贫困恶性循环的主要原因。杨云（2007）认为，民族地区贫困的根本原因在于人力资本积累不足，在于智力结构的低层次性。

第三节 民族地区经济发展滞后的原因分析

在社会、经济发展过程中，民族地区虽然拥有丰富的自然资源，但是由于地理环境与自然条件的恶劣，严重制约了民族地区资源的合理开发与利用。同时，由于政策、人口、教育、产业结构等诸多因素的影响，导致民族地区物质（衣、食、住、行等）方面匮乏以及文化生活资源短缺等，从而严重制约了民族地区经济的可持续发展。

一、制度安排与资源禀赋

自然资源禀赋论，是指由于各国的地理位置、气候条件、自然资源蕴藏等方面的不同所导致的各国专门从事不同部门产品生产的格局。自然资源与经济增长的关系一直备受争议，一般情况下，丰富的自然资源对当地经济的发展应起到助推的作用。但是实际情况证明：往往自然资源丰富的国家和地区经济增长落后于自然资源并不丰富的国家和地区。据统计显示，民族地区主要自然资源不论绝对占有量还是相对占有量，在全国的比重都很高。从表2－6可以看出，无论是自然资源综合优势度、人均拥有量优势度还是总丰度，民族地区都排在全国前几名。然而，长期以来，西部民族地区经济发展总量低于全国平均水平，与东部沿海发达地区的差距较大，并且有不断拉大的趋势，呈现出“富饶的贫困”现象。

表2－6　民族地区自然资源的基本情况

地区	自然资源综合优势度		自然资源人均拥有量优势度		自然资源丰度		人均45种矿产资源潜在价值	
	数值规模	全国排序	数值规模	全国排序	数值规模	全国排序	数值规模	全国排序
内蒙古	1.10	2	3.32	2	1.92	3	21473.8	2
广西	0.71	13	0.52	15	0.61	13	1044.60	24
西藏	1.09	3	7.03	1	2.77	1	1728.97	19
宁夏	0.80	10	1.27	7	1.01	9	14912.5	4
新疆	1.08	4	1.95	4	1.45	4	5794.68	9
云南	1.03	5	1.60	6	1.29	5	6391.75	6
贵州	0.91	7	1.21	8	1.05	8	4748.09	10
青海	1.16	2	3.32	3	1.96	2	14874.4	5
全国	0.65	—	1.06	—	0.79	—	4601.68	—

资料来源：胡鞍钢．地区与发展：西部开发新战略第278页整理，北京：中国计划出版社，2001.

制度安排是指在特定领域内约束人们行为的一组规则，它支配经济单位之间可能采取合作与竞争的方式。一个地区经济的发展除了取决于自然资源外，更重要的是其相应的制度安排，即通过政府组织结构的调整、管理方式和水平的改进，以及政府对社会的控制、引导能力等有效制度安排的实施，充分开发与利用地区自然资源优势，从而推动地区经济的快速发展。在我国整个社会、经济的战略思考是以“区域”（分为东、中、西部）为划分依据的前提下，有效的制度安排使资源匮乏的东部地区得到了快速的发展，而资源丰富的西部民族地区却远远落后于东部地区。也就是说，有效制度安排的缺失导致了“资源诅咒”现象，严重阻碍了西部民族地区经济的发展。

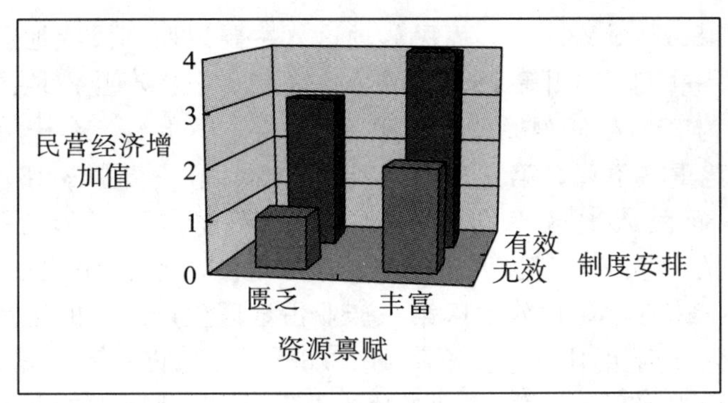

图 2—1　制度安排与资源禀赋组合图示

从图 2—1 可以看出，制度安排与资源禀赋的组合包括：有效的制度安排＋丰富的资源，有效的制度安排＋匮乏的资源，无效的制度安排＋丰富的资源，无效的制度安排＋匮乏的资源等四种类型。其中“有效的制度安排＋丰富的资源”是对地区经济发展最有利的一种情况，“无效的制度安排＋匮乏的资源”则是最不利的一种情况，然而这两种极端的情况在现实中却很少发生。面对“有效的制度安排＋匮乏的资源”和“无效的制度安排＋丰富的资源”这两种情况，我国东部与西部发展的实践经验表明：前者明显优越于后者。对西部民族地区而言，拥有丰富的矿产资源、水资源、光能资源以及生物资源，但西部民族地区的经济并没有得到快速的增长，这主要源于无效的制度安排。以西部民族地区凉山彝族自治州（以下简称凉山州）为例。凉山州拥有土地、光热和水等丰富的农业资源，但农业经济并没有在丰富资源的情况下得到快速增长，这主要是由于凉山州和大多数民族地区一样，处于“无效的制度安排＋丰富的资源”这种情况。有效制度安排的缺失阻碍了凉山州农产品市场化的进程，产生了“资源诅咒”现象，制约了凉山州农业产业化的发展。因此，改变凉山州农业经济发展滞后的根本出路在于制度变迁。

二、产业结构分析

产业结构是指一个国家和地区各次产业之间的关系结构，包括产业的构成、各产业之间以及产业内部的规模、组织形式等结构关系。一个国家或区域经济发展的水平不仅体现为产出量的增加，而且在很大程度上表现为产业结构的优化。产业结构的优化程度直接反映了产业结构与资源供给结构、需求结构相适应的状态，反映了资源配置的优化程度，以及一、二、三次产业健康协调发展程度。因而，反映民族地区经济发展水平也必须考虑产业结构的优化程度。从总体上来看，民族地区产业结构的优化程度远低于全国的平均水平。一是三次产业产值占地区生产总值的比重。1978 年全国一、二、三次产业占国民生产总值的比重分别为28.1%、48.2%、23.7%，而民族地区（主要以西部民族地区为主，包括内蒙古、广西、重庆、四川等12个区市）一、二、三次产业占地区生产总值的平均水平分别为35.74%、43.29%、20.97%；到1998年，全国第一产业占地区生产总值的比重在下降，第三产业比重在上升，第一产业占18.4%、第三产业占32.9%，而民族地区平均水平为：第一产业占26.76%、第三产业占35.32%。特别是从实施西部大开发以来，民族地区产业结构的优化程度得到了进一步的提升，2004年，民族地区第三产业占地区生产总值的比重不断上升到37.05%，而第一产业的比重逐步下降到18.85%。到2009年，民族地区第三产业的比重上升至40.68%，第一产业的比重下降至13.4%。数据资料显示，民族地区经济发展过程中，产业结构的变化基本符合产业结构演变的规律，但第一产业占地区生产总值的比重仍高于全国平均水平10.3%（详见表2-7）。特别是从横向数据来看，部分少数民族地区第一产业比重的绝对百分率普遍还很高，如四川凉山彝族自治州第一产业的比重为25.11%，高于全国平均水平2.4倍，而青海玉树藏族自治州第一产业的比重则高达62.13%，高于全国平均水平6倍。因此，民族地区农业在整个经济中还占有绝对比重，产业结构性矛盾仍然比较突出（见表2-8）。二是劳动力在三次产业中的就业比例。在改革开放初期，民族地区的大部分劳动力都集中在第一产业，随着城市工业的发展以及三线建设的影响，民族地区第二产业的发展主要偏向于资本密集化程度较高的重工业，无法吸收更多的劳动力，尤其是农村剩余劳动力。民族地区劳动力只有转向第三产业，但民族地区三次产业的就业结构并没有随着西部大开发等因素的影响得到根本性的改变。因此，民族地区产业结构未达到一个比较发达的程度。

表2-7 2009年民族地区生产总值结构 单位：%

地区 产业	全国	内蒙古	广西	重庆	四川	贵州	云南	西藏	甘肃	青海	宁夏	新疆	陕西
第一产业	10.3	9.5	18.8	9.3	15.8	14.1	17.3	14.5	14.7	9.9	9.4	17.8	9.7
第二产业	46.3	52.5	43.6	52.8	47.4	37.7	41.9	31	45.1	53.2	48.9	45.1	51.8
第三产业	43.4	38	37.6	37.9	36.7	48.2	40.8	54.6	40.2	36.9	41.7	37.1	38.5

1. 数据来源：中国区域经济统计年鉴（2010年）计算整理。2. 计算公式为各产业占地区生产总值的比重。

表 2-8　2009 年部分少数民族县市生产总值结构　　单位：%

产业＼地区	内蒙古兴安盟	广西钦州市	重庆酉阳县	四川凉山州	贵州黔东南州	云南西双版纳	西藏日喀则	甘肃甘南州	青海玉树州	宁夏固原市	新疆克州	陕西陇县
第一产业	32.17	28.78	26.00	25.11	24.17	29.36	25.80	24.82	62.13	27.46	22.83	37.94
第二产业	32.33	35.69	36.55	40.83	30.29	29.58	24.09	23.40	15.23	22.83	19.59	30.79
第三产业	35.50	35.53	37.45	34.06	45.54	41.06	50.11	51.78	22.64	49.71	57.58	31.27

1. 数据来源：中国区域经济统计年鉴（2010 年）计算整理。2. 计算公式为各产业占地区生产总值的比重。

三、民族劳动者素质偏低

由于历史原因，我国各省、市、自治区之间的社会、经济、文化都存在较大的差异，尤其是改革开放以来，国家实行的不平衡发展战略，再加之原有各地区经济基础的差异以及教育资源分布的差异，导致东、中、西部地区人力资本积累存在巨大的差异，特别是西部地区少数民族聚居较多的省份，其教育发展水平相当落后，劳动者受教育的程度普遍偏低。

表 2-9　2009 年全国各地受教育程度分布情况　　单位：%

地区＼受教育程度	未上过学	小学	初中	高中	大专及以上
全国	7.1	30.1	41.7	13.8	7.3
东部地区	5.8	26.9	42.6	15.4	9.3
中部地区	7.2	28.5	44.0	14.2	6.1
西部地区	9.3	37.2	37.1	10.8	5.6

数据来源：中国区域经济统计年鉴（2010 年），以上数据均通过计算整理得出。

从表 2-9 可以看出，西部地区未上过学和处于小学文化水平的人口所占的比例均超过了东部地区和中部地区，比全国平均水平高出了 2.2 个百分点；然而西部地区处于初中、高中、大专及以上文化水平的人口所占比例却比全国平均水平分别低 4.6、3.0、1.7 个百分点，比东部地区分别低 5.5、4.6、3.7 个百分点，比中部地区低 6.9、3.4、0.5 个百分点。由此我们可以分析得出，西部地区受过初中及以上程度教育的人口比例远远低于东部地区和中部地区，与全国平均水平也还有相当大的差距。

改革开放以来，我国民族地区的生活水平得到了显著提高，民族地区教育也取得了较大的发展。但由于民族地区经济社会发展相对缓慢，教育、科技事业等基础较薄弱，自然环境等条件相对恶劣，交通、文化、信息等建设落后，我国民族地区受教育程度仍然比较低，其分布也存在不均匀、不合理的现象，特别是我国少数民族聚集的西部民族地区表现更为明显。表2—10的数据显示，2009年部分民族地区大专及以上文化程度人口普遍低于全国平均水平，更是落后于东部地区，如广西为4.1%、贵州为3.3%、云南为3.1%，分别低于全国平均水平3.2、4.0、4.2个百分点，而西藏为1.7%，低于全国平均水平近6个百分点。

表2—10 2009年民族地区受教育程度分布情况 单位：%

地区＼受教育程度	未上过学	小学	初中	高中	大专及以上
内蒙古	7.6	27.4	42.0	15.0	8.0
广西	5.3	34.6	45.1	10.9	4.1
重庆	7.0	39.3	36.3	11.9	5.5
四川	9.2	39.6	35.1	10.5	5.6
贵州	11.9	42.9	34.9	7.0	3.3
云南	12.9	45.4	31.5	7.1	3.1
西藏	37.3	44.3	12.8	3.9	1.7
陕西	7.2	28.1	41.0	14.6	9.1
甘肃	15.0	35.0	33.4	11.8	4.8
青海	13.9	41.1	26.0	10.2	8.8
宁夏	9.4	30.6	38.5	13.1	8.4
新疆	3.9	33.7	41.1	11.8	9.5

数据来源：中国区域经济统计年鉴（2010年），以上数据均通过计算整理得出。

另外，国家统计局人口和就业统计司《2007中国人口》统计显示：2007年我国西部地区15岁以上人口文盲率为11.32%，比东部地区和中部地区分别高出了4.49、3.37个百分点，也比全国平均水平8.40%高出了2.92个百分点。这说明我国西部地区与东、中部地区在文盲率上面的差距还很大，整个西部地区还应实行全面扫盲，普及我国的九年义务教育制度，提升整个地区人口的文化程度，从而更好地服务于地区经济的发展。

民族地区劳动者受教育程度普遍偏低，15岁以上人口文盲率偏高，这主要源于民族地区教育发展水平落后。下面我们从三个方面对民族地区教育发展状况作一个简单的分析。

1. 教育投入总量偏低

虽然我国对少数民族地区的教育投入在不断地加大，少数民族地区教育也取得了较大的成就，但同时我们也必须清醒地认识到，少数民族教育并不乐观。从表 2－11 可以看出，国家对西部民族地区的教育投资预算远远小于东部发达地区所拥有的总量，如西藏的财政预算经费为 63.35 亿元，广东的为 1033.7 亿元，西藏的财经预算经费仅为广东的 1/16。而且，我国民族地区的教育经费来源主要依靠国家专项投入和地方财政教育支出，筹资渠道狭窄，结构不合理。

表 2－11　2010 年我国公共财政预算教育经费一览表　　单位：亿元

地区	广东	江苏	山东	河南	四川	浙江	河北	北京	辽宁
经费	1033.7	877.82	773.66	674.56	661.86	639.27	543.7	505.78	464.99
地区	湖南	云南	安徽	上海	广西	福建	湖北	陕西	内蒙古
经费	443.55	442.58	437.84	435.75	386.88	378.99	373.51	370.44	351.37
地区	山西	新疆	江西	贵州	黑龙江	重庆	吉林	甘肃	天津
经费	341.34	316.62	311.04	307.03	302.69	280.66	270.18	258.97	225.28
地区	海南	青海	宁夏	西藏					
经费	107.74	97.3	81.97	63.35					

数据来源：教育部关于 2011 年全国教育经费执行情况统计公告整理。

2. 师资力量薄弱

发展民族地区教育，提高劳动者素质，建设师资队伍是关键，而少数民族聚居的西部地区的师资力量远不及发达的东部地区。就专任教师队伍的数量而言，我国西部地区与东部地区相比，依然存在着较大的差距。表 2－12 显示，2008 年东部地区专任教师人数总量为 561858 人，西部地区专任教师人数总量仅为 275612 人，并且东西部之间各地区差异更大，如东部地区的江苏，其专任教师人数为 96267 人，而处在西部地区的西藏仅为 1877 人，江苏的专任教师人数是西藏的 51 倍。

表 2－12　2008 年西部及东部地区专任教师人数统计　　单位：人

西部地区	内蒙古	广西	重庆	四川	贵州	云南	西藏	陕西	甘肃	青海	宁夏	新疆
人数	20946	27545	28398	59174	18037	23276	1877	53740	18581	3368	4915	15755
东部地区	辽宁	河北	北京	天津	上海	江苏	浙江	福建	山东	广东		
人数	53495	55125	55909	26121	36854	96267	47795	33637	87432	69223		

数据来源：中国区域经济统计年鉴（2009 年）。

3. 教育模式单一

长期以来，我国的教育大都是应试教育，这种教育模式让学生没有正确的学习动机，唯分是从，主要以在考试中取得高分为目标。这不仅限制了学生的创新实践能力，也阻碍了国家人才的培养，从而不利于国家经济的长足发展。民族地区作为国家经济的重点建设对象，其教育并未结合民族地区的实际情况，仍然局限于传统的教育模式，注重通识教育，而忽视了学生的职业技能培养，从而导致民族地区人力资本积累规模相对较小，积累速度也很缓慢。

第四节 民族地区经济发展的对策

民族地区经济的发展，不仅是国民经济发展的重要组成部分，更是推动地区经济、促进民族融合、维护国家统一和完整的关键环节，特别是西部民族地区的快速发展，不仅可以增进中国与周边国家的联系与交往，为中国的社会主义现代化建设营造良好的国际环境，而且还可以为西部边疆的国防建设提供坚实的经济支持，为国家的国防安全建设提供经济保障。

一、推行制度变迁，充分发挥政府的作用

制度变迁是指制度的替代、转换与交易过程，其本质是一种效率更高的制度对另一种制度的替代过程。根据新制度经济学理论，制度变迁的方式包括诱致性制度变迁和强制性制度变迁。由于两种制度变迁方式具有其各自不同的特点，因而任何经济体制改革都必须结合实际情况，根据其改革的性质和目标选择不同的制度变迁方式。诱致性制度变迁是指现行制度安排的变更或替代，或者是新制度安排的创造，它由个人或一群（个）人，在响应获利机会时自发倡导、组织和实行，其产生的条件是必须由某种原有制度安排下无法得到的获利机会引起[①]。以温州模式为主，温州变革是在自由放任的市场经济条件下，政府政策的宽松促进了个体、私营经济的发展，并使市场自发力量逐渐强大，最后成为温州变革的决定性力量。温州变革的模式是强化了市场在改革中的重要作用，以市场自发力量带动了变革的成功，然而对于西部民族地区凉山州农业经济发展的现实状况而言，凉山州并不具备诱致性制度变迁的条件。凉山州是从奴隶社会直接过渡到社会主义社会，许多意识形态仍然保留了彝族的传统文化，尤其以家支文化最为突出。这使得制度创新者在进行制度创新时，很容易产生“搭便车”现象，一旦制度创新者的预期收益小于其制度创新过程中所支付的费用，那么他们将失去制度

① ［美］科斯（Coase R H），等. 财产权利与制度变迁——产权学派与新制度学派译文集［A］//林毅夫. 关于制度变迁的经济学理论：诱致性变迁与强制性变迁［C］. 上海：上海三联书店，1991.

创新的动力，致使诱致性制度变迁无法继续推行。强制性制度变迁是指由政府命令和法律引入和实行，其产生的条件是在不同选民集团之间对现有收入进行再分配而发生。以苏南模式为例，政府通过对乡镇企业的强力介入和支持，促使了苏南地区乡镇企业的快速发展，而市场各要素在发展中并没有得到相应的壮大，因而促成了由政府带动的传统模式改革的巨大成功。凉山州在地区经济快速发展的过程中，为了实现彝族族群和汉族族群收入之间的再分配，需要地方政府的强制性制度变迁。因而，凉山州政府可以通过改进制度安排，推行强制性制度变迁，充分发挥政府在传统模式改革中的重要作用。特别是在凉山州农业经济发展过程中，政府可以通过加大对农业基础设施建设的投入，加强主导产业的培育、扶持龙头企业的发展、加大金融支持的力度以及构建完善的市场竞争体系，从而推动凉山州农业产业化的快速发展。

对民族地区来说，大力发展民族地区的经济，除了需要技术、知识和人力资源等现代化动力因素外，更重要的是依赖于制度的变迁，因为经济落后的地区只有完成制度的结构性变迁，建构新的社会激励结构，才能打破陈旧的社会格局，驱动整个社会朝着现代化方向发展。西部民族地区实行的是民族自治制度，地方政府也是自治政府。民族地区地方政府与其他地区的地方政府相比，具有更为优越的制度环境。西部民族地区地方政府应该在促进民族地区制度变迁中充分发挥其重要作用。民族地区地方政府不仅是制度创新的主体，充当中央政府的执行单位，对民族地区的特殊政策进行有效的制度供给，促进良性制度变迁，而且作为制度的供给者，更应该承担起民族地区经济组织者、经济调控和经济利益的主体这一特殊的角色，成为制度变迁的需求者，从而推动民族地区制度变迁、经济增长和社会和谐发展。

作为制度变迁的主体，民族地区的地方政府必须全方位、多层次地转变观念，创新制度体系，进行合理的基础性制度安排。同时，地方政府还应该对制度变迁起关键作用的组织进行合理的安排，改变政府机构繁多、机构设置追求小而全的现象，推进政府机构改革进程，从而促进西部民族地区的制度变迁。另外，在西部民族地区进行制度变迁，由于其制度变迁并非人的主观愿望，其变革的程度在于制度的适应性和制度创新能否提高社会资源的配置效率，推动当地的社会进步。因而，政府在促进西部民族地区制度变迁过程中，必须重视特殊的制度环境。再加之由于地理、历史的制度等原因，西部民族地区总体发展较慢，人的全面发展的要素欠缺，在西部民族地区推行制度变迁过程中还应坚持以人为本的原则，提高其民族劳动者的素质，改善其生活质量，优化其发展环境，从而推进整个民族地区经济与社会的和谐发展。

二、发挥区域特色优势，促进民族地区经济全面发展

在社会、经济长期发展过程中，民族地区应充分发挥其区域特色优势，大力推进特色产品（如水电、天然气、石油、有色金属、棉花、水果和肉类等）的优势发展。但是，目前从主要产品的人均产量来看，民族地区绝大部分产品都低于全国平均水平，这说明民族地区并没有在全国范围内充分发挥其比较优势的作用，推进优势产业的发展。因此，民族地区应调整产业结构，以优势产品和优势产业为突破口，扩大现有优势产业的规模，延长特色经济的链条，促进民族地区经济的增长。

从民族地区劳动力就业结构来看，民族地区劳动者逐步从第一产业转移到第二、三产业，但由于受历史原因（如政府对发展城市的偏好、三线建设等）的影响，第二产业吸收劳动力的能力不足，同时，第三产业吸收劳动力的能力也十分有限，民族地区大部分劳动者仍然从事第一产业（见表 2—13）。而从事第一产业的民族劳动者素质（尤其是文化素质）普遍偏低，由于教育提高自身素质的时期较长，再加之传统农业效益较低，使得民族劳动者人均 GDP 普遍偏低。因此，按“民族经济发展应以民族劳动者为主体”这一观点，民族地区应注重提高民族劳动者的自立发展能力，通过大力发展现代农业，走农业产业化道路，根据实际情况实现就地转移农村剩余劳动力，以增加民族劳动者收入，提高民族劳动者素质，从而推动民族地区经济的全面发展。

表 2—13　2009 年民族地区就业结构表　单位：%

产业＼地区	全国	内蒙古	广西	重庆	四川	贵州	云南	西藏	甘肃	青海	宁夏	新疆	陕西
第一产业	38.1	48.8	54.5	34.9	43.6	51.7	61.3	54.5	52.6	42.9	39.8	51.3	45.7
第二产业	27.8	16.9	20.3	27.7	22.4	11.5	12.9	10.8	14.6	22.0	25.8	14.0	22.5
第三产业	34.1	34.2	25.1	37.4	33.9	36.8	25.8	34.7	32.9	35.1	34.4	34.6	31.7

1. 数据来源：中国区域经济统计年鉴（2010 年）计算整理。2. 计算公式为各产业就业人口占地区总就业人口的比重。

1. 第三产业吸收劳动力的能力不足

在农村经济改革和城市经济快速发展的推动下，民族地区劳动力就业结构逐步优化，第三产业的就业比重逐渐上升，但实际情况表明第三产业吸收劳动力的能力仍然不足。首先，由于缺乏第一、二产业的支撑，民族地区第三产业的发展主要集中在传统商贸、餐饮、旅游等服务性行业，难以进一步吸纳众多的农村剩余劳动力。其次，民族地区民族劳动者由于受文化素质、语言、风俗习惯等因素的影响，很难快速地转移到第三产业，特别是在少数民族聚集的民族自治州，表

现更为明显。以凉山州为例。凉山州是全国最大的彝族聚居区和四川省民族类别最多、少数民族人口最多的地区，现在有彝族、藏族、羌族、苗族、回族、蒙古族、土家族、傈僳族、满族、瑶族、侗族、纳西族、布依族、白族、壮族、傣族等民族分布。2009 年全州总人口 473.04 万，其中少数民族人口为 247.49 万（其中彝族人口 243.65 万），占总人口的 52.32%。大多数少数民族（特别是彝族族群）居住在山间盆地、二半山和高寒山区。由于受教育程度低、语言比较单一（彝族以母语“彝语”为主）等因素的影响，导致凉山州民族劳动者在第三产业中的就业比重较低。2009 年，我国第三产业就业比重为 34.1%，而四川省凉山州第三产业就业比重不到 20%，贵州黔东南苗族侗族自治州为 17.12%，云南文山壮族苗族自治州为 14.42%，云南怒江傈僳族自治州为 15.62%，这些地区第三产业的就业比重都不足 20%，因此，我国民族地区（特别是少数民族聚集地）第三产业吸收劳动力的能力仍然不足。

2. 第二产业吸收劳动力比重仍然较低

随着工业化进程的加快，民族地区第二产业吸收劳动力的能力有较大的改善，但第二产业吸收劳动力的比重仍然较低，表 2－13 显示，2009 年全国第二产业就业比重为 27.8%，而民族地区平均水平仅为 18.45%，特别是贵州、云南和西藏地区还不及全国平均水平的一半。同时，由于民族地区第二产业发展与民族经济发展存在脱节的现象，民族地区工业经济的发展并不能带动民族劳动者收入的增加，也就很难让民族劳动者享受工业经济发展的成果。改革开放以来，凉山州工业经济的发展使整体经济得到了快速发展，但凉山州少数民族经济的发展却远远滞后于凉山州整体经济的发展，民族劳动者未能充分享受到工业经济发展的成果。同时，不同民族的劳动者在相互交往的过程中，由于语言、风俗和信仰等不同，往往会产生文化冲突等现象，从而严重阻碍了民族地区农村剩余劳动力向第二产业的有效转移。2009 年，四川省凉山州、贵州黔东南州、云南怒江州以及西双版纳傣族自治州第二产业就业比重还不足 10%，远远低于全国平均水平。因此，民族地区（特别是少数民族聚集地）第二产业就业比重仍然较低，工业企业吸纳劳动力的能力非常有限。

3. 第一产业仍然是劳动力高度集中的产业

长期以来，民族地区农村劳动力一直未得到有效的转移，大多数劳动力仍滞留于第一产业，到 2009 年，绝大多数民族地区第一产业就业比重远远高于全国平均水平 38.1%（见表 2－13），特别是少数民族聚集地，如四川凉山州、贵州黔东南州、云南怒江州、云南西双版纳州以及甘肃甘南州等，第一产业就业比重还高达 70%以上。也就是说，第一产业仍然是劳动力高度集中的产业。因此，民族地区要实现民族劳动者收入增加、提高民族劳动者的素质，关键在于推动民族地区第一产业的发展。从新思维的角度出发，民族地区应走农业产业化发展道路，通过农业产业化的发展思路带动传统农业的快速发展，从而推动整个民族地区经济的全面发展。

民族地区农业产业化的发展主要是把市场经济规则引入农业生产中，通过推行新型农业合作组织，改变“小农户与大市场”的矛盾现状，实现规模经济效应。同时，通过加强农民技术、技能培训，提高农村劳动生产率，使农村劳动力从传统的种植业向农产品加工业转移，优化地区劳动力就业结构，以实现民族劳动者收入的增加。民族劳动者收入的增加，将激发其提高文化素质的强烈愿望，以改善其文化教育水平较低、语言较单一等现状，从而实现不同民族族群的实质性融合。就凉山州而言，在丰富的农业资源的基础上，应结合当地的人口分布、人员素质以及就业状况，通过发展农业产业化，推行新型农业合作组织，推动凉山州民族地区农业经济的发展，增加民族劳动者的收入。

对于仍处在工业化初期阶段的凉山民族地区而言，其产业结构性问题仍然存在，按三次产业进行划分的就业结构分析，由于受工业经济发展水平限制以及各民族族群的民族劳动者自身素质、语言、风俗习惯等因素的影响，第二、三产业对民族劳动者的吸收能力还比较低，而大多数民族劳动者依然集中在第一产业。因此，凉山州应充分结合其实际情况，利用丰富的农业资源，大力发展第一产业，推行新型的农业产业化发展模式，将分散的少数民族族群与龙头企业、市场连接起来，形成“风险共担、利益共享”的利益共同体，从而大力推进凉山州的苦荞、马铃薯、烤烟等产业的发展，就地解决民族劳动者就业问题，并增强其自立发展的能力，真正实现凉山州民族经济的全面发展。

三、大力发展民族教育事业，提高民族劳动者素质

目前，民族地区经济发展脱离于整个地区经济发展是我国经济发展应关注的重点问题。从实际操作层面来看，政府的民族经济政策往往只重视资源配置、投入产出、福利增加（直接补贴）等，不重视民族劳动者素质技能尤其是文化素质方面的投入。马克思主义认为，一个社会的生产力由劳动者、劳动资料（如生产工具、土地等）和劳动对象构成，其中劳动者是生产力中最活跃的因素。也就是说，一个社会要获得经济持续发展的动力，必须以劳动者为主体。在民族经济发展过程中，民族文化是在其生存的自然空间长期积累的结果，与该区域内经济发展具有一定的调适性，具有它的存在合理性。要形成各民族文化的互动机制，让各民族劳动者的主体地位真正凸显出来，才能使民族地区经济获得可持续发展的动力。在整个民族地区经济发展过程中，少数民族经济的发展不能单方面依赖政府的补给养分（如国家直接补贴），这样将会使民族劳动者丧失其文化的整体运作，从而成为该区域经济发展的附属物，失去自立发展的能力。因此，民族地区经济的整体发展应充分调动各民族劳动者的积极性、主动性，使民族劳动者真正

成为民族地区经济发展的主体，从而推动民族地区经济的全面发展。

在“民族地区经济发展应以民族劳动者为主体”这一思想下，提高民族劳动者素质是少数民族地区摆脱贫困落后、促进经济和社会发展的一个重要途径。民族地区经济的发展依赖于民族地区劳动者的素质，劳动者素质技能是民族地区经济发展的根本动力，而经济发展状况也受制于劳动者素质技能水平。劳动者素质主要包括了身体素质、技能素质和文化素质。在民族地区的经济和社会发展过程中，劳动者身体素质是基础，而技能素质和文化素质是关键环节，民族地区劳动者素质不断提高的根本动力则是民族地区教育事业的发展。并且为了加快民族地区的经济建设，进一步缩小东西部地区的差距，努力提高民族地区劳动者素质是我国在现代化进程中的必然选择，这也要求民族地区经济发展过程中以民族劳动者为主体，加强民族地区教育事业的发展。

1. 加大教育投入，促进教育发展

民族地区提高劳动者素质必须加大政府对民族地区教育事业的重视程度，加大对民族地区教育方面的资金投入，出台相应的优惠政策，确保少数民族地区教育活动的顺利开展。教育是提高劳动者素质、技能的主要途径。从定量分析的角度看，教育经费投入会对一国经济产生较大的影响，教育经费每增加 10%，GDP 将增加 1%；从绝对量的变化上看，教育经费投入的少量增加，就能带来 GDP 产出的大量增加。同时，增加教育经费所产生的投入产出比随时间的推移而逐渐增加，早期的教育投入对后期的产出有较大作用，而且相对于固定资产投资，教育投资的投入产出比大约是固定资产投入产出比的 2～2.5 倍。

2. 建设教师队伍，保障师资力量

在科学技术突飞猛进、国力竞争日趋激烈的今天，教育在综合国力的形成中处于基础地位，国力的强弱越来越取决于劳动者的素质，取决于各类人才的质量和数量。教师队伍的建设是整个教育工作中具有战略意义的基础工程，建设一支高素质教师队伍是实施高效教学的关键，也是发展民族教育的基本保障。教师受党和国家的委托，为民族的振兴培养人才，劳动者的素质、各类人才的质量和数量都取决于教师工作的效果，教师队伍的整体状况决定着教师工作的效果。因此，加强民族地区教师队伍建设是我国教育改革与发展中的一大措施，更是提高少数民族地区劳动者素质、促进少数民族地区经济稳定发展进程中最为重要的一个步骤。建设一支数量足够、专业结构合理、质量合格的教师队伍，就是要加强教师队伍的管理。教师队伍的素质关系着教育的整体水平和素质教育的全面实施，而当前教师队伍的主要矛盾是质量问题。当前教师质量不能满足教育的整体水平和全面实施素质教育的需要，是一个无可讳言的事实。强化师资队伍、重视学校文化的建设、提升学校办学水平是每一所学校的基本立足点。

3. 转变教育模式，加强职业教育

促进民族地区经济和社会的发展，提高劳动者综合素质，改变民族地区的就业现状，转变教育模式势在必行。在民族地区大力推行职业技术教育，可有效促进民族地区教育的快速发展。首先，少数民族劳动者大多分散在农牧区，大量农牧民迫切需要通过职业培训获得经济实用、简单易学的各项实用技能，以便找到脱贫致富的门路。其次，少数民族地区受自然条件和自身财力的限制，对外部人才的吸引力较弱，发展民族地区经济所需的大量人才必须依靠自己培养，而职业技能培训是对现有人才进行素质技能提升的重要方式。另外，少数民族地区缺乏合格教师的情况普遍存在，除了扩大师范学院的招生规模外，还应对辛勤工作但水平有限的现任教师进行职业技能培训和再教育，弥补他们在教育技巧、实践教育等方面的欠缺，从而提高其教育水平。

民族地区职业技术教育发展过程中，应结合民族地区的实际情况，形成一个系统的、多层次的职业培训体系，把重点放在县、乡（镇）级职业技术培训机构的建设上，并根据地方经济发展的现实状况尤其是特色产业，把职业技术教育同经济发展紧密地结合起来。同时，民族地区拥有相当数量的新建本科院校，这些在 1999 年以后由专科学校独立升格或联合改革成立的新建本科院校由于种种原因发展缓慢，没有充分发挥其为地方文化经济服务的作用。其根本原因在于办学定位不准，方向不明确，没有找到最适合自己的教学模式为学生提供最大的发展空间。民族地区新建本科院校发展过程中，应加强与民族企业的合作，在校外建立实训基地，利用双方的特色和优势带动学生的职业化发展，还应结合民族地区的实际情况，发挥地区优势，构建适合民族地区的人才培养模式。因而，民族地区新建本科院校应通过大力推行“本科学历+职业化教育”等各种实践模式，在兼顾理论教育的基础上，加强学生的职业技能培养，面对市场需求，结合办学条件，为民族地区培养出一大批服务于地区经济发展的应用型人才，有效地把西部民族地区的教育推上一个新的台阶。

发展民族地区教育、提高劳动者素质是一个长久的话题，关键在于国家、政府的支持，还有民族地区劳动者自身学习的积极性。只有同时协调好宏观因素和微观因素在其中发挥的效用，才能进一步实现民族地区经济的增长，从而构建民族地区社会与经济的可持续发展。

第三章　民族地区中等职业技术教育发展现状及对策

中等职业技术教育是现代教育中重要的一环，是国民经济和社会发展的重要基础。中等职业技术教育是我国高中阶段教育的重要组成部分，担负着培养数以亿计高素质劳动者的重要任务，是我国经济社会发展的重要基础。中等职业技术教育包括普通中等专业学校、技工学校、职业中学教育及各种短期职业技术培训等。它为社会输出大量的初、中级技术人员和技术工人，在整个教育体系中处于十分重要的地位。

自中华人民共和国成立以来，历届政府高度重视中等职业技术教育的发展，特别是改革开放 30 多年来，我国确立了科教兴国的战略，使中等职业技术教育获得了高速发展，取得了显著的成绩。但我们也应该看到，高速发展的中等职业技术教育还存在着许多的问题需要我们去分析、解决，特别是在民族地区，中等职业技术教育存在的问题更为突出。

第一节　民族地区中等职业技术教育存在的问题

知识经济时代的到来、社会和经济的高速发展、科学技术的突飞猛进给中等职业技术教育带来了前所未有的发展机遇，同时也使中等职业技术教育面临着巨大的冲击与挑战。如何把握机遇、迎接挑战是中等职业技术教育工作者值得思考的问题，也是民族地区职业技术教育无法回避的问题。

《国务院关于大力发展职业教育的决定》中明确指出："把加快职业教育、特别是加快中等职业教育与繁荣经济、促进就业、消除贫困、维护稳定、建设先进文化紧密结合起来，增强紧迫感与使命感，采取强有力措施，大力推进职业教育快速健康发展。"为贯彻落实国务院号召，实现"十一五"教育发展规划中大力发展中等职业教育的战略目标，从中央到地方都调整了教育结构，加大了资金投入。但由于我国中等职业教育总体起步晚，基础薄弱，中等职业技术教育在发展中存在招生难、生源质量差、毕业生就业难等问题。这些问题在民族地区尤其突出。民族地区的一些中等职业技术学校办学条件差，水平低下，有的中等职业技术学校发展甚至难以为继。要发挥中等职业技术教育繁荣经济的作用，还需要各方面共同努力，促进民族地区中等职业技术教育的健康发展。

一、招生困难

目前，中等职业技术学校的处境已经是相当尴尬，特别是在民族地区。很多人认为中等职业技术学校的社会地位低，许多家长宁可高价择校让孩子接受普通高中教育，也不愿意让孩子读中等职业技术学校，有些学生虽然成绩差，但依旧愿意选择普通高中就读。在大多数人心中，中等职业技术学校的档次要比普通高中低几个等级。与此同时，在招生竞争方面，中等职业技术学校不得不面对普通高中的竞争，这样使本来就有限的生源显得更加稀缺。在招生过程中，中等职业技术学校的招生老师所面临的困难也是空前巨大的，老师们往往要多次前往学生家中，与家长和学生进行面对面交流，以说服学生就读职业技术学校。而这种招生方式大多时候都不会被家长和学生所接受，他们很有可能会用各种理由去回避，这样对老师的积极性也是一大打击。

表 3−1　2010 年、2011 年四川省中等职业技术教育学校招生人数　　**单位：人**

年份	中等职业技术学校	普通中学
2010	575964	1641724
2011	575321	1593466

数据来源：四川省统计年鉴 2012。

如表 3−1 所示，以四川省为例，该省 2010 年、2011 年中等职业技术教育的招生规模和普通教育相比存在很大的差距。2010 年中等职业技术学校招生数是普通中学招生数的 35％，2011 年招生人数是普通中学的 36％。从中等职业技术教育连续两年的招生人数来看，数量上不仅没有增加，反而存在着微量的减少。四川省的中等职业技术学校绝大部分都集中在省会成都或是其他非民族地区，因此生源更多的是集中在非民族地区，民族地区中等职业技术教育生源十分有限。

二、学校数量少，分布不平衡

我国西部地区中等职业技术教育的不平衡还体现在西部省份内部中等职业技术教育学校分布的不合理。大多数中等职业技术学校向省会城市或其他非民族地区城市集中，民族地区学校数量相对较少。

表 3－2 2011 年四川省部分市州中等职业技术学校数量 单位：所

全省	成都	绵阳	南充	宜宾	达州	巴中	乐山	资阳	凉山	甘孜	阿坝
540	92	34	46	29	34	36	28	27	19	4	5

数据来源：四川省统计年鉴 2012 年。

如表 3－2 所示，以四川省为例，2011 年该省 21 个市州中等职业技术学校总数为 540 所，甘孜、阿坝、凉山三个民族自治州的数量极少，总共 28 所，占全省的 5.19%。2011 年成都市中等职业技术学校有 92 所，甘孜州仅有 4 所，差距相当悬殊。即使是与成都市以外的其他城市相比，在数量上甘孜州也落后很多。四川省中等职业技术教育发展的情况可见一斑，其他西部民族地区的职业技术教育也存在学校数量较少、分布极不合理的情况。

三、办学条件有限

民族地区中等职业技术学校普遍存在着办学条件有限的问题，这也是制约学校发展的重要原因。无论是硬件还是软件设施，大多数职业技术学校都存在欠缺，特别是硬件设施建设方面。目前，民族地区中等职业技术学校办学条件上所存在的问题大致可以概括为：校园和宿舍占地面积不足，体育用地欠缺，图书馆可供学生借阅的书籍匮乏，仪器设备老旧或报废，实习实训基地设置不能满足学生需求等。

四、专业设置不合理

民族地区中等职业技术学校在专业设置上普遍存在着专业设置不合理的现象，大多数民族地区中等职业技术学校的专业设置都盲目地参考全国其他地区中等职业技术学校的专业。设置的专业没有充分考虑民族地区自身特色，不能满足民族地区特有的经济要求，与学校所在地的区域经济发展联系还比较弱，不能充分发挥职业技术教育服务当地经济发展的功能。

五、培养模式普教化

在民族地区中等职业技术教育办学的过程中，很多学校对自身定位不准确，培养模式的普教化趋势十分明显，偏离了当地经济发展的需求方向，降低了其服务当地经济发展的功能。

民族地区很多中等职业技术学校普教化倾向主要表现在教育教学思想、学生知识结构及能力结构的培养等方面，都不可避免地带有普教特点。其次，民族地区很多中等职业技术学校在教学内容的设定、教学模式的设置等方面都未能摆脱普教的影响，缺乏地方性和实用性。这些都制约着民族地区中等职业技术教育的发展。再次，民族地区中等职业技术教育的教育方法也主要是借鉴普教的教育方法。最后，中等职业技术教育对学生的考核评价也不够科学，主要考查学生掌握理论知识的多少及程度，并没有突出职业技术教育在培养目标、培养模式上的特点，培养出的学生实践能力较差，难以适应社会的需要。

六、教师队伍结构不合理

目前民族地区中等职业技术学校师资队伍存在的问题具体表现在：有的学校虽然教师数量达标，但教师的专业结构、职称结构不合理，甚至有些专业根本就没有相应的专任教师；教师队伍有相当一部分人没有经过系统、严格的教师培训，教育教学理论与技能水平达不到相应的要求，从而导致其专业技术不能满足职业技术教育的要求；专业课教师中，“双师型”教师缺乏，很多教师虽然具有一定的理论知识水平，但缺乏专业实践技能，这样不利于学生职业技能的培养；由于学校对自己的师资队伍缺乏管理，许多老师在平时教学活动中积极性不高，致使教学质量不高。除此之外，民族地区中职教师队伍还存在着一些其他的问题亟待解决。

（一）专、兼职教师比例不合理

2010 年教育部发布的《中等职业学校设置标准》规定，中等职业技术学校对师资队伍水平的要求是：中等职业学校应当具有与学校办学规模相适应的专任教师队伍，兼职教师比例适当；专任教师一般不少于 60 人，师生比达到1∶20；专任教师学历应达到国家有关规定；专任教师中，具有高级专业技术职务人数不低于 20%；专业教师数应不低于本校专任教师数的 50%，其中“双师型”教师不低于 30%；每个专业至少应配备具有相关专业中级以上专业技术职务的专任教师 2 人；聘请的有实践经验的兼职教师应占本校专任教师总数的 20%左右。

然而，就目前来看，民族地区中等职业技术教育的大部分学校师资水平达不到这一标准。就专任教师队伍的数量而言，我国西部地区与东部地区相比，依然存在着较大的差距。如表 3－3 所示，2009 年中国区域经济统计年鉴显示：在中等职业技术学校的专任教师数量上，东部地区专任教师人数总量为 286971 人，西部地区专任教师人数总量为 162844 人，西部地区仅占东部地区的 56.75%，东、西部中等职业技术教育中专任教师的差距较大。

表 3-3　2008 年东、西部地区中等职业学校（机构）专任教师人数统计　单位：人

西部地区	内蒙古	广西	重庆	四川	贵州	云南	西藏	陕西	甘肃	青海	宁夏	新疆
人数	14617	21061	13979	35347	10237	18543	541	20107	13885	2379	2215	9933
东部地区	辽宁	河北	北京	天津	上海	江苏	浙江	福建	山东	广东	—	—
人数	22872	48204	8852	8064	8265	44752	31050	18229	58490	38193	—	—

数据来源：中国区域经济统计年鉴（2009 年）。

（二）教师职称、学历水平低

就教师职称方面来看，以区域作为划分标准，2005 年东、中部地区中职学校专任教师的高级职称均高于全国平均水平，西部地区低于全国平均水平 1.2 个百分点。

从学历上看，中等职业学校的专任教师学历合格率较低，全国水平仅为 71.84%，而全国普通高中专任教师学历合格率为 83.46%，相差将近 12 个百分点。很多省份的中等职业技术学校教师的学历合格率主要是靠文化课教师的学历抬高比例，专业课教师的学历合格率很低，大约为 20%，有的中等职业学校专业课教师的学历合格率仅为 2%至 5%。分区域来看，东部地区中等职业学校教师学历合格率高于全国平均水平近 5 个百分点，中西部地区低于全国平均水平 2～5 个百分点，而西部省份比东部省份平均低 11 个百分点，最低的省份只有 52%，比全国平均水平低 20 个百分点，比最高的省份低 33 个百分点①。

西部地区中职教育教师的职称和学历均低于全国平均水平，而在西部地区，很多优秀的师资都集中在省会城市或非民族地区。西部民族地区中等职业学校的教师职称和学历更低，与本省的平均水平相比还存在一定的差距，与东中部地区相比差距更大。教师的职称和学历低严重制约着民族地区中等职业技术教育水平的提高。

（三）“双师型”教师缺乏

和普通中学相比，中等职业技术学校的专业教师应该有更高的专业化要求和条件。他们不仅要懂理论，还要擅长实际操作，解决实际问题。“双师型”教师是中等职业技术教育目标实现的人力资源保障，是保证中等职业技术教育人才培养质量的前提，是职业技术教育的特色和优势。目前，民族地区中等职业技术学校的“双师型”教师无论是数量上还是质量上都满足不了人才培养的需要，严重制约了民族地区中等职业技术教育的发展。要提升民族地区中等职业技术教育的

① 张冠梓．国情调研・2006（下）[M]．北京：人民出版社，2008.

教学水平，推动中等职业技术教育的整体发展，必须促进教师队伍的专业化，加强对“双师型”教师的培养。

第二节　民族地区中等职业技术教育现存问题的成因探讨

社会各界对中等职业技术教育的偏见、职业技术教育的投入缺乏、教师待遇不高及民族地区中等职业技术教育自身定位不准等多方面的原因，相互影响，共同作用，导致了民族地区中等职业技术教育现存问题的出现。

一、社会各方面对职业技术教育的偏见

（一）学生及家长对中等职业技术教育的偏见

当前家长及学生对职业技术教育认识不足，他们首先选择的是普通教育，甚至不惜花高价择校也要选择普通教育，认为只有普通教育才能出人头地，只有在无能为力的情况下才会选择职业技术教育。尽管最终一部分学生因为不能进入普通学校而选择接受中等职业技术教育，但其中许多学生及其家长的思想并没有完全从传统的计划经济的影响中解放出来，他们在选择职业技术教育时更关心的是自己或子女能否就业、收入是否有保障。由于社会及中等职业技术教育自身因素的影响，部分中等职业技术学校的学生毕业后并不能找到满意的工作。在这种不正确的、功利的价值观的影响下，很多学生和家长宁愿花更多的精力、经济资源等选择普通教育，也不愿选择职业技术教育。家长和学生对职业技术教育认识上的偏差是导致目前民族地区中等职业技术教育出现招生困难的重要原因之一。

（二）用人单位对中等职业技术教育的偏见

用人单位在招收新员工时，对中职毕业生也存在一定程度的偏见。很多用人单位的领导都存在普通本科类高校的毕业生无论从专业技术还是专业素质方面都要高于中职类学校的毕业生的观念，并且伴随着企业之间竞争压力日益剧增，企业对人才的学历要求也越来越高。大多数企业都有本科生强于专科生、专科生强于中职生的用人观点。同时，这些中职毕业生大多数不能找到与其所学专业相匹配的工作，即使找到，在用人单位的地位与待遇也相对较低，这就直接导致了就业后工作不稳定的现象。由此可见，中职类学生在用人单位心目中的地位是最低的。用人单位“高学历，高待遇”的用人方针，使得大多数初中毕业生都选择了普通中学而不是职业中学。

二、投入不足

没有足够的投入，就没有基本的物质基础保证，职业技术教育只不过是一纸空谈。尽管全国从上到下增大了对中职教育的资金投入，但总体来说，中职学校

特别是民族地区中职学校的资金依旧相当缺乏，民族地区部分中等职业技术学校所得到的资金投入往往不够用于校舍的建设，更不用说教学中所需要的设备器材的采购。

首先，国家缺乏对民族地区中等职业技术教育的投入。我国一直是"穷国办大教育"，普遍存在教育经费偏低的现象。国家对教育的投入相当有限，再加上资源配置的不平衡，大量的教育投入倾向于普通教育或经济相对发达的地区，民族地区的中等职业技术教育获得的教育投资很少。据教育部关于全国教育经费执行情况统计显示：国家对西部民族地区的教育投资预算总量远远小于东部发达地区，如西藏的财政预算经费为 63.35 亿元，仅为广东 1033.7 亿元的 1/16。就民族地区中等职业技术教育而言，大多数西部民族地区中等职业技术学校的生均教育事业费投入较低。如表 3－4 所示，云南为 4728.43 元，陕西为 4607.49 元，甘肃为 4347.86 元，宁夏为 4426.93 元，而四川、贵州等地生均教育事业费不足 4000 元，普遍低于东部地区的平均水平。

表 3－4 2010 年西部地区中等职业学校生均公共财政预算教育事业费表 单位：元

西部地区	内蒙古	广西	重庆	四川	贵州	云南	西藏	陕西	甘肃	青海	宁夏	新疆
经费	8231.72	5278.65	3666.64	3792.69	3974.26	4728.43	7618.66	4607.49	4347.86	6496.27	4426.93	7996.67
东部地区	辽宁	河北	北京	天津	上海	江苏	浙江	福建	山东	广东	—	—
经费	6536.11	4195.75	15583.8	10322.8	12609.8	4314.28	6643.12	4433.29	5436.04	4815.30	—	—

数据来源：教育部关于 2011 年全国教育经费执行情况统计公告整理。

从表中的数据我们看到的仅仅是西部地区与东部地区生均教育费存在着较大差距。在西部地区的省份中，中等职业技术教育的发展是不平衡的，更多的资源集中在西部省份中的省会城市或发达城市，民族地区的中等职业技术教育与省内非民族地区相比存在一定的差距，如果把民族地区的教育经费与东部地区相比差距则更大。

其次，当地政府对职业技术教育的投入有限。我国民族地区一般都处于较偏远的地理位置，经济相对落后。这种情况下，一方面当地政府投入教育的经费有限，分配到中等职业技术教育的经费就更少；另一方面，很多民族地区经济落后，产业结构不合理，对职业技术教育的需求不足，这也导致政府对当地的职业技术教育的投入比例较低。

再次，民族地区社会和个人缺乏对中等职业技术教育的投入。民族地区中等职业技术教育的发展不光要靠政府，中等职业技术教育最终是面向社会。企业和个人是职业技术教育的最大受益者，因此中等职业技术需要企业及个人的投资。

目前民族地区中等职业技术教育与社会的关联相对欠缺，与企业的互动较差，激励个人投资职业技术教育的机制不健全。中等职业技术教育对政府投资的依赖性较强，导致民族地区中等职业技术教育经费来源渠道单一，且在金额数量上也十分有限。

三、中等职业技术教育自身定位不准确

民族地区中等职业技术教育在发展的过程中面临重重困难，甚至难以维持自身的生存。为了在教育洪流中站稳脚跟，很多中等职业技术学校一味地满足社会对普教的需求，以学生的高升学率作为办学目标，然而其办学特色既不是职教，也不是普教。在这种观念的指导下，学校的教学内容、教学方法及评价学生的标准都以普教为标准。再加上民族地区许多中职学校的教师本身来自普教，虽具有一定的理论知识，但专业技能水平低，指导生产实践能力差，使民族地区的中职难以摆脱普教的影响。

另外，民族地区中等职业技术教育在发展过程中，由于自身定位的偏差，在专业设置时更多地借鉴其他地区的职业技术教育，没能充分考虑民族地区自身的资源优势及经济发展特点，致使专业设置重复、培养出的人才不能适应当地社会需求等现象的出现。

四、教师来源渠道单一，待遇不高，培训制度不健全

首先，民族地区中等职业技术教育教师来源渠道单一。民族地区中等职业技术教育的师资来源大多有以下几类：一是初、高中文化课教师转任；二是文化课教师送培而改行；三是职高生对口考入职业技术学校毕业后回校执教；四是借调和自聘教师。通过这几种渠道形成的师资队伍，最大的特点就是具有一定的理论知识，但缺乏专业实践经验，专业技能水平较低，师资队伍整体素质不高。教师的水平直接影响着学生专业技能水平的提高，低水平的教育培养出的学生显然不能适应社会的需要。

其次，民族地区中等职业技术教育的教师待遇偏低。我国大部分民族地区经济发展相对落后，而民族地区中等职业技术教育的教师更是一个不被重视的群体。受到当地经济发展水平限制及社会观念的影响，职业技术教育的教师待遇普遍较低。大多数民族地区地理位置相对偏僻，生活环境差，再加上待遇低，优秀的、高职称、高学历的教师不愿到民族地区工作，本地优秀的教师留不住，最终本地中职学校师资队伍呈现出低水平的状态。

再次，民族地区职业技术教育的教师培训体制不健全。目前，对教师的培训多数不够重视，没有具体的培训制度、培训内容以及培训评价体系，有些还只是形式上的培训而已，并没有真正落到实处。与此同时，民族地区还缺乏中等职业

技术教师培训的相关政策、法规及监管、评估、激励机制。

五、社会就业准入制度不完善

一方面，用人单位用工随意性过大。大多数用人单位对员工的选用并没有严格按照国家劳动法所规定的劳动就业准入规定执行。其一是一些个体作坊、厂家规模较小，用工随意性大，招聘时，对员工没有太多要求，只注重数量，而不关心所聘员工的质量，多数应招员工没有相关的工作经验，更没有参加任何相关的培训，直接上岗，边干边学。其二，不少具备一定规模的用人单位对所聘用的工作人员虽然有明确的细则规定和具体的知识结构与专业技能要求，但对员工技能等级要求不高，只要能够满足企业生产要求即可，所以企业给予这部分员工的工资待遇相应较低，致使一部分接受过职业教育培训的人员得不到与其技能水平相一致的报酬，造成社会公众不愿意投资专业理论与技能教育培训。

另一方面，用人单位用工的投机性较大。大多数用人单位对所聘人员的工作经验、工作能力以及相关专业技术等级都有具体的要求，所招人员必须是参加过专业理论与专业实践培训的人员，因此每年都派人到各个地区的中等或高等职业技术学校去招收员工。从表面上看，职业技术教育的就业率极高，大多数毕业生都能顺利地进入企业工作，但是这些用人单位都普遍存在这样的现象：每位应招的员工都在该单位有一年的实习期，实习期的工资待遇很低，一切福利、保险等附加利益均无从谈起。等到一年实习期满后，能够在该单位继续就业的人相当少，大部分人员被辞退，然后这些用人单位再到各地区的职业技术学校去招收来年将要毕业的学员做单位的“实习”人员。这样就导致了恶性循环，在社会上造成不良影响，使部分学生对参加职业技术教育学习失去信心，对职业技术教育不抱希望。

第三节　民族地区发展中等职业技术教育的对策

一、转变观念

（一）转变社会对中等职业技术教育的观念

观念是行动的先导。职业技术教育在社会观念中所处地位如何，直接影响到人们对职业技术教育的支持程度。美国在《一项未完成的事业——职业教育在高中的作用》报告中批判了当今社会对职业技术教育过于轻视，同时也强调人们忽视了“有近80%的工作不需要具有大学文凭的人去做，而且大部分学生也不会去取得大学文凭”这样的事实。

因此，要真正解决好民族地区中等职业技术教育的问题，我们必须为职业教育创造良性的发展环境和氛围。这就要求职能部门转变对中等职业技术教育的认识，把中等职业技术教育放在和普通教育同等甚至更加重要的地位去对待，站在民族地区经济发展的角度上看待中等职业技术教育。民族地区中等职业技术教育是一项长期的任务，是一项造就和培养劳动后备军的大工程，所以职能部门应当给予中等职业技术教育更多的支持，使民族地区中等职业技术教育更具活力。要让社会重新认识到，中等职业技术教育不是所谓的“次等教育”或“二流教育”，中等职业技术教育对社会各方面的贡献是巨大的，中等职业技术教育的发展就是社会的发展。

（二）转变家长及学生对中等职业技术教育的观念

当前，很多学生家长轻视职业技术教育，这直接影响了职业技术教育的发展。要实行多方面的宣传，让民众树立科学的教育观，让家长和学生在思想中形成行行出状元的人才观，让他们认识到，各行业的管理人员、技术人员也是人才。家长和学生不能仅仅只把普通教育作为跳出“龙门”的途径，应认识到职业技术教育在提高劳动者技能和地方科技水平等方面也具有重要作用，它同样是人们获得生产、生活技能的重要方式之一。当然，引导国人转变职业技术教育观念要从多方面入手，首先需要国家政策的大力扶持，努力提高技能人才的待遇和社会地位，形成有利于技能型人才成长的激励机制；其次要提升职业技术教育的自身品质，提高办学质量，找准与社会的“接口”，合理设置专业，引导学生转变就业观念，提高就业质量，让家长与学生看到接受职业技术教育的美好前景，自愿、主动地去选择职业技术教育。

（三）转变用人单位对中等职业技术教育的观念

中等职业技术教育的最终目的是为大量的用人单位提供专业性人才，因此，用人单位对中等职业技术教育的观念决定着中等职业技术教育的发展。首先，用人单位要了解自身对人才的需求，是否学历高就一定适合本单位的发展，单位的发展是需要技术型人才还是学历型人才，摒弃学历至上的观念。其次，用人单位要充分认识到技术型人才在单位发挥的重要作用，提高技术型人才的待遇和地位。

二、加大投入

（一）加大政府投入

职业技术教育的经费短缺是制约我国职业技术教育发展的重要因素，各级政府需要进一步发挥主导作用，加大对中等职业技术教育的经费投入，促进中等职业技术教育快速发展。国务院已经出台了《关于大力发展职业教育的决定》，提出在“ 十一五”期间中央财政投入 100 亿元加强职业技术教育特别是中等职业技术教育的基础能力建设。在中央不断加大对中等职业技术教育投入力度的同时，地方各级政府也要落实好中央有关文件精神的传达，加强对中等职业技术教育的投入，切实执行国务院有关文件中“教育附加费20%到30%应用于职业教育”的规定，解决中等职业技术教育经费投入不足的问题。

（二）多元化投入

在国家财政加大对中等职业技术教育投入的同时，还应积极拓宽中等职业技术教育投入渠道，吸引不同所有制、不同类型企业投资或合作办学。各级政府部门应采取多种形式鼓励企业和社会资本开办中等职业学校，在税收、用地、补贴、项目支持等方面给予更多优惠，并增强优惠政策的可操作性。充分利用中等职业技术教育实用技术性强和与企业具有天然的紧密合作关系等特点，将中等职业技术教育资源和企业资本有机结合，创新和开发多种形式、灵活有效的办学模式，不仅能拓宽职业技术教育投资渠道，还可以为学生实践和就业创造更好的条件，为各类企业选用优秀的技能型人才提供丰富的人力资源。

校企合作是一种以市场和社会需求为导向的人才培养机制，也是中等职业技术教育降低办学投入、提高办学质量的办学模式。政府应出台相应政策，完善企业参与职业技术教育的法律体系，建立社会激励机制，保证企业参与的利益。各中等职业院校要积极探索校企合作的途径与发展模式，实现企业、学校、社会“三赢”。

同时，还可以开辟个人对职业技术教育的投资途径，吸引有经济实力的个人对职业技术教育进行投资。这就需要完善激励个人投资办职业技术教育的机制，制定相应的政策，为个人投资办职业技术教育创造良好的环境。

（三）完善学生资助体系

目前全国民族地区中等职业技术学校的学生普遍存在“双低”的特点，即入学分数低、家庭收入低。中等职业技术学校贫困生比例较高，但贫困生资助体系还不够完善，目前的助学体系尚不能完全覆盖全体民族地区中等职业学校贫困学生，昂贵的学费使部分初中毕业生没有机会进入职业学校学习。同时，现有的贫困生资助体系在一些方面的实施还存在一定的难度。例如勤工俭学，其实施的前提是校内外有合适学生业余工作的机会，这在经济落后的民族地区和学校受到一定限制；实施学费减免，首先必须完成贫困生的界定，但由于信息不对称和不完全，有可能让有些贫困的学生无法享受此项优惠政策；在奖学金发放体系中，只有专业奖学金才能保证对贫困生的资助，如果是优秀奖学金，则只能解决一部分贫困生的资助问题，因为优秀奖学金的享受者未必都是贫困生；此外，在助学贷款体系中实施资助的困难还在于还款，助学贷款的还款须在学生就业后开始进行，但由于民族地区许多中职毕业生存在就业困难，很多学生无力还款，导致学生助学贷款的实施难度很大。

2006年财政部、教育部出台了关于完善中等职业技术教育贫困学生资助体系的意见，国家财政计划在“十一五”期间，安排40亿元专项基金用于支持中等职业技术学校贫困学生助学制度建设，解决了部分贫困生的就学问题。但是民族地区经济落后，贫困生比例高，目前的助学体系尚不能覆盖大多数民族地区中等职业学校学生。因此，需要政府对相对较偏远的民族地区中等职业技术教育积极采取倾斜措施，加大其投入力度，完善中等职业技术学校贫困学生资助体系，基本实现全面覆盖，使所有在校学生都能平等地接受教育，不因贫困而失学。

《国家中长期教育改革和发展规划纲要（2010—2020）》中明确提出“逐步实行中等职业教育免费制度，完善家庭经济困难学生资助政策”。国家的这项政策可以减轻民族地区贫困学生入学的困难，也可以在一定程度上提高中等职业技术学校学生的入学率。

三、明确定位

（一）明确中等职业技术教育的培养目标

中等职业学校培养的应该是与我国社会主义现代化建设要求相适应，德、智、体、美全面发展，具有综合职业能力，在生产、服务一线工作的高素质劳动者和技能型人才。他们应当热爱社会主义祖国，能够将实现自身价值与服务祖国人民结合起来；具有基本的科学文化素养、继续学习的能力和创新精神；具有良好的职业道德，掌握必要的文化基础知识、专业知识和比较熟练的职业技能，具有较强的就业能力和一定的创业能力。中等职业技术学校在办学中一定要明确自身定位，把能适应当地经济、社会发展的实用性专门技术人才作为培养人才的目标。

（二）校企联合共同培养人才

教育界和产业界联合培养人才，能彻底改变以课堂为中心的传统教学方式，重构以能力为本位的人才培养模式。

多年以来形成的以课堂为中心的教育教学，因过分注重知识的传授，忽视职业岗位能力的培养，学生在就业后一般需要很长一段时间适应和再学习。这种以学科知识体系为主线、以课堂教学为主要形式的人才培养模式，使理论与实践严重脱节，出现“学不能致用”的现象，造成资源的极大浪费，越来越不能适应现代经济社会对人才的要求。

因此，从中等职业技术教育的使命出发，学校必须重视学生职业能力和素质的培养，构建新的人才培养模式。校企合作模式使职业技术教育冲破了校园的围墙，从单纯的学校教育向学校教育与企业实践相结合的转变，构建了以能力为本位的“工学结合”人才培养模式。这种人才培养模式，专业基于市场需求设置，培养目标根据相应职业岗位能力要求确立，注重与社会特别是行业、企业对人才的技能要求相结合，课程的制定及教学的评价邀请行业、企业专家参与和指导，并根据劳动力市场变化不断调整。它的核心是从职业岗位的需要出发，在专业设置上以职业分析为导向，在培养目标上以职业能力为本位，在课程设计上以职业活动为核心，在教学内容上除提高学生运用知识和技术解决问题的能力外，还注重学生职业素质的培养，在培养方式上，强化实践教学环节和现场教学，为学生提供获得真实工作体验的机会，使学生毕业后能立刻走上工作岗位。

另外，还可通过加强校企联合，开展订单教育。以市场为导向，努力促进职业技术教育与产业发展的结合。中等职业学校可以和各行各业的企业或部门联合起来，优势互补，企业可以利用学校的人力资源为单位进行技术革新活动，还可以借助学校的教育资源为企业培训人才。学校可以通过联合办学弥补专业师资和生产实习基地的不足，减少实验仪器设备的投资。根据企业对人才的实际需要，学校灵活安排教学内容，企业有针对性地对学生开展实践活动，使培养出的学生能满足企业的需要，也顺利解决了学生的就业问题。

四、合理设置专业

（一）结合民族地区经济发展设置专业

无论是在民族地区还是其他地区，中等职业技术学校的专业设置都应该符合当地经济发展路线。特别是在民族地区，经济发展相对落后，随着社会的发展，新的行业不断出现，对专业性人才的需求增加。这需要民族地区中等职业技术学校根据当地经济发展水平和产业结构特点合理设置专业，培养出对当地经济发展有用的人才，对地区经济建设作出贡献。

（二）结合民族地区资源优势设置专业

我国民族地区资源丰富，不仅有丰富的自然资源，还有各具特色的人文资源，当地资源若能得到合理有效的开发和利用，不仅能为地方带来巨大的经济效益，还能实现可持续发展。中等职业技术学校应充分考虑民族地区本土资源，开设一些具有民族特色的专业，培养出大量的特色技术人才为民族地区服务。各学校应根据自己的优势办出自己的特色，重视学习与实践的结合，在学习—实践型的组织文化氛围中，准确定位，形成独自的办学特色和个性，确保培养出高素质、高质量的专门性人才。

五、提高师资队伍水平

（一）加强教师继续教育的培训

发展教育事业，教师队伍建设是关键。20 世纪 70 年代以后，随着《詹姆斯报告》的发表及终身教育思想的兴起，教师的职后培训已得到社会的重视，并成为当今社会的必然要求。另外，据统计，一名大学生在校期间所学的知识只相当于一生所学知识的 10％左右，而 90％需要从在职后的学习中不断补充。因此，中职教育教师的培训、进修的必要性也愈显突出。学校不仅要使教师的培训、进修制度化、正规化，还要从政策上鼓励教师，把教师的培训、进修与考核、晋升制度结合起来，以提高教师不断学习的积极性，不断充实教师的专业技能知识，提高教师的专业技能水平。

（二）鼓励教师到企业中学习

一方面，教师到企业中学习，能直接接触到企业生产一线，直观地发现企业日常生产中所存在的问题，了解企业对人才的需求。这样，教师就可以根据自己在企业中的学习，制订出相应的计划对学生进行教学，以满足企业的需求。另一方面，教师深入生产一线，跟随企业专业技工学习企业相关生产技术，其自身的专业技能也会有相应的提升，从而在日后的教育教学中可以更好地把专业技能传授给学生。

（三）加强“双师型”教师的培养

“双师型”教师对职业技术学校的发展至关重要，学校可通过多种途径培养“双师型”教师。

第一，职业技术学校要为教师的发展搭建平台。职业学校应紧扣教师的学历、专业技能水平、实践经验和教育教学方法这四个方面的要求，确立“双师型”教师的资格平台。学校应不断加强教师业务培训，使教师掌握职业教育的基本理论，能够按照职业教育学习规律，正确地分析、评价、设计和实施职业教育的教学过程。积极采取各种方式提高教师的教育教学水平和相关学历层次，鼓励教师获得相关专业的资格证书。

第二，充分发挥“校本”培养的主导作用。所谓“校本”培养是指以职业学校为主体的培养方式。职业学校不但有使用“双师型”教师的权利，更有培养“双师型”教师的义务。在“双师型”教师培养的过程中，职业学校应发挥主阵地、主渠道作用。

第三，学校应制定切实可行的制度，采取强有力的措施把“双师型”教师队伍建设工作落到实处；加强对学校专业设置和教师的分析，制定“双师型”教师队伍建设规划，根据学校专业设置和教师的实际，确定培养教师的数量和类型。

第四，采取多种措施培养“双师型”教师。职业学校应根据学校实际，积极创造条件，加强专业教师培训。对于理论课教师，在不断提高其理论水平和学历层次的同时，要让他们到生产、管理、建设、服务一线或学校实训基地工作一段时间，参与实践，并解决某些实际问题，从而提高动手能力和操作水平。

第五，应充分利用联办企业提供的场所和有利条件，推行“轮岗制”。专业教师分期分批，每两年或三年到企业顶岗工作半年或一年，接受企业训练，了解行业、企业信息，增强行业、职业实践能力；学校定期进行教育理论培训，更新专业教师的观念、知识和技能，提高其适应性。

第六，针对教师具体情况采取有针对性的培训措施。首先，对三年以内的专业教师，鼓励其考取行业技能等级证书，并通过经验丰富的“双师型”教师或行业专家的“传、帮、带”到相应大专院校培训学习、组织自修，到企业顶岗锻炼，提高其综合素质，使其尽快成长为“双师型”教师。其次，对取得“双证”并多年从事专业课教学，但实践能力和职业素养较低的专业教师，定期组织他们到行业、企业参观、学习，进行社会调查、社会实践、顶岗锻炼，不断更新其行业、职业知识、技能和信息。再次，对从企业、行业界聘用的、具备丰富的职业实践经验的专业教师，鼓励其考取教师资格证，并通过举办教育理论专题讲座、教育经验交流会、座谈会、学术报告会，开展课题研究等，提高其教育理论素养和执教艺术。

第七，建立健全激励制度，提高专业教师参与培训的自觉性。学校必须采取相应的措施调动专业教师的积极性、主动性。一是在职工待遇上提高其课时费并根据其实际工作情况，提高其效益奖；二是同等条件下，优先评职晋级、评先选优；三是给予更多的外出学习、进修、培训、参观和考察的机会；四是建立“双师型”教师培训、进修基金，对参加“双师型”教师培训的教师给予适当补贴。

（四）招聘企业中的人才作为兼职教师

高质量的兼职教师也是中等职业技术教育学校师资队伍重要的组成部分，这类兼职教师可以弥补学校原有教师在专业知识方面的不足，特别是长期在企业生产一线工作的专业性人才，他们拥有专业的职业技能与大量的生产经验，对企业生产线相当了解。因此，学校从企业招聘兼职教师，再结合自身师资力量，综合全面地对学生进行教育教学，从而使培养出的学生能迅速适应企业的工作。

（五）提高教师待遇

要提高教师待遇，解决教师的课时津贴补助，民族地区相关部门要加大教育投入，除教师基本工资要有一定提高外，教师应按课时发放津贴。然后还应落实教师绩效工资制度，逐步提高教师工资。最后是提高民族地区教师工作生活环境的质量，解决边远地区教师的交通和生活补助，不断改善教师的工作、学习和生活条件。

六、完善劳动就业准入制度

目前我国还未完全建立起劳动准入制度，劳动力市场管理不规范，存在劳动力不管是否经过相关培训都能就业的不正常现象。为了改善中等职业技术教育办学尴尬局面，首先应完善劳动就业市场准入制度，扩大“准入”范围，使相关的行业、企业和职业岗位尽快建立劳动准入制度。同时规定想要进入该行业、该企业的劳动者，必须通过相应的职业技术教育并获得相应的职业资格证书。其次，国家要充分调动和发挥行会的作用，由各个行会对职业技能资格进行认定，这样可以更好地贯彻行业标准，使职业学校毕业生获得职业技能资格证成为就业市场的权威凭证，加强了职业教育与就业市场的联系。

七、中等职业技术教育面向农村

十六大报告指出："统筹城乡经济社会发展，建设现代化农业，发展农村经济，增加农民收入，是全面建设小康社会的重大任务。"一方面，我国大多数民族地区发展滞后，农业资源丰富，因此农业在民族地区经济中还占有重要地位，起着重要的作用，并且民族地区还有较大数量的农业从业人员。另一方面，伴随农业现代化、产业化进程的推进，农业对科学技术的要求也越来越高，它要求农业从业人员能够掌握一定的农业生产技能、农业机械操作技能等。这些都需要农业从业人员提高自身素质，与农业现代化建设相适应。

中等职业技术教育是提高劳动者素质、培养应用型技术人才的场所，因此，我们应积极开辟中等职业技术教育发展的新空间。中等职业技术教育的发展应面向农村，把中等职业技术教育的扩大当成解决三农问题的一个切入点。这不但可以给现有的中等职业技术学校提供充足的生源，也给中等职业技术学校带来了极大的发展余地。

另外，2012 年 11 月 13 日，教育部部长袁贵仁介绍："最近，经国务院研究决定，从今年秋季学期开始，实施农村免费中等职业教育，将中等职业教育免学费政策范围扩大到所有农村学生、城市涉农专业学生和家庭经济困难学生。这是我国政府继城乡免费九年义务教育全面实现之后的又一重大举措，是我国职业教育发展史上的一个里程碑。"这项政策的出台，不仅支持了农村发展，提高了劳动者素质，而且提高了对职业技术教育的重视，进一步增强了职业技术教育的吸引力，减轻农村学生的经济负担，促进教育公平的实现。这项政策为中等职业技术教育面向农村提供了政策依据。

在发展面向农村的中等职业技术教育时，具体做法可参考 2011 年教育部等九部门提出的关于加快发展面向农村的职业教育的意见。

附　教育部等九部门关于加快发展面向农村的职业教育的意见

教职成［2011］13 号

各省、自治区、直辖市教育厅（教委）、发展改革委、科技厅（局）、财政厅（局）、人社厅（局）、水利厅（局）、农业厅（局）、林业厅（局）、粮食厅（局）：

为贯彻落实《国民经济和社会发展第十二个五年规划纲要》和《国家中长期教育改革和发展规划纲要（2010－2020 年）》，现就加快发展面向农村的职业教育提出如下意见。

一、加快发展农村职业教育，服务社会主义新农村建设

（一）加快发展面向农村的职业教育意义重大。面向农村的职业教育是服务农业、农村、农民的职业教育，包括办在农村的职业教育、农业职业教育和为农村建设培养人才的职业教育与技能培训，其中“农业”包括农、林、牧、副、渔、水利、粮食以及农业社会化服务等涉农产业。加快发展面向农村的职业教育，对在工业化、城镇化深入发展中同步推进农业现代化，推进社会主义新农村建设，推动城乡统筹发展，建设教育强国和人力资源强国，具有重大而深远的意义。

（二）进一步明确农村职业教育改革发展的目标任务。农村职业教育要以推动县域经济社会发展为目标，坚持学校教育与技能培训并举、全日制与非全日制并重，大力开发农村人力资源，逐步形成适应县域经济社会发展要求，体现终身教育理念的现代农村职业教育体系。

（三）着力改善办学条件，大幅提升农村职业教育基础能力。各地要以职业学校设置标准等文件为依据，努力改善农村职业学校办学条件，切实加强农村职业学校实训基地建设、教学信息化和现代化建设。职业教育基础能力建设项目要积极推动农村职业学校发展。强化职业教育资源的统筹协调和综合利用，推进城乡、区域合作，组织开展城市对农村职业教育的对口支持，在符合有关规定的前提下，动员相关企业、高等学校和科研院所以技术、人才、项目、资金、设备等方式支持农村职业学校建设，增强服务“三农”能力。

（四）紧密结合县域经济社会发展需求，深化农村职业教育改革创新。改革农村职业教育办学模式，推动“政府主导、行业指导、企业参与”办学。改革农村职业教育培养模式，根据县域主导产业、特色产业和现代农业发展需求，加强优势专业、特色专业和涉农专业建设，使农村职业教育深度融入当地产业链；推进学分制等弹性学习制度，允许学生通过送教下乡、工学交替等多种形式完成学业；改革农村职业教育教学模式，大力推进具有县域特色的工学结合、校企合作和顶岗实习；围绕农村生产实践，推进项目教学、生产一线教学；充分利用现代教育技术手段，不断提升教学质量。改革农村职业教育评价制度，建立健全以学生为中心、以能力为本位，多元主体参与的教育质量评价体系。

二、加强农业职业学校和涉农专业建设，提升支撑现代农业发展能力

（五）重点办好一批农业职业学校和涉农专业。探索有关部门通过合作共建加快发展农业职业教育的工作机制，以农村实用人才带头人和农村生产经营型人才为重点，每年培养农村实用人才 100 万人，实现 2020 年农村实用人才总量达到 1800 万人的目标。服务现代农业和新一轮“米袋子”、“菜篮子”工程建设，优先扶持中等农业职业学校创建国家级中等职业教育改革发展示范学校，办好 1000 个涉农专业点，普遍提升农业职业学校办学水平，使其成为培养农业技能

型人才的重要基地；13 个粮食主产省、21 个重点市和 800 个产粮大县，600 个大城市郊区和蔬菜优势产区要重点办好一批农业职业学校和涉农专业；加快建立农业类高等学校、科研院所对口帮扶农业职业学校和涉农专业点的机制。特别是要加大对水利、林业和粮食等行业职业教育的支持力度。

围绕新时期国家加快水利改革发展的需要，办好一批水利职业学校和水利类专业。支持水利职业学校和水利类专业点建设，加强水利专业技术人才和管理人才培养；在职业学校及农村人口中开展水情教育，提高水患意识、节水意识、水资源保护意识。

按照生态文明建设和产业发展需求，服务十大生态屏障和十大主导产业建设，办好一批林业职业学校和林业类专业，大力开展针对林农的职业培训。

围绕保障国家粮食安全的要求，服务现代粮食流通产业发展，办好一批粮食职业学校和粮食类专业。依据粮食产业结构优化需求，在粮食主产省办好一批粮食类职业学校。

（六）组建一批农业职业教育集团。充分发挥农业类行业企业、高等学校、示范（骨干）高等职业学校、科研院所作用，推动农业职业学校和涉农专业点建设。按照以服务现代农业为目标、以行业产业为纽带、以资源共享为核心、以互利共赢为基础的原则，在人才需求分析、优质教学资源共享、教师培养培训、学生实习就业、企业职工在职培训和产教研一体化等方面开展合作，促进产教深度合作，共同推进农业产业发展，提高为区域经济发展的贡献率。

（七）增强农业职业教育吸引力。落实好国家中等职业学校学生助学金和涉农专业学生免学费政策，吸引更多学生接受农业职业教育；完善招生考试制度，提高职业学校涉农专业学生对口升学比例；制定实施优惠政策，提高职业学校涉农专业学生到农业类企事业单位的就业巩固率；推动地方各级人民政府落实和完善各项创业扶持政策，改善创业环境，积极引导职业学校涉农专业毕业生创业，符合税收法律法规规定的，依法给予税收优惠政策。

三、坚持三教统筹、农科教结合，努力培育新型农民

（八）加强三教统筹，推进农科教结合。农村基础教育、职业教育、成人教育要分工协作，形成合力，共同培育“有文化、懂技术、会经营”的新型农民。农村中小学在巩固提高九年义务教育水平的同时，要充分利用师资、设备、场所支持开展农民教育培训；农村职业教育要大力培养现代农业专业人才、经营人才、创业人才和新型农民，扩大农村实用人才规模，提升队伍整体素质；农村成人教育要积极开展农村实用技术培训、农村劳动力转移培训和农民学历继续教育，提升农村主要劳动年龄人口就业创业能力。在城市确定一批职业学校、成人学校、社区学校和培训机构作为农民工培训基地，开展农民工职业教育与技能培训。每年开展各类农民和农民工培训 8000 万人次。

（九）健全县域职业教育培训网络，加强农民教育培训。办好县级中等职业学校，使其成为指导县域新型农民培养培训、农村人力资源开发、农村劳动力转移培训、新技术培训与推广、扶贫开发和普及高中阶段教育的重要基地。推动乡镇人民政府办好已有的乡村成人文化技术学校和农业科技推广站，使其成为乡村农民教育培训的重要阵地；没有举办成人文化技术学校的乡镇，要依托乡镇初中、中心小学的师资和远程教育设施以及乡镇文化站、村文化室等开展农民教育培训，依托农村中小学校布局调整后闲置的学校资源发展农村成人教育。各级农村职业教育培训机构要配备专兼职管理人员，组织引导农民参加教育培训。要充分利用现代远程教育网络，切实发挥现代教育手段在农民教育培训中的作用。

（十）实施分类培训，增强培训实效性。继续开展农村实用技术培训，提高农民从事现代农业生产和经营服务能力；继续开展农村转移劳动力就业技能培训，提高农村富余劳动力转移就业能力，改善农村民生；开展生产技能加文化基础的农民学历继续教育工程，有效提升农民的受教育年限；开展思想道德、时事政策、文化、卫生、科普常识和社会生活等方面的教育培训，提高全体农民综合素质。针对农民学习特点，采取集中培训与个人自学相结合，课堂教学与生产实践相结合，远程教育与现场指导相结合，脱产、半脱产和短期脱产学习等方式开展农民培训，依托卫星电视、计算机网络、中国教育卫星宽带传输网开展远程教育，推广“送教下乡”、“流动课堂车”等培训新模式。努力做到培训一批农民，推广一批技术，发展一项产业，振兴一方经济。

四、加强师资队伍建设，加大经费投入，建立稳定、长效的保障机制

（十一）加强农村、农业职业学校师资队伍建设。各省（区、市）主管部门要采取积极措施，吸引优秀人才和高等学校优秀毕业生到农村、农业职业学校任教。支持农业技术推广部门、农业企业等组织中具有一定理论水平和丰富实践经验的技术骨干、带头人补充到职业学校涉农专业师资队伍。农村、农业职业学校专业教师和实习指导教师占专任教师的比例应不低于70%，兼职教师承担的专业教学任务原则上不少于工作总量的30%，建立一支结构合理、素质优良、相对稳定、专兼结合的教师队伍，使农业职业学校和职业学校涉农专业点教师配备生师比逐步达到20：1。

（十二）加强农村、农业职业学校教师培养培训。“职业学校教师素质提高计划”要向农村、农业职业学校倾斜。各省（区、市）要加快组织对农村、农业职业学校专业教师的轮训。建立教师到高等学校、科研院所、企业和生产合作组织实践的基地，完善教师到企业和生产一线实践制度，促进农村、农业职业学校“双师型”教师队伍建设。各职业学校要积极开展校本培训。建立和完善教师考评奖励制度，把师德师风、专业发展、服务学生作为教师考核、职务聘任、选派进修和评优奖励的重要依据。鼓励教师通过“送教下乡”、技能竞赛、在职攻读

相关硕士学位等方式，提升专业水平和实践能力。各级教育行政部门要积极创造条件，有计划、有组织地选派农村、农业职业学校教师到国内外高等学校、科研院所和企业进修学习，造就一批农村、农业职业教育专业带头人和骨干教师。

（十三）深化人事制度改革，努力提高教师待遇。各地要结合农村、农业职业学校专业设置实际，逐步完善农村、农业职业学校教师管理制度，全面推行教职工聘用制度和岗位管理制度，探索固定岗和流动岗相结合、专职和兼职相结合的设岗和用人办法，建立充满活力的学校用人机制。积极推进农村、农业职业学校做好工资收入分配，保证教师合理的工资待遇，稳定教师队伍。职业学校教师表彰要适当向农村、农业职业学校倾斜。

（十四）加大公共财政对农村、农业职业教育投入。督促各级人民政府增加对农村、农业职业教育投入，推动各省（区、市）研究制订农村、农业职业教育生均经费标准，确保农村、农业职业学校生均预算内教育事业费和生均预算内公用经费较大幅度增长。各地要加大对与职业教育相关的农业新品种、新技术推广应用以及农村科技普及的支持力度。依法督促农村、农业职业学校举办者按时足额拨付办学经费。各地在安排职业教育基础能力建设项目时，要重点支持农村、农业职业学校。进一步落实和完善国家中等职业教育助学金和免学费政策，加快推进农村中等职业教育免费进程。推动省级人民政府按照统筹规划、集中使用、提高效益的要求统筹安排农村成人教育经费。

（十五）加强资金管理，多种渠道筹资办学。督促地方各级人民政府确保农村、农业职业学校事业性收入全额用于学校发展，各有关部门不得收取调节基金，不得冲抵财政拨款，不得截留或挪作他用，不得乱收费、滥罚款、乱集资和乱摊派。规范中等职业学校国家助学金和免学费资金的发放与管理工作。企业、学校应当按照规定按时足额向实习学生支付报酬，不得拖欠、克扣，企业支付给实习学生的报酬，符合税收法律法规规定的，可以在企业所得税前据实扣除。鼓励企业事业组织、社会团体、其他社会组织和公民个人捐助面向农村的职业教育，捐赠必须用于指定用途，不得挪用、克扣，符合税收法律法规规定的公益性捐赠支出可以在计算应纳税所得额时扣除。

五、切实加强领导，健全管理体制，营造良好发展环境

（十六）建立健全有关部门合作共建、共同推进农业职业教育的工作机制。推动有关部门定期研究、协调解决农业职业教育发展重大问题。落实农业、林业、水利和粮食等行业主管部门指导本行业职业教育责任，推动农业职业学校基础能力建设、师资队伍培养、校企合作和人才培养等方面的工作。发挥农业职业教育行业指导委员会在人才需求预测、专业设置、课程开发、教材建设和督导评价等方面的指导作用。有关部门要统筹培训经费和项目，充分发挥职业学校在行业培训中的重要作用。

（十七）推动地方各级人民政府把发展农村职业教育纳入当地经济社会和教育发展规划，切实解决农村职业教育发展中的实际困难和问题。强化发展农村职业教育省级政府宏观指导、市（地）级政府统筹发展、县级政府为主管理的责任。推动省级人民政府调控各市（地）职业教育资源布局和发展规模。充分发挥市（地）级人民政府在区域内的统筹规划和协调管理作用，按照“今后一个时期总体保持普通高中和中等职业学校招生规模大体相当”原则，调整招生比例，优化高中阶段教育结构，合理整合各县（市、区）职业教育资源，规划中等职业学校和专业布点。落实县级人民政府管理和发展本地职业教育的责任，根据需要办好县级职教中心（职业学校）。没有举办中等职业学校的县要努力办好职业培训机构，面向城乡劳动者积极开展职业技能培训和农村实用技术培训。

（十八）推动县级人民政府加强统筹新型农民培训工作的力度。要成立专门领导机构，整合培训资源，制定培训规划并纳入县域经济社会发展总体规划，建立健全新型农民培训管理规章制度。农业、科技、教育、人社、扶贫等部门要按照职责分工，充分发挥各自优势，密切配合，形成政府统筹、明确分工、落实责任、齐抓共管，共同培育新型农民的工作机制。有关部门要依托现有的职业学校、成人学校和培训机构，遴选一批培训规模大、培训质量高、培训效益好的基地。

（十九）建立统筹城市与农村职业学校发展的机制。要积极争取各方面支持，推动农村职业学校与城市职业学校、用工企业签订对口合作办学协议。在联合招生、师资培训、教学资源、学生实习、毕业生就业等方面开展深入、稳定的合作。积极推动实行农村学生第一年在农村职业学校学习，第二年和第三年到城市对口职业学校学习的制度，充分发挥城市职业学校在组织教学、实习和毕业生就业等方面的优势，推动农村职业教育增强培养能力，提高教学质量。

（二十）加强督导和宣传，形成发展面向农村的职业教育的良好社会环境。国家有关部门要对部分省（区、市）面向农村的职业教育工作开展联合督查。各省（区、市）要对面向农村的职业教育的发展规划、经费投入和办学水平等开展专项督导，并作为对市、县教育工作督导评估和教育领导干部工作考核的重要内容。研究制订农村职业教育和成人教育示范县评估标准，组织开展国家级“农村职业教育和成人教育示范县”创建活动。按照国家有关规定，表彰面向农村的职业教育的先进单位和个人。广泛宣传优秀农村实用人才和优秀学员在社会主义新农村建设中的重要贡献，提高他们的经济收入和社会地位，形成全社会重视、支持面向农村的职业教育的良好社会环境和舆论氛围。

八、优化中等职业技术教育布局

职业教育布局是指一定数量和比例的职业教育资源在区域范围内的分布、组合状态。目前，西部地区各省份都办有中等职业技术教育，为当地经济建设起到了一定的积极作用。但随着社会的发展，经济的进步，各省份内分市州单独办职业技术教育的局限性逐步显现，远远不能适应社会发展的需要。在一个市州的范围内，某种行业人才的需求很容易饱和，职业技术教育缺乏长期发展的动力，造成资源的浪费。另外，以市州为单位办学、布局，不可避免地带来区域分割、专业设置重复等弊端。在西部地区各市州经济发展不平衡，人口分布不均匀的现实情况下，不应过分强调职业技术教育学校的绝对数量，而应重视办学的质量和效益。因此应在集中办好数所高质量的职业技术学校的基础上，对专业进行整合，充分发挥这几所学校的优势。在人口数量不多，没有相应的经济实力和师资条件开办职业技术教育的市州，可以和附近的市州合作，集中财力、人力办学，这样既能保证教学质量，又能提高办学的经济效益。另外，还可支持当地的普通高等院校通过内部专业调整或是与外部合作开办二级职业技术学院，开设与当地需要相适应的相关专业。

第四章　民族地区高等职业技术教育现状及对策

目前，我国实行了西部大开发战略，旨在加快西部地区经济发展，缩小东西部之间的差距。同时，西部大开发也为民族地区经济社会的发展提供了机遇。要实现民族地区的经济振兴和社会发展，一要靠技术，二要靠人才。科技是根本，教育是基础。高等职业技术教育是现代教育的重要组成部分，是人力资源开发的重要手段，是经济振兴的秘密武器，是推动民族地区社会全面进步的巨大动力。

在新的历史时期，随着国内外形势的变化、高职教育自身的改革发展以及我国经济社会的发展变迁，少数民族地区高职院校既面临着机遇也面临着挑战。然而由于种种原因，民族地区的高等职业技术教育发展不仅与沿海发达省市存在巨大差距，与内地的职业技术教育也是相差甚远。民族地区的高等职业技术教育发展滞后于民族社会经济发展需要，远不能适应当地社会发展的要求。研究民族地区高等职业技术教育发展的问题，探索其成因，为解决民族地区高等职业技术教育提出对策，不仅有利于民族地区高等职业技术教育的发展，同时也有利于促进民族地区经济、社会的全面发展。

第一节　民族地区高等职业技术教育的问题

我国的民族地区幅员辽阔，主要包括西北、西南 12 个省，直辖市的少数民族聚居地以及民族自治区。我国民族地区人口总量较大，但由于人才资源总量不足、结构不合理以及地理和历史等原因，民族地区的经济和社会发展滞后，与东部沿海地区有较大差距，高等职业技术教育的发展水平也远远落后于东部经济较发达地区，民族地区经济的发展受到严重制约。

民族地区要实现经济跨越式发展，人才是关键，因为他们可以通过科学知识和文化技能把资源优势转化为经济优势。目前，在民族地区，高级职业技术应用型人才的短缺非常明显。近几年，民族地区经济不断发展，产业结构不断优化升级，需要数量众多，专业门类齐全的技术、技能应用型人才，以促进民族地区的生态经济的良性循环。然而，民族地区高级技能型人才短缺，满足不了当地经济社会发展的需要。我国高等职业技术教育是培养高级技能型人才的重要方式，必须加快民族地区高等职业技术教育的发展，为民族地区经济社会发展培养大量高级技术人才。

《中共中央国务院关于深化教育改革全面推进素质教育的决定》（1999 年 6 月 13 日）明确提出，高等职业教育是以培养具有必要的理论知识和很强实践能力，适应生产、建设、管理、服务第一线需要的高等技术应用型人才为主要功能的教育。高等职业技术教育是我国高等教育的重要组成部分，是职业技术教育的最高阶段，它在高等教育中，是与普通教育平行但性质不同的一种教育类型。它的教学目标以培养技术型人才为主，以一定的理论作为基础，注重操作和运用，培养的人才是面向基层、面向生产服务第一线的实用人才。根据我国民族地区经济发展特点及现有的教育支持能力来看，我国民族地区的高等职业技术教育应该是以专科层次为主，本科层次为辅，以培养生产、建设、管理和服务第一线需要的高级职业技术专门人才，侧重制造、施工、管理和服务等方面的应用技术和职业技能，学历教育与非学历教育相结合的高等教育。

高等职业技术教育是当地经济、社会发展的基础。它既受当地经济、社会发展的制约，同时它又促进当地经济的发展。

改革开放以来，我国高等职业技术虽然得到了一些发展，为社会主义现代化建设培养了大量高素质劳动者和实用人才，但民族地区的高等职业技术教育发展比较缓慢，在其发展过程中仍然存在着许多问题。

一、民族地区高等职业技术教育的法制化进程缓慢

民族地区职业技术教育的法制化进程缓慢，由于受经济、政治、文化、地域等多种因素的影响，民族地区的高等职业技术教育的法制法规建设滞后。首先，相关法律缺乏。目前，我国出台了一些职业技术教育的法律法规和政策，比如《职业教育法》明确了职业技术教育为经济、社会发展需求服务的目的，明确了培养人才的特色和就业去向，促进了职业技术教育体系的建立和完善。但是，专门针对高等职业技术教育方面的法律法规几乎没有。其次，在现实中，有很多法制观念淡薄的现象。从高等教育的办学性质到办学指导思想、从设立学校的条件和程序到设立学校的权利和义务等方面，都存在着缺少法律约束的现象。再次，虽然有些民族地区根据《职业教育法》制定了一系列新的规章制度，但相关职业技术教育的法律法规和规定性文件还不完善，很少被落实到实处，一些地区或学校甚至存在有法不依、违法不究的现象。在对高等职业技术教育法律法规执行的过程中，不注重用法律法规来规范高等职业技术教育的发展规划，执行力度也不够。最后，高等职业技术教育法制化进程滞后的另一个表现是缺少有力监督。高等职业技术教育的法制化进程不仅依靠政府和学校努力，同时还需要在社会形成一个完善的监督体系，这样才能使高等职业技术教育的发展更加规范。

二、民族地区高等职业技术教育发展不平衡

从 20 世纪末期党中央提出实施西部大开发战略以来，西部民族地区的职业技术教育得到了较大发展，尤其是高等职业技术教育发展迅速，但是其发展水平仍落后于全国平均水平，远远落后于东部地区。就高职院校总数而言，东部与西部的差距较大，甚至西部地区之间的高职教育发展也极不平衡，四川、陕西、贵州发展较快，青海、宁夏、西藏发展较慢。在西部地区各省份中，学校分布也不平衡，大部分高职学院分布在省会城市，中小城市及农村很少。在西部十二省内，四川在经济、文化等领域发展均靠前，即使这样，在四川省的民族地区也没有一所高职院校，在该省内高职教育的发展也极为不平衡。

三、招生困难

招生困难的主要体现是生源不足，生源总量满足不了现有办学条件所能承受容纳量，或生源质量达不到办学要求。生源不足具体表现在招生录取时上线生源数与计划招生数间缺额较大，许多学校主要不是靠志愿而是通过调剂录取完成招生，新生中多数文化基础较差，综合素质也与学校要求有一定差距。伴随着职业院校的市场化运作，生源市场竞争日趋激烈。同时，社会对高职教育的认识存在误区。高职教育在我国起步不久，多数考生和家长不了解高职的培养目标和就业前景，把高职教育和成人大学、职高混为一谈，认为高职教育是一种次等教育，其入学要求、办学条件和教学水平都是次等的，是低于普通高等教育的一种教育。受中国传统“重学历、轻技能”教育观念影响，有部分人甚至鄙视职业技术教育。大部分考生和家长热衷于普通学历教育，很多考生在极其无奈的情况下才选择职业院校。

四、办学条件有限

随着民族地区高等教育招生规模的不断扩大，高职教育还需大力发展，但实际情况是高职教育整体办学条件比较差，投入明显不足。民族地区经济落后，政府对高等职业技术教育的财政支持能力有限，政府在民族地区高校的经费投入和东中部地区相比存在较大的差距。2006 年，西部地区高等职业学校生均教育经费为 5000 元左右，仅为普通本科院校的 1/2。

教学投入的不足直接导致教学基本建设十分薄弱，实验设备陈旧过时，实习实训条件简陋，严重制约着学校的发展。教学资源从软件和硬件方面都存在欠缺，与经济发达的东部地区有着明显的差距，例如在广西地区的高等职业技术院校中，大多数学校的基础设施薄弱，学生宿舍住房拥挤，食堂也不能有效满足各地同学的需求。民族地区很多高职院校实习实训设施投入不足，尤其是边疆少数

民族地区的职业院校，由于经济欠发达，实习实训设施更是少得可怜，有的学校即使有少量的实训设备，但都是已经陈旧过时的、早已被社会淘汰的设备。民族地区非常有限的办学条件根本无法满足学生职业能力培养的要求。

五、师资力量薄弱

教师水平直接影响高等职业技术教育的教学质量，教师水平得不到有效提高，民族地区高等职业技术教育的教学质量就更难以提高。民族地区师资队伍主要存在以下问题：

第一，师资力量薄弱，专任教师数量不足。民族地区的大多数职业技术院校专业师资缺乏，流失严重。民族地区优秀职业技术教师受经济条件和地域的影响，大部分向发达地区转移，难以留住优秀的教师。优秀教师的严重流失，使民族地区高职教师的数量更是缺乏。

第二，教师专业技能素质较低。随着开放型的教师教育培养体制的确立，特别是高职办学目标要以就业为导向，这就要求建设“双师型”师资队伍。从理论上讲，高职教师队伍的来源应呈现多元化趋势。但由于种种原因，目前，民族地区高职师资来源渠道单一。一部分专业教师是从普通高校毕业后直接进入高职院校，这就造成很多高职教师实践与动手能力、现场教学与指导实训能力、分析与解决生产实际问题能力较弱，难以有效指导学生专业技能的培养。还有一大部分专业教师，主要由其他学校转岗而来。民族地区设置的高等职业学院大都是在原重点中专或专科学校基础上建立起来，大部分教师也是从这些学校直接转入高职任教，教师的专业知识和技能缺乏。

第三，“双师型”教师缺乏。据统计，2010 年我国高职院校“双师型”专任教师占专业课教师的 30%，这与教育部规定的“双师型”教师的 42%的比例相距甚远。民族地区的高等职业技术教育的“双师型”教师占专业课教师的比例更少。因此，民族地区高职师资无论数量和质量都很难满足高职教育快速发展的需要，民族地区开办的高职中专任教师缺乏，明显出现基础课教师偏多，专业课教师偏少，理论型、教学型教师多，技能型、实践型教师少，单一型教师多，复合型教师少的现象。教师学历达标率低，在职培训、外出交流机会少，教师得不到足够的训练，自身素质难以提高。教师自身的素质导致他们在促进学生进步、指导学生实践上具有一定局限性，最终致使职业技术教育质量较低。

六、办学模式相对单一，没有形成办学特色

民族地区的高等教育办学模式相对单一，特色不够鲜明。狭义上，办学模式是指一所学校为适应当地的经济发展水平和人才需要而建立的一种人才培养的格式规范。在民族地区高等职业技术教育改革过程中，受传统文凭学历的影响，人

们对职业技术教育缺乏科学的认识。这就把高职教育定位在普通高等教育最低层次的地位，大多数考生认为，专科不如本科，高职不如专科，高职学生录取分数也是最低。在办学过程中高职学校过分强调学科性、理论性，而不注重技能培养，学生应用能力不足，在校的大部分学生偏重于死读书、读死书，缺乏创新和想象力以及动手能力，轻视实践和能力的培养，普遍存在眼高手低的现象。在办学中的表现为：高职院校的课程设置与企业需求相差甚远，教学与生产脱节，重理论，轻实践，加上与本土企业联系不紧密，办学者对企业的需求只停留在表面的意向上，不能为企业量身定做、定向培养，没有形成办学特色。没有把人才培养模式与市场人才需求相结合，有效地服务当地经济。

同时，高等职业技术教育在职业教育理念、培养模式及课程体系设置方面也存在缺陷。民族地区的许多高等职业技术院校不同程度存在办学质量较低、高职特色不突出的现象。一些高职院校基本上参照传统的本科和专科模式办学，参照普通本科院校的课程开展教学，没能体现出高职的办学特色。高职院校存在盲目攀比学历教育、普通教育的现象，甚至一些高职院校也以帮助学生高考复习为招揽学生的手段，变相地使高职院校成为第二次高考的预备学校，偏离了创办高职院校的教育目标。

七、缺乏活力、高效的管理体制和运行机制

民族地区高等职业学校管理体制、办学体制松散，管理体制上存在条块分割、多头管理、职能交叉的现象，造成系统庞杂，教育资源得不到优化配置和充分利用。很多民族地区学校内部的管理也缺乏科学性、民主性，没有形成科学高效的管理体制、运行机制。

大部分民族地区的高等职业技术教育运行机制效率低下，缺乏灵活性和自主性。尽管 1998 年颁布的《高等教育法》第 32 条至 38 条规定了高等学校七项办学自主权，即制定招生方案，自主调节系科招生比例；自主设置和调整学科、专业；自主制订教学计划、选编教材、组织实施教学活动；自主开展科学研究、技术开发和社会服务；自主开展与境外高等学校之间的科学技术文化交流与合作；自主确定学校内部机构设置及人员配备等；对举办者提供的财产、国家财政性资助、受捐赠财产依法自主管理和使用。但实际上，高职院校在招生、课程开发、教师聘任等方面仍缺乏根据学校发展需要自主选择的权力。在高职管理体制的统筹与协调方面，政府也没有充分发挥宏观调控作用，没有从民族地区具体实际出发，存在对办学体制管理过死或完全放权两个极端，使民族地区高等职业技术教育不能朝有利的方向发展。

第二节　民族地区高等职业技术教育现存问题的成因探讨

一、法制进程短

民族地区高等职业技术教育的发展历史较短，法律机制还不够健全，法律体系还不完善，缺乏具体操作、有效实施的规范和配套细则，法律的横向结构和纵向结构都十分单薄，法制建设滞后，跟不上民族地区高等职业技术教育发展的脚步。

民族地区高等职业技术教育在发展的进程中也忽视了对保障民族地区高等职业技术教育顺利实施的法律环境的完善。我国职业技术教育领域内部目前只有《职业教育法》这一部基本法，不但对职业技术教育实施过程中面临的很多问题没有给出具体的解决方法，而且对我国整个职业技术教育事业并没有提供具体而完整的法律体系来支撑，缺少相关的配套法规。

二、区域发展的不平衡

受地域、环境、经济等因素的影响，教育的均衡发展离不开经济基础的支撑。东部地区开发较早，经济基础较好，发展水平比西部地区高。1978 年以后，中国的改革开放使沿海地区成为改革开放的前沿地带，区位条件优越，中部地区同样也有一些大城市作依托，但在地理区位上与东部地区相比，其对外联系明显不如东部沿海地区。其次，东部自然因素条件优于西部地区，经济结构优于西部地区，经济发展水平远远高于西部地区。经济发展水平直接制约着高等职业技术教育的发展，东西部经济发展的不平衡不可避免地带来高职教育发展的不平衡。

发展高等职业技术教育，人才是一大制约因素。在东部地区汇集了各行各业的优秀人才，很多优秀的高职教师不断地流向东部地区。而内陆地区，特别是民族地区，人才匮乏，优秀的教师不愿来，来了也留不住，优秀师资的流失导致师资力量的缺乏，这制约着民族地区高等职业技术教育的发展。

三、生源素质及就业率低造成招生困难

（一）生源素质低，学校社会声誉差

由于普通高校扩招及社会大众认识误区等因素影响，较为优秀的学生基本被普通高校选走，剩下的报考职业院校的学生基本为双差生，入学起点低，学习能力差，学校管理难度大。加之职业院校自身弱点，培养的毕业生素质较低，致使职业院校的社会声誉很差，导致招生更加困难。

（二）职业院校就业率低

我国的大部分民族地区，经济发展相对落后，工矿企业较少，二、三产业欠发达，经济较内地落后，社会提供的就业岗位相对有限，而且民族学生占有相当比例，就业率明显低于全国平均水平。毕业生即使就业，工资、住房及其他福利待遇也偏低，职业技术人才高位就业的很少，当前的就业状况直接影响了职业院校的招生。

四、经费投入不足

与一般专科相比，高职需要更多的资金和资本投入。然而，实际情况正好相反。人们多以为办高职是低成本投入，这也造成了目前高职多开设较少硬件投入的文科专业，专业设置不能满足社会与产业发展需求的状况，导致就业难的局面出现。民族地区经济普遍落后，国家、省市区对教育的资金投入又十分有限，即使有一部分财力也主要投入到重点大学和普通本科院校上，对高等职业技术教育投入甚少。经费投入严重不足导致基础设施落后，严重影响着技术应用型人才的培养。

以 2005 年为例，西部各省市高等职业教育生均预算内教育经费 2478.09 元，比全国水平低 476.30 元，同年，西部各省市高职学院在校生共计 109.1 万人①。如果按生均投入的全国平均水平计算，西部各省市高等职业教育经费缺口为 5.2 亿元。投入不足导致实习实训基地建设相对滞后，实习实训科目不能满足学生技能训练的需要，导致学生实际操作能力不强。目前，高职院校实训基地建设严重滞后，校内设备设施投入不足，缺乏符合相应要求的训练与实习条件，体现高等职业教育技能特色的物质基础极为薄弱，与职业技术教育培养应用型人才的目标形成了鲜明的反差。

五、教师待遇低

政策倾斜不够、教师积极性不高。“双师型”教师的培养着重在于走产教结合、产学研一体化的路子，与企业先进技术和现代管理紧密结合。实际上，多数学校并没有从政治上、待遇上制定得力的措施鼓励和支持教师的专业发展，这一方面使得专业教师不太重视培养和提高自己实践能力；另一方面校企结合又缺少政策性的支持和外部条件作保障，缺乏提高实践素质的机会和环境。

分配政策不合理，队伍建设导向不明。劳动报酬的高低直接影响着教师工作的积极性和创造性，分配政策的不合理导致稳定和良性运转的教师队伍很难形成。

---

① 中国教育统计年鉴，2006。

激励政策不合理。不论是校内评优还是职务评聘，绝大多数学校目前还都只注重课堂教学质量和学生、同行对教师的评价，尤其注重学术成果，却轻视了实践环节的经历和工作成效。这说明高职教育还没有制定出符合自身特色的职评和晋级制度，使“双师型”教师队伍建设缺少有力的政策导向。

培训渠道不通畅，不利于教师个体“双师”素质的培养和提升。尽管各高职院校做了大量的工作，但培训渠道不通畅的问题依然存在。一是培训机会少，许多新教师一到学校就接受了繁重的教学任务，无暇再参加培训；二是技能培训很难对口，并进行制度化的操作，虽然大多数高职院校均建立了紧密型的校企合作实习基地，但由于种种原因，进入实质性合作的还不多；三是受经费所限，教师参加培训也存在各种困难。民族地区高校教师培训机会的缺乏，致使他们的学术水平提高较慢，影响高职的教学水平。

六、定位不准，办学理念存在误区

高职教育发展历史不长，对高职的理性认识不够。人们认为职业技术教育低于普通教育，是高考或中考落榜生接受的一类教育；在社会上，鄙薄高职教育的情况还不同程度地存在，受传统经济、思维模式的影响，公众对高职的认识依然存在严重偏差，许多学生家长期望子女能考进培养学术型人才而不是培养技术应用型人才的高校，社会、家长以及学生重视普通本专科而轻视高职。

对高职的定位不准，导致学校以学科为本，忽视能力培养。英国和澳大利亚的职业技术教育就是典型的“能力本位”的教育模式，它们都突出强调职业技术教育的结果，目的在于提高工作现场的操作水平，学员经过职业技术教育和培训后具有实际操作能力。我国传统的学科本位的模式重视基础理论，这对高等职业技术教育也产生了很大的影响。高等职业技术教育的这种教育模式，恰好与职业技术教育本身所要求的注重理论学习和实际生产结合以及专业技能训练相违背，使得技术迅速转化为生产力的优势得不到充分发挥。

对高职的定位不准还导致专业设置不合理，专业设置缺乏“职业性”。对于职业技术教育来说，“职业性”应是其培养目标定位的内涵。大部分职业院校专业设置与普通高校基本一致，存留着计划经济的痕迹，专业设置滞后于经济发展；部分专业设置没有经过严格的专业论证，具有很大的盲目性，缺乏“职业性”，培养的人才无法适应经济发展及动态变化的市场的需求。专业设置没有深入调查研究，不能很好地贴近社会需求，适应性较差。教学内容和课程体系亟待改革，教学计划往往与学科为主的高等教育没有多大区别，实验课教学、实践教学环节和教学时数开设过少达不到高职要求，体现高职特色的高质量教材匮乏，办学特色不明显。

七、各部门权责不明确

高职教育体系中，机构设置不规范，职、责、权分配不尽合理，内部运作缺乏科学的规章制度保证、约束，缺乏监督，权力失衡。一是高职教育内部管理层级、职能机构的增多，导致高职学院决策缓慢，执行不到位和管理监督乏力；二是高职教育内部对教师的培养、选拔、竞争、激励、监督和制约机制不完善，缺乏创新；三是高职教育学院的领导过分集权，权职不分。

运行机制自我激励、自我发展、自我调适的功能弱，灵活性差，在民族地区高等职业技术教育发展中，随着管理对象及高职教育内部因素的变化，传统的运行机制已不适应当今民族地区高等职业技术教育的发展。

第三节　发展民族地区高等职业技术教育的对策

2005 年，教育部在关于贯彻落实《中共中央国务院关于进一步加强民族工作加快少数民族和民族地区经济社会发展的决定》做好民族教育工作的通知中强调：要大力推进民族地区职业教育的改革与发展，支持民族地区高等职业教育的发展，在国家职业教育实训基地建设、专业设置等方面突出民族及区域特色。要充分发挥民族地区高等职业技术教育服务于当地经济社会发展的功能，就必须要解决好民族地区高等职业技术教育当前存在的几个问题。

一、健全法制设施，增强法制观念

世界很多发达国家根据社会经济发展的需要，很早就相继通过立法建立了正规的职业技术教育制度。如德国在 1919 年就制定了“魏玛宪法”来推动职业技术教育发展，美国国会于 1917 年通过《史密斯—休斯法》协助各州发展职业技术教育。

民族地区也可借鉴发达国家的经验，通过制定支持高等职业技术教育发展的法律法规和政策，运用法律和行政手段来保障高等职业技术教育的发展。

在社会市场经济条件下，我们要依据自身的关系特点，依靠法治来改善教育制度中存在的不足与差异，从而确保教育在增强综合国力方面发挥更大的作用。伴随着我国教育条例《中华人民共和国学位条例》的颁布，我国教育法已经在体制上逐渐改造并完善自身存在的不足，并初步形成了以《中华人民共和国教育法》《中华人民共和国义务教育法》《中华人民共和国教师法》《中华人民共和国职业教育法》《中华人民共和国高等教育法》为办学基础的根本大法，并彰显了我国在教育改革过程中的决心。民族地区各级政府及教育行政部门应认真贯彻实施《中华人民共和国职业教育法》，推进高等教育的法制化进程，要依法加强职业技术教育管理，加大职业技术教育的执法监察力度，加强督导检查。进一步明确学校所拥有的权利，以法律的形式确定“学校人格”的独立性。只有如此才能明确学校办学责任，促使学校挖潜优化，办出特色，增强办学活力，提高学校面向社会、适应经济发展的能力。

法律的完善作为高等职业技术有效发展的逻辑起点，政府要加强引导和规范管理。《国家中长期教育改革和发展规划纲要》指出：“政府切实履行发展职业教育的职责。把职业技术教育纳入经济社会发展和产业发展规划，促使职业技术教育规模、专业设置与经济社会发展需求相适应。”“调动行业企业的积极性，建立健全政府主导、行业指导、企业参与的办学机制，制定促进校企合作办学法规，推进校企合作制度化。”

依法治教是民族地区职业技术教育发展的根本保证，必须通过立法工作，进一步把民族地区职业技术教育所要求的各种条件和涉及的基本社会关系明确和确定下来。要通过立法，明确民族地区高等职业技术教育的性质和任务、地位和作用，确定发展的基本原则，规定国家和地方有关行政部门的职责。还要通过法规，明确规定学校的权利和义务，招生就业、投资体制等也需要通过相关法律进一步规范。

在实践中，地方政府要结合民族地区经济发展的概况，考虑实际操作中存在的问题，通过制定适合于地方特色的法律政策来约束地方政府、企业的行为。通过相关部门及人民大众监督，严格约束地方政府和企业单位乃至个人的不规范行为以及可能存在的违法行为，达到公平、公正的目的。同时还要规范民办高等职业技术院校的办学行为，督促民办高职院校依法依规办学，提高学校的教育教学质量。

二、加强区域经济建设

（一）西部大开发战略

“西部大开发”作为西部区域经济协调发展战略，以“坚持区域经济协调发展，逐步缩小地区发展差距”作为基本指导方针，从“九五”计划开始，逐步加大中西部区域经济协调发展力度，按照市场经济规律和经济内在联系及地理自然特色，突破行政界限、地域差异，在西部资源雄厚的基础上，合理发展西部经济，实现对资源的合理配置。加大对西部资源的开发，加大东西部经济的友好往来，带动西部经济的发展，实现西部产业结构的转型。实现西部经济的快速发展，加大企业对人才的需求，最终带动高等职业教育的蓬勃发展。在加快西部大开发发展步伐的过程中，民族地区也应顺应经济发展的趋势，积极进行产业结构调整，提高经济发展水平，以此推动民族地区高等职业技术教育的迅速发展。

（二）东西部对口支援

根据《国家发展改革委关于进一步做好东部城市对口支持西部地区人才培训

工作的指导意见》(发改西部〔2010〕2519号)要求,我国结合西部地区实际需求,制定了《2013年东部城市对口支持西部地区人才培训计划》,加强东部对西部贫困地区高职教育的对口支援,带动西部地区高职发展。区域教育发展的不均衡是我国的一个基本国情,大力加强我国东部地区对西部贫困地区高职教育的对口支援,带动西部高职的发展是地区之间高职教育均衡发展的重要保障。实施东部对西部地区高职教育对口支援的途径很多,可以采取东部发达地区出资在西部地区建立高职院校,或者为西部地区高职院校提供经费及信息支持,以及为西部地区高职院校的毕业生提供实习、就业机会等措施。

三、解决招生难的途径

(一)扩大宣传

目前,我国高等教育正以前所未有的速度迅速发展,高校之间的竞争也由此更为激烈。激烈竞争的表现之一就是争取丰富的生源、争夺高素质的考生。围绕这一目标,高校宣传也比以往更加受到社会的关注。因此高等职业技术教育也应通过各种传播媒介和形式,开展卓有成效的招生宣传工作,扩大学校在社会公众中的影响,提高认可度和美誉度,组织、吸引、动员更多的考生报考,为学校挑选学生奠定坚实的基础。

(二)提高就业率

目前,我国的学校、企业及就业中介机构基本处于分割状态,职能单一且服务面窄,不能满足日益严峻的就业市场的需要。为此,高职院校内部要加强对学生技能方面的教导和实训课程的开设,提高学生专业技能。外部要大力加强就业中介机构和高等职业技术学校的联系,学校与企业的联系,通过三方对就业市场进行预测,对社会所需人才进行实际调查,从而培养真正满足社会需要的专门人才。另外,还可鼓励中介机构拓展服务职能,增加创业咨询等服务,进一步通过中介机构作用,促进高等职业教育学校毕业生的顺利就业。就业率的增加反作用于高等职业技术院校,使办学单位在大众心中有一个良好的形象,使人们对高职教育能形成一个正确的认识,能够接纳高职教育,最终在一定程度上解决学校生源不足的问题。

(三)做好中职与高职教育的衔接,扩大高等职业技术教育招生规模

民族地区高等职业技术教育招生难主要是因为,它的生源普遍来源于普通中学,忽略了中等职业技术学校也是其重要的生源。因此,民族地区应加强中职与高职之间的衔接,可以借鉴上海在这方面的经验。

随着上海地区经济的发展,市场对高等职业技术人才的需求增大。虽然上海拥有大量的国家级重点职业技术学校,以及一批国家级、市级重点示范专业,但是其培养的高级技术人才还远远不能满足经济发展的需要。据上海劳动部门统计

显示，全市技术工人的数量和质量，距离建设现代化的要求相差甚远，技能型、实用型人才缺乏，层次结构不尽合理。上海市现有的几千万从业人员中，高级技工、技师仅 10.9 万人，还不到总需求的 3‰。现有技术工人整体素质呈现“三多三少”现象，即文化程度低的多，高的少；技术等级中低的多，高的少；高等级技术工人年龄大的多，年轻的少。在技术工人队伍中，高级工以上的技术工人仅占 24.20%。这和发达国家高级技工 50%的比例差距太大。[①] 高级技术工人的大量缺乏显然适应不了上海现代化建设对人才的需求。为了解决这一矛盾，上海市搭建了中职与高职“立交桥”，并且初步构建了“普职渗透”，放宽中等职业技术学校毕业生参加高考的政策规定，使教育“立交桥”更为通畅。为了避免中高职教育专业知识点的重复，优化教学过程，上海积极开展“3+3”中高职衔接模式试点工作。上海中高职联合培养这种模式培养了大量各类高等职业技术人才，有效缓解了上海市技术工人紧缺的局面。

民族地区在沟通中高职时，可适当放宽中职学生进入高等职业院校的入学条件，增加录取名额。中职学生有了更多的接受高职教育的机会，不仅能提高中职学生的素质，增加学生报考中职的积极性，同时也能解决高职的招生问题。通过中高职的衔接，不仅满足了经济发展对大量高等职业技术人才培养的需要，还能解决民族地区高等职业技术教育招生难的问题。

四、增加投入

加大投入力度，增加国家对西部教育、对民族地区的经费预算，充分运用财政手段进行宏观调控，建立国家、政府、企业多元投入的职业教育经费来源体系。明确发展民族地区高等职业技术教育的预算比例或民族地区高职教育专项资金；民族地区各市州财政也应加大对高等职业技术教育的经费投入，使职业技术教育经费比例特别是高职教育的经费投入比例保持逐年上升；除了高校要根据自身的需求继续加大经费投入以外，政府必须转变职能，增加高职教育专项经费投入。同时，政府要积极牵线搭桥，优化市场环境，鼓励积极引导企业、社会团体等参与高职院校的教育投入，鼓励高职吸收民间及外来资金，鼓励各行业、企业和社会力量向民族地区急需的应用型专业人才教育点给予帮助或采取捐资、定向培养、股份制、中外合作制等形式支持本地区职业技术教育的发展，使高职教育获得不同渠道的经费支持，进一步完善职业技术教育学生的就业援助体系。对于经济困难的学生，政府同样需要投入必要的资金，通过“奖、贷、助、补、免”等形式，扶持贫困学生接受职业教育与技能培训。

高等职业技术教育的发展不仅可以通过开辟多种渠道获得投资，还可通过产

---

① 边仕英. 凉山民族地区职业教育与经济发展研究［M］. 北京：中央文献出版社，2007.

学研获得发展的资金。高等职业技术教育自身的特点决定了它在将科技成果转化为生产力方面起着更为直接的作用。学校可以通过帮助企业解决生产经营中遇到的难题，帮助企业完成科研项目，获得企业大量的资金支持。

高职教育的受益者包括受教育者本人、用人单位和政府。因此，高等职业教育的投入，当由受益方——政府、企事业单位、受教育者个人分别承担。然而对比东西部发展现状，结合东部沿海城市高等职业技术学校的办学经验，民族地区应该完善教学设备，实现资源合理配置。例如，走校企联合办学之路，企业可以到学校开办“校中厂”，学校也可以到企业建立“企中校”，实现资源共享，相互支持，如此必能解决民族地区高职教育发展资金严重不足的矛盾，能有效改善高职院校的办学条件。

五、提高师资水平

（一）建立教师评价机制，强化教师管理

加快民族地区高等职业技术教育的“双师型”师资队伍的建设，就需要建立“双师型”教师管理和评价等一系列标准及制度，使“双师型”教师资格认定、职务聘任、进修培训、工资待遇、考核奖惩等环节做到有据可依，客观公正，激励教师自觉向“双师型”方面发展。同时，学校还应建立相应的激励机制，将“双师型”素质评价结果与教师的职称、奖金、福利等直接挂钩，有效地引导教师自觉地投入到自身技能培养的行动中去，激发教师知识拓展、专业转型和获取“双师”资格的积极性。

（二）改革教师薪酬体制

高职学校，特别是民族地区的高职学校，教师待遇较低，教师薪酬制度不合理，导致教师在教学过程中积极性不高，直接影响教学效果。要改变高等职业技术教育的现状，构建合理的薪酬制度，增加教师的福利待遇也是其中重要的一环。制定与学校发展目标一致的薪酬制度，在教师的薪酬待遇上，要体现多劳多得，优质优酬，向一线教师、教学骨干倾斜以及激励教师专业发展的原则。

（三）建设师资队伍

高职教育能否实现又好又快地发展关键要看高职院校能否打造一支业务能力强、教学水平高的高素质师资队伍。高职院校应针对教师理论功底厚而动手能力偏弱的客观现实，加强对教师的培训力度。学校要为教师创造更多培训和深造的机会，制定相应的激励措施鼓励他们提高学历层次，对教师进行职业技能鉴定，取得相应的职业资格证书，提高教师的实践能力，并定期安排相关专业教师到企业、基层挂职锻炼，加强对业务知识的要求，把理论与实践、教学与科技紧密结合，以适应社会需要。

积极引进人才，吸收专业能力强的人才，聘请各行业有丰富经验的兼职教师

来讲学，充分发挥教学一线上有创新精神和工作能力的教师的作用。必要时，还要多从社会上聘请一些有技术专长和实践经验的工程师，到课堂里来给学生进行现场讲座。构建合理的人才流动模式，提高高职教师的思想政治教育和职业道德建设，教学工作以服务为宗旨，以就业为导向，面向社会，面向市场，完善教师和教学管理模式，加大对教师科研项目资金的投入，培养有才能的教师。

（四）建立有效的奖励机制和淘汰机制，优化师资队伍

进一步深化改革师资队伍的管理模式，按照相对稳定、合理流动、专兼结合、资源共享的原则，改革师资队伍管理模式和教师资源优化配置的有效机制，大力推进以教师专业技术资格评审和职务聘任为重点的师资管理制度改革。逐步形成淡化身份、学历和资历，注重能力和实绩的专业技术资格评审体系。一方面积极推行聘任制，聘用专业性人才。另一方面，强化聘后管理，完善人员流动和淘汰机制，同时致力于完善教师考核机制。要探索建立科学、有效、可行的教师考核办法和指标体系，使教师考核工作制度化、规范化、科学化，做到师德表现与业务工作相结合、教学工作与科研工作相结合、数量与质量相结合，重点考核工作实绩。将教师的专业水平与评聘、晋升相结合，促使教师不断提高自身专业水平。

六、明确定位，办出特色

（一）确立高等职业技术教育的发展定位，彰显办学特色

高等职业技术教育只有找准自己的定位区间和发展空间，充分发挥自身优势，才能找到生存和发展的契机，创办一流的高等职业技术教育，从而以鲜明的办学特色、过硬的人才培养质量和较高的毕业生就业率得到社会的认可和尊重，走向人才培养质量高、社会认可度高、毕业生就业率高的良性循环轨道。高职教育要明确定位，要以重视能力本位的职教模式为改革方向，改变过去学科本位的状态，突出强调学生能力的培养，在此基础上突出办学特色。一是确定专业特色。学校所开设专业，应以市场为导向，以社会需求为准则，充分发挥地方资源优势和特色人才培养优势，积极探寻市场、发现市场，把供需链条紧紧连接在一起，在四川省同层次院校相同专业中，做到人无我有、人有我优，形成品牌、形成特色，在课程设置、教学内容和学习成果评估等方面发挥先导作用。二是体现职业特色。体现为学生具有职业岗位群所需职业道德和职业能力，尤其是职业核心能力，突出高职的办学特色。我国行业门类众多，各地区经济发展水平不尽平衡，既需要从事基础研究和高层管理的拔尖人才，更需要大量应用型一线人才。各高职院校必须按照本地经济特点、社会需求和自身实际情况，在培养层次、学科特色、服务区域等方面正确定位，形成多层次、多样化的学校办学特色和办学模式。通过在人才培养目标、课程设置、服务领域进行社会分工，高等职业教育

应找准自身特色，才能与普通本科教育形成不同的发展优势，从而做到各展所长，错位发展，相互补充，协调共进。

（二）抓住特色人群需要，实现人力资源合理配置

高职院校必须根据经济和产业结构调整的需要，培养适合本地区社会经济发展的人才。我国农村人口众多是一大基本国情，开发农村的人力资源是提高我国人力资源水平的重要途径。为此，高职院校办学要面向农村经济发展。据调查，农村拥有丰富的高中毕业生资源，高职院校要利用这个有利条件，鼓励农村高中毕业生回归高等职业技术教育，培养他们成为高技型能人才。紧密结合经济建设和社会发展需求，科学合理地调整和设置专业，专业优势就是就业优势，为民族地区充分利用当地特色农业资源发展经济提供适销对路的应用型人才，实现人力资源的合理配置。

（三）加强合作，有针对性地培养人才

民族地区高职教育应培养技术应用型、技能职业型人才。民族地区应与相关职能部门一起，进行准确的人才市场需求预测，定期发布各行业对应用型人才的需求信息，并及时与各地教育行政管理部门和各职业院校传递和沟通，使民族地区高职教育院校建设、专业设置、教育教学改革、招生与就业等方面更好地适应本地经济、社会发展的需要，为本地经济的发展和经济结构的调整服务。民族地区高职院校要主动与企业联系，走校企合作办学之路，本着充分发挥各自优势、互利互惠、优势互补、协同创新、共同发展的原则，在高职人才培养上进行校企合作，优势互补。学校既可以通过企业了解生源信息、市场需求信息，从而保证人才培养的针对性，又可以利用企业的资源解决实验设施的不足，同时还可以围绕中小企业的用工需求开办新的专业，使学校的教育资源得到最佳配置，降低办学成本。按照市场经济评价机制，以质量取胜，避免办学的盲目性和主观性，显示自身的办学特色。而企业在与高职院校合作办学的过程中，既可以根据自身的用人要求，与高职院校协商，共同制定专业培养方案，最大限度地满足自身用工需求，还可以通过学生在企业的实习实训，向学生灌输企业精神。民族地区高职在办学过程中还可依托教育研究院所、行业学会、职教研究会和职教院校开展对职业技术教育的实践探索和理论探讨，注重调查研究和总结交流，结合当地的实际，促进改革发展。国家和民族地区相关部门要根据经济、社会的发展对生产、建设、管理、服务第一线应用型专门人才的需求和预测，制定包含职业技术教育布局、结构、规模等涉及全局性内容的发展规划，改善职业技术教育的发展环境，从而使民族地区的高职教育办出自身特色。

民族地区培养人才要围绕当地经济发展特点及产业结构的调整。随着民族地区经济的发展，其产业结构也面临调整优化。第一产业比重降低，第二、三产业比重上升。产业结构的发展变化需要大量的高级技能型人才，这就需要民族地区

的高等职业技术教育要围绕经济发展和产业结构调整的需要开展。对于第一产业，随着农业产业化、现代化的发展，农业的发展也必须依靠农民科技文化水平的提高，实用型科技人才培养成为高职教育的重要任务。民族地区高等职业技术教育培养农业科技人员的途径有：民族地区涉农高职院校可通过与当地普通高等教育院校合作，整合教育资源，合理规划教学点，在农村开设农、林、牧等专业，为农村现代化、农业产业化培养各种人才；民族地区高职院校还可通过建立实习、实训、实验基地，进行科技示范，改造传统农业，创建符合当地资源优势的优势产业，通过农、科、教结合，帮助当地农民调整产业结构，发展优势产业，构建特色经济。

民族地区高职教育在服务于第二产业时，一方面，我国很多民族地区具有丰富的农业资源，职业技术教育可帮助民族地区发展具有资源优势的相关产品的加工业。而民族地区的很多加工企业存在技术、管理薄弱的问题，迫切需要高素质的科技和管理人才。高职教育通过与企业合作，可帮助企业将资源优势转化为产品优势和经济优势。另一方面，我国很多民族地区还拥有数量多、种类多的矿产资源。如四川省凉山州，拥有丰富的有色金属、稀土及钒钛磁铁矿等资源。通过高职教育的作用，可帮助民族地区发展具有矿产资源优势的矿产采掘和精细加工业。但要科学合理地开发资源，充分实现资源的经济价值和社会效益，实现当地经济与社会的可持续发展，关键还是要依靠科技水平和管理水平的提高，需要民族地区高等职业技术教育为其培养所需人才。

虽然近年来民族地区经济迅速发展，第三产业比例不断增大，但第三产业的总量小、结构不合理、传统产业比重大、高素质劳动力缺乏等问题依然存在，要解决这些问题归根结底还是要通过科技水平、劳动力水平的提高才能实现。随着民族地区经济发展及经济结构的调整，第三产业所占的比例将会不断上升，对从业人员的需求会不断增加，因此，高等职业技术教育要围绕民族地区经济发展趋势，培养与经济发展需求相一致的技能型人才。

七、完善管理制度

传统的高等职业技术教育由于管理主体和管理客体复杂，对高等职业技术教育管理机构的设置、内部结构、职权范围、议事程序等没有明确规定，导致中央和地方政府的投入没有保障。只有通过规范化的管理，才能更好地提高效率。在规范基本的管理制度外，要明确各部门之间的权责，避免出现多头领导、部门管理分割的现象。规范学术权力与行政权力的具体分工，形成相互协调和制衡的治理机制，这样才能加强行政管理，也能实现学术创新和学科优化。

民族地区高职院校管理的优化，首先要转变职能，学校管理要体现“以人为本”的理念，树立为教师及教学科研服务的意识，改变以行政为核心的集中式管理方式，运用宏观指导、政策支持、督导检查等，将管理职能从事务性工作中转到宏观决策性工作为主，集中在学校发展的总体规划与设计。其次是坚持依法治校，根据国家的法律法规、高等教育规律及经济社会发展要求，制定、完善符合学校实际的规章制度，依法治校。三是根据学校发展实际，科学划定部门、院系的职能，充分发挥各自的作用。四是在坚持和完善党委领导下的校长负责制的前提下，完善专家治校、民主管理、科学决策的相关制度。最后，优化管理体制，建立权责明确的管理机制，进一步完善监督与调节的功能，使教育管理体制更具合理化。民族地区高职教育在教学过程中可考虑实行灵活的学籍管理、教学组织和教学管理制度，努力扩大专业教育资源的服务范围。高职院校要建立合理规范化的质量监控体系，保证信息的及时回馈，为学校的决策部门提供依据，使学校的发展始终能围绕社会的发展和需求，体现出学校管理制度的灵活性和适应性。

八、确定帮扶政策，东西部合理互动

改革开放以来，随着东西部经济差距的拉大，东西部地区在教育上的差距也逐渐增大。西部地区 12 省市区应该进一步争取国家资助，尽快改变西部教育落后的局面，缩小与东部地区的差距。大力加强东部对西部贫困地区高职教育的对口支援，带动西部高职的发展是地区之间高职教育均衡发展的重要保障。实施东部对西部地区高职教育对口支援的途径很多，可以采取东部发达地区出资在西部地区建立高职院校，或者为西部地区高职院校提供经费及信息支持，以及为西部地区高职院校的毕业生提供实习、就业机会等。

2010 年，中东西部地区 12 所高职院校在无锡结盟，进一步对联合办学、专业建设、课程建设、师资建设、实训基地与就业、职业技能鉴定与培训、科技服务与研发等方面进行交流合作。这种联合办学，使东中西部地区的高职教育相互沟通、交流，学习到先进的办学理念。民族地区高职的发展也可借鉴他们的经验，实现各个地区高职的联合，这样不仅能增加民族地区高职办学的经验储备，同时也能提升办学质量，促进民族地区高职的迅速发展。

第五章　国内职业技术教育发展的典型案例

改革开放后，我国职业技术教育得到了迅速发展，但这种发展是不平衡的，东中部地区和西部地区在职业技术教育发展上还存在较大差距，西部民族地区的职业技术教育与其他地区的差距更大。总结国内其他地区职业技术教育发展的成功经验，对我国民族地区职业技术教育改革、提高职业技术教育质量具有重要意义。

第一节　江苏省宜兴职业教育中心校的经验

——把学校直接办到企业

一、成立背景

电线电缆是宜兴市的支柱产业之一，宜兴的电线电缆在全国各地均有销售。江苏省宜兴职业教育中心校于2000年创办了电线电缆专业。2001年，学校正式启动校企合作办学，其模式主要是以“订单式”培养为主。

一方面，这种办学模式虽然在一定程度上增加了学生动手实践的机会，拓展了部分就业渠道，但由于双方合作的深度不够，培养途径仍然是以学校、课堂为主，培养方式仍摆脱不了传统课堂教学的模式，产学研一体化发展落不到实处。再加上企业投资过少，企业的大量生产资源不能很好地转化为教育资源，以及学校与企业之间时空上的距离带给学生教育管理上的压力等因素，决定了此种模式只是校企双方利益关系的一种松散捆绑。

另一方面，合作企业也面临着同样的发展困境。无锡江南电缆有限公司是最早与学校开展“订单式”人才培养合作的企业之一。该公司认为，“订单式”人才培养中，学校虽然能按照企业需求去培养人才，但其培养的结果与公司原先的期望值有很大的差距。“订单式”培养的学生仍然普遍存在着眼高手低、动手能力不强、吃苦耐劳精神不够、缺乏企业文化熏陶与理念传输等弊端。2004年，该公司确立了“到2010年，力争成为年产销50～100亿元、亚洲一流的电线电缆集团”这一长远目标。因此，公司急需建立一所完全融入自己企业文化与理念的培养机构，以帮助企业培养事业发展所需人才，全面提升现有员工素质，改善现有职工年龄结构，减少公司在人员培训、人才引进上的成本支出，努力实现公司从规模上的量变转化为内涵上的质变。

2005 年 9 月，江苏省宜兴职业教育中心校与无锡江南电缆有限公司合作，成立了“江苏省宜兴职业教育中心校江南电缆分校”。分校在培养目标、用人制度、师资建设、教材开发、职业培训等方面进行了大胆而有益的尝试。

二、依托校企合作优势，精心打造学校特色

学校要在激烈的竞争中求生存、谋发展，必须从自身的实际出发，走特色建设之路。

（一）科学定位办学目标

分校位于“中国电缆之城”宜兴市官林镇，这是一个电线电缆占全国产量15%的经济强镇。2005 年，该镇拥有各类电线电缆相关生产企业 200 余家，线缆行业的销售量约占全国同行业销售总量的 10%。基于此，分校的发展目标定位为：以电线电缆行业为依托，立足宜兴，辐射华东区域经济市场，服务于地方经济发展，建设成为宜兴地区电线电缆行业经济发展的职前、职后人才培训基地。分校的培养目标定位为：以服务为宗旨，以就业为导向，通过产教结合，按照职业岗位实际业务活动范围的要求，培养教育与实践相结合、实用型的一线技术工人；分校的培养模式定位为：立足电线电缆专业，实行中专学生三年学制的“半工半读”培养模式。

（二）共同参与学校管理

本着“协调联动，齐抓共管，灵活自主”的原则，充分发挥学校及公司在帮学过程中的作用，学校与公司共同参与分校的各项管理工作，协调联动，共同决策管理。学校与公司建立协调领导机构，定期进行交流，校企共同参与分校重大事项的决策和管理。

（三）积极实施人才战略

1. 联合搭建领导班子

分校的领导班子不仅有多年教育管理经验的教育工作者，还有公司部分既具有一线实践工作经验又有较强管理能力的公司中层骨干，联合搭建了一支精干、务实、分工明确、团结协作的分校领导班子。

2. 灵活组建师资队伍

在师资队伍的建设上，坚持“校企结合，专兼职结合，引进培养结合”的原则。一是精选部分专业过硬、吃苦耐劳、勇于奉献的文化课老师到分校上课。二是招聘仍有余力的退休教师，利用其丰富的教育经验及学生管理经验参与分校管理。三是招聘优秀大学毕业生到分校任教。招聘教师实行年薪制，具体收入标准

参照本部教师和企业职工的年收入来确定，保证其待遇福利与本部教师持平并逐年提升。在职称评定、师资培训等方面，则依托学校本部统一管理，使招聘的教师能招得进、留得住、用得上。四是从公司中精选出部分具有丰富实践经验的技术骨干和一线工人担任兼职教师。

3. 自主锻造“双师型”教师队伍

坚持“以自己培养为主”的思路，一是利用公司技术力量，对专业教师采取到工场实地“一师一工”手把手传授的工艺技术培训；同时，组织专业教师参加公司组织的各种内部培训、技术研讨交流，参与各生产工艺的技术攻坚等活动。二是组织专业教师利用假期到车间实习，系统了解电线电缆各生产车间的生产流程、生产工艺，增加实践经验。三是积极鼓励专业教师在平时的教学中，带着问题下车间探索、请教，使课堂和车间有机地结合起来，提高课堂教学效果。

（四）构建校本特色专业课程

分校专业课程的设置将专业课程与市场需求有机地结合起来，构建校本特色专业课程。一是依托本部强大的师资资源，选派部分专业骨干教师与分校教师、企业技术人员和一线工人共同参与校本课程开发，确保校本教材编写队伍既有电线电缆理论知识，又有丰富的实际加工经验。二是立足分校教学实际需要，紧紧把握“会用、实用、够用”的原则，根据行业标准，借鉴国内外电线电缆工艺的最新研究成果，具体围绕电线电缆的 13 个工艺，从中精选 5 个最实用的工艺作为校本教材编写的突破口，有针对性地编写了 15 本（套）实用教程，初步构建了校本特色课程体系。

（五）构建“1+1+1”的培养模式

在教学实践中，实施“1+1+1”的培养模式，即第一年以学习文化课和专业理论课为主，第二年实行半工半读，第三年顶岗实习。在第一年打好文化基础和专业理论基础后，逐步增加实习时间，不断强化学生下车间实习的力度和密度。

目前分校已成为无锡四个高级技工培训中心之一、无锡企业高级技能人才评价试点单位，专门针对无锡电线电缆行业展开培训鉴定业务。一方面立足无锡江南电缆有限公司，和公司相关部门一起抓好在职职工的岗上培训，全面提升公司员工的自身素质。另一方面则面向“中国电缆之城”中 200 余家各类相关生产企业，开展多类型、多规格、多形式的电线电缆相关专业职业技术教育与培训，进行职业资格评定、职业技能考核，为企业发展提供广泛的服务。校企合作成效凸显，真正实现了校企合作的双赢。

第二节 浙江省绍兴县职业教育中心的经验

——车间建在学校，课堂设到车间

浙江省绍兴县职业教育中心依托行业，联系企业融合办学，校企双方以资源整合为前提，以社会需求为动力，以紧密型基地建设为重点，在科学建构“课堂教学与车间实习”整体融合的新模式过程中，逐步形成了“车间建在学校，课堂设到车间”的教学新格局，大大提高了学生的专业技能和综合素质。

一、核心教学模式

通过理论探索和实践研究，学校构建了三种课堂教学与车间实习整体深度融合的核心模式。

一是建立“教学工厂”。由学校建造厂房，提供场地，引进企业的设施设备和生产流水线，把企业车间建在学校，实行“一厂两责”，既保证学生实习实训的时间，又保证企业效益生产的空间，在校内建立真正意义上的“教学工厂”。同时建立健全了生产经营、实习实训、技术协作、产品开发、安全生产等各种规章制度，并狠抓落实，保证前校后厂的管理机制顺畅运行。

二是开辟“企业课堂”。一方面，将课堂搬进校内“教学工厂”，在车间进行直观性理论教学和针对性实践操作教学；另一方面，学校积极开辟校外企业课堂，对烹饪、宾馆服务等专业实行开放办学，改革校内教学、校外实习的传统，把学生直接送到宾馆酒店，把课堂直接搬进操作服务现场，在酒店现场进行烹饪、餐旅理论教学和实践操作，真正实现学生理论学习和技能演练的无缝对接。

三是成立“技术设计服务区”。以培养一支成熟的专业教师队伍、带出一批优秀的毕业生、建设一个门类齐全的设计中心为重点，学校还专门成立了技术设计服务区。服务区面向全市的中小企业，提供“一站式”的技术测试、咨询和培训服务。自成立以来，已完成服务项目5500多项，服务企业2300多家，缓解了中小企业普遍存在的技术人才数量少、水平低、技术创新能力弱的问题，同时也为学生的迅速成长提供了很好的实践机会。

二、实施策略

校企双方通过六个“共建”，加快教育教学改革，助推人才培养模式一体化的有效实现。

（一）共建“基地”

汽修专业与绍兴宝德汽车服务有限公司建立合作关系，宝德汽修投入200多万元的设备建设校内汽修实习基地；机电专业与宏建模具厂联系合作，宏建模具厂投入300多万元的设备建设校内机电实习车间；纺织专业与绍兴绚彩纺织有限公司合股，建设纺织设计试样中心等。“既是教室，又是实验室，也是工厂车间”的“教学工厂”式的实习中心为学生的演练、教师的教学提供了更加丰富的设施设备。

（二）共建“队伍”

通过校企共建，着力打造一支新型的“双师型”师资队伍。一方面，积极引进在企业工作的技术专家和技术能手充实教师队伍，同时聘请企业及社会上经验丰富的能工巧匠作为兼职教师。另一方面，加强在职教师实践技能的培养，通过专业教师定期与不定期地下企业实践锻炼，及时掌握企业的新工艺、新设备、新技能，大力提高教师的专业能力与专业水平。

（三）共建“计划”

聘请行业、企业领导和专家成立专业指导委员会，参与各专业人才培养方案的制定或修订工作。在课堂教学、技能训练、顶岗实习、就业安置等环节校企密切合作，企业全过程参与到人才培养过程，为学校培养优秀人才提供了有力保障。

（四）共建“课程”

按照企业的生产实际、岗位技能和对人才的需求规格，大胆进行课程改革，构建与职业岗位相适应的课程体系。同时对专业进行职业岗位工作分析，按照企业的工作流程、岗位技能和综合素质的要求，确定课程结构、选择课程内容、开发专业教材，将企业最需要的知识、最关键的技能、最重要的素质提炼出来，融入课程之中，确保课程建设的质量。

（五）共建“课堂”

首先，把课堂设到车间，企业的设备成为教师教学的教具，车间的场地成为学生学习的课堂，学生在真实的环境中进行实践、实训，大大提高了学生学习的积极性和主动性。其次，企业为学校提供一大批校外实习基地，企业技术人员对学生进行实习指导，对教师开展新技术培训，从而形成校企合作共建课堂、共同培养高素质技能型人才的机制。

（六）共建“文化”

学校借鉴企业文化理念，在实验实训室的管理上，模拟企业真实生产环境，营造企业生产氛围，学生置身其中犹如员工置身生产岗位。同时学校注意吸收企业管理经验，制定了一系列管理规章，严格操作规程，使实训教学管理科学化、规范化。

三、主要成效

（一）解决了理论与实践相互脱节的问题

随着这种模式的构建和展开，学校的实训条件发生了极大的改变，不仅学生的实践机会多了，教师的业务能力也相应地得到很大提高。学校与企业保持“零距离”，使“学生”与“工人”角色实现无缝对接，解决了理论与实践相互脱节的问题，有效地提高了学生的动手能力和就业能力。

（二）实现了课堂组织形式的改革创新

在实施过程中，学校的专业教师把理论讲解、操作示范、实践训练直至生产产品等环节融为一体，既考虑到专业知识的传授，更注重学生实践能力的培养。课堂组织形式有的前半节课在教室进行理论讲解，后半节课就去车间现场参观；有的将课堂直接设在企业车间，把专业理论教学与企业生产实习融为一体。

（三）减轻了学生实习实训的成本负担

围绕化解教育成本负担、提高学生技能水平的思路，变实训车间为生产车间，变实训作品为“订单”产品，既为学生创设了直观、真实的教学环境和条件，又为企业创造了不菲的经济效益。学生在专业教师和技师的指导下加工产品、磨炼技能，将实习教学由纯消耗型转变为生产赢利型，减轻了学生实习实训的成本负担。

（四）提升了专业教师的观念和实践能力

经过几年实践，大部分教师都认识到，教师不仅要在一线车间能对学生进行理论讲解，更重要的是能与工厂技术人员一起对学生进行生产化的实训进行指导，指导的过程也是教师提高的过程，从中能进一步掌握新的技术、新的工艺、新的设备使用情况，从而提高自身的技能水平。

第三节　福建省惠安开成职业中专学校经验

——打造特色品牌

国家级重点职校——福建省惠安开成职业中专学校坐落于东海之滨的福建省“建筑之乡”惠安县的东桥镇埔殊村，是全国少有的一所办在村里的国家级重点学校。学校先后被授予省级“技能型紧缺人才培养基地”和“中央财政支持建设的实训基地”的称号，2007 年被福建省人民政府确认为“省级重点职校”，2009 年被教育部确认为“国家级重点职校”。学校创办 20 多年来，一直以惠安这一全国著名的“建筑之乡”为依托，以建筑专业为主要特色，培养了大量建筑人才。

一、创新“品牌发展”途径，提高学校吸引力

品牌是学校办学长期形成且被社会认可的特色和积淀。该校创办以来曾经辉煌，也曾陷入严重的生存危机中。2001 年学校规模大幅萎缩，职专在校生仅有 300 多人。为了避免倒闭，2002 年学校经过深入分析和广泛讨论，确定了“打造建筑特色品牌，创建一流职教名校”的品牌发展之路，学校办学局面迅速扭转。

惠安县是全国著名的“建筑之乡”，全县目前拥有各类施工企业 60 多家，2010 年全县建筑业总产值超过 100 亿元，建筑业从业人员遍布全国各地。

惠安开成职业中专学校是一所地理位置较为偏僻的农村职校，办学优势先天不足，办成综合性的职校比较有困难。因此，在专业设置上该校采取了“选其一点、办出特色”的策略，即紧紧以惠安建筑业的发展为依托，以培养建筑人才作为学校的主要办学特色，专业设置不盲目跟风。2002 年以来，该校把特色专业“建筑工程施工”专业建设成省级重点专业，同时紧密结合社会需求，先后开设了“建筑工程造价”等六个建筑类相关专业，形成专业群，使学校的建筑特色更加鲜明，人才类型更加齐全。

二、创新“内涵发展”途径，提高学校竞争力

建筑类职校就是为建筑业发展培养适用人才，服务于建筑业发展。学校的内涵发展了，在竞争中才能立于不败之地。学校在办学中探索了以下几种实施途径。

（一）抓好理念提升

通过对办学经验的不断总结，学校明确了办学目标——打造建筑专业特色，创建一流职教名校；育人目标——身心健康，一专多能，服务社会，终身发展；学生成长目标——学会做人，学好专业，适应就业，学会创业。学校制定了发展规划，提出了“注重内涵发展，构建和谐校园”的可持续办学思路，使学校的发展思路更加清晰，目标更加明确，为学校事业的健康、快速、持续发展提供了可靠的思想保证。

（二）深化专业改革

“建筑工程施工”专业是学校的特色品牌，它具有办学积淀久、就业口径宽的优势。但随着建筑新技术、新材料的应用及新规范的实施，企业对职业技术教育的人才培养要求也上升到前所未有的高度。因此，学校决定以“建筑工程施工”专业为突破口实行课程改革，加强专业建设，凸显特色品牌的优势。

1. 调整培养目标，注重实训技能教学

学校在教学中注重夯实基础，提升技能，并根据这一要求确定本专业所需要的职业岗位能力和职业素质。一是高度重视制图与识图这一基础课程的教学。二

是大力改革实训教学内容和方法，在实训课中推广项目教学法，直接开设各类实践课程，如砌筑工、钢筋工、测量工等课程，并在课堂教学中强调把建筑仪器、工具带入课堂，保证学生具备施工人员应有的实践操作技能。为克服建筑工程体型大、难以直接进课堂的教学薄弱点，倡导教师采用多媒体教学，形象再现建筑工程施工操作的真实过程，使学生身临其境，提高学习效果。

2. 改革课程设置，推行项目教学课程

学校积极探索实施项目教学法，贯彻“做中教、做中学”的指导思想，教学中从解剖一个典型建筑工程着手，把工程从开工到工程竣工所需要的基本知识和技能按实际施工顺序分解于教材之中，打破了以知识体系为核心的传统教学模式。学生修完在校课程后，到企业实习时就能直接运用所学知识与技能，就业适应能力有较大提高。

3. 强调就业导向，深化校企合作办学

学校与20多家大型建筑企业签订校企合作协议，创建校外实践基地。在校企合作中注重互动，深化合作。一是实施“订单式”培养；二是派出教师到企业实践；三是由合作企业在学校冠名设立各类奖教金奖学金，激发师生工作学习的积极性。

4. 立足学生发展，提升专业办学层次

学校于2003年与福建工程学院签订联合办学协议，为优秀学生升学深造提供便捷渠道，在校内开设了大专接轨实验班。学校针对施工专业不同学历层次的班级制订教学计划，设计不同的课程体系与教学内容，使之更加切合学生文化基础和学校培养目标。学校每学期还聘请其他大学的教师为大专班授课，保证大专层次的教学质量，也促进了中职层次教学质量的提高，大大增强了本专业的吸引力。

三、创新“多元发展”途径，提高学校影响力

职业技术学校不同于普通教育，其办学性质决定了它要主动走向市场，走向社会，形成互动，扩大影响。该校在开拓办学渠道中采取了校企合作、高校联办、行业联办、东西部合作办学等几种方式。其校企合作机制的具体实施体现在以下几个方面。

（一）培养企业急需的人才

近几年来，建筑业发展迅速。一方面，对人才的需求越来越大，甚至在有的专业还出现了人才断层的现象；另一方面，建筑行业的分工越来越细，专业性越来越强，对人才也提出了更高的要求。根据社会的这些需要，该校及时调整专业设置，培养社会所需人才。同时该校作为中等职业技术学校，它将培养目标定位于“熟悉现场操作及技术管理的一线施工人员”，他们要懂技术、会管理、能吃

苦。在这个定位中，学校培养的学生切合了企业的需求。

（二）为企业提供技术力量

针对建筑企业在资质晋升中急需具备中高级专业技术职称人才的现实需求，学校充分发挥其专业人才集中的优势，支持建筑专业教师参加各类考试认证工作。学校牵线搭桥，促使企业与个人协商达成证书挂靠意向，为企业发展尽了一分力量。学校还根据企业的要求，委派实践经验丰富的“双师型”教师到企业兼职，为企业的发展提供支持。

（三）吸收企业技术力量参与教学

学校邀请企业技术骨干参与教学指导工作，成立各专业的“教学指导委员会”，听取企业代表关于人才培养、专业建设、课程改革等方面的意见和建议，邀请企业代表到校举办讲座等。

（四）争取企业的资金支持

学校积极争取企业参与学校的奖教奖学活动。通过争取企业对教学的奖励，既调动了教师的积极性，提高他们教学的效果，同时又能解决学校办学经费的问题。

（五）与企业建立实习基地

该校在与企业的互动中，建立了紧密型的校外实习基地，既为学生的实习就业服务，也为专业教师技能提高提供服务。该校还依托联办企业采用多种形式做好学生实习就业工作。一是实行“订单式”培养，根据企业需求进行毕业后的专项强化训练，如与闽建建工集团联合举办“闽建安全员班”；二是直接在联办企业进行实习后的择优推荐；三是发挥联办企业的行业联动优势，向相关企业推荐学生实习就业，多形式促进实习就业工作。

此外，在行业联办方面，该校积极寻求市、县建设主管部门的支持，先后被确定为“惠安县劳动力转移培训基地”“泉州市农村骨干实用人才培训基地”，开展技能鉴定及职业资格认证工作，举办各类培训班，为学生考证及实施农村劳动力转移工作作出了积极的贡献。

在东西部合作方面，该校积极响应国家号召，2007年起与贵州省建材工业学校开展合作办学，每年接收一个“贵州班”，双方共同制订教学计划，实行“1+2”的联办模式。根据本地建筑业的需要，负责为贵州籍学生进行顶岗实习前的实践教学及就业推荐工作。

第四节　北京昌平职业教育集团经验

——形成合力服务社会

《国务院关于大力发展职业教育的决定》指出：“推动公办职业学校资源整合

和重组，走规模化、集团化、连锁化办学的路子。”教育部职成教司在《关于印发〈2008年职业教育与成人教育司工作要点〉的通知》中也明确指出：“根据区域经济社会发展和教育发展的需要，打破部门和学校类别界限，推动职业教育资源的整合和重组，大力推动职业教育集团化办学，推进校际合作、中高职合作、校企合作、区域合作和城乡合作。”

职业教育必须站在区域经济社会发展的高度上审视职业教育的发展。北京市昌平职业学校根据昌平区打造“商务花园城市”“强二精三优一”的发展定位及产业布局，从全区职业教育发展的高度上进行筹划，联合区域内所有职教资源，建立大职教体系，为建设“商务花园城市”提供人才保障和智力支持，服务区域社会经济发展。在此背景下，学校依托自身资源，积极争取各方支持，在区政府的大力支持和统筹下，联合昌平区内相关政府职能部门、行业企业、职业院校、科研院所、社区教育及其他机构，组建了昌平职业教育集团。

一、主要措施

昌平职业教育集团从昌平区经济和社会发展对人才的需求出发，打破行业之间、中职之间、中高职之间、校企之间的界限，整合各类职业教育、行业企业资源，共同营造有利于职业教育发展的环境，从而实现资源的有效统筹和合理利用，培养适合岗位、行业需求的人才，服务区域经济社会发展。

（一）构建“四梁八柱”体系

在集团运作过程中，学校积极构建“四梁八柱”体系。其中，“四梁”是指覆盖全区的人才服务体系、符合企业需求的人才培养体系、灵活多样的集团运行体系、健全的管理监督制度体系。“八柱”是指支撑以上四个体系的各种保障措施，即政府统筹政策支持、全新的人才培养模式、优质的教师队伍、丰富的教学资源、多渠道的经费保障、集团内部的信息共享、实训资源共享及集团内部产学研一体化。

（二）探索合作模式

集团积极发挥各成员优势，群策群力，努力探索出了以下几种基本合作模式。

1. 中高职衔接模式

职业高中和高职学院合作办学，保证职业高中毕业生能够顺利升入高职学院，接受更高层次的职业教育，培养高素质实用型人才。

2. “学分银行”模式

建立“学分银行”，实现学习成果在不同学校间的互认制度，达到一定学历层次要求的学分数后，就授予相应学历。这种模式有效地鼓励了从业人员采取工学交替、学分积累等方式学习。

3. “企业订单”模式

企业向职业院校提出用人标准及数量，职业院校根据企业订单和具体要求开展富有针对性的人才培养、培训工作，满足不同企业的人才需求。

4. “技能+基础”模式

把职业教育分为“技能”和“基础”两部分。针对具有实践操作能力、取得劳动部门颁发的劳动资格证书却无学历的劳动者，只需补习并通过必要的文化基础课即可取得职业教育学历。针对具有学历的社会成员或大学在校生缺乏技能者，只需通过专业技能的学习，即可取得劳动部门颁发的劳动资格证书。

5. “学历+培训”模式

采用学历与培训并重的模式培养高素质实用型人才，大大促进了学历与技能的统一。

6. “居民学习超市”模式

建立职教集团人才师资库，根据各镇（街道）、村（居委会）的不同需要提供包括法律法规、环保、科技、文明礼仪、健康生活等不同内容的教育培训。

7. 产学研一体模式

集团充分发挥高职院校、知名企业等优势，共同研发项目，用研带产、用研带学，全面促进职业教育服务经济的能力和水平。

二、办学成效

职业教育集团的成立，实现了各类资源的纵向沟通、横向联合、资源共享、优势互补。集团化办学，推动了职业教育办学体制的创新，促使学校、企业和科研院所深度融合，互惠互利，成为昌平经济发展的助推器。

（一）统筹区域资源，形成发展合力

在“大职业教育”观的指引下，职教集团整合并共享师资、设备等资源，有效调动各方优势，形成互补，促进职业教育、行业企业的协调发展，推动中高职接轨和校企合作，不断提高职业教育人才培养水平，更好地适应首都和昌平区未来经济社会和产业发展需求。

1. 学校共赢

通过职业院校间各种资源的整合，促进了信息交流、项目合作和资源共享，提高了资源的有效利用，实现局部之和大于总体的规模效应，促进各个职业院校共同发展。

2. 校企双赢

通过职业院校和企业的相互融通，企业为职业院校提供充足的实习和就业岗位，提供先进的实验实训设备，提供最新的人才需求、标准；职业院校通过拓宽人才培养途径、创新人才培养模式，为企业提供高素质的实用型人才，为企业开展优质的职工教育、培训服务，从而实现校企双赢。

集团与驻昌两大企业——三一重机和北京福田康明斯签订了校企合作协议。职教集团派教师到企业实践，企业为职教集团提供技术指导，双方在课程、师资、实训、教材等方面发挥各自优势，共同培育中高级实用型人才。三一重机捐赠了价值500万元的实训设备，与职教集团共同开设数控专业。集团与北京福田康明斯联合开设“福田班”，定向培养汽车制造与维修人才。与企业联合开办“京昌测绘班”“中科有容动画制作班”，定向培养航空数字化测绘员和数字艺术产业从业人员。校企之间的各种合作大大提高了人才培养质量，为企业、行业及区域发展提供了一大批留得住、用得上的实用型人才。

（二）围绕区域发展，提供优质服务

根据昌平区建设“五大经济板块”“一花三果”的现代都市型农业和“三园三区”的实际需求，昌平职教集团积极调整专业设置、改善人才培养模式，拓宽职业教育培训服务功能，进一步丰富职业教育内涵，提高职业教育的针对性和有效性，为区域经济发展提供人才支持。

昌平职教集团结合昌平都市型现代农业发展，开设食品检测、生态景观与园林设计、都市农业等专业；围绕现代制造、能源科技产业，尤其是北汽福田、三一重机等大型企业落户昌平，开设数控技术应用等专业；结合昌平区现代服务业、旅游业、体育休闲产业发展需求，整合旅游专业与体育休闲专业，培养复合型、高质量旅游业从业人员，使集团真正成为昌平区实用人才的培育摇篮。

（三）深化职业培训，加大惠民力度

职教集团联合昌平区各委、办、局，积极发挥职教优势，提供各种优质服务，开展形式多样、内容丰富的职业培训，满足不同群众的不同需求，真正实现“学有所教”，在提升农民素质、发展农业生产、提高生产效益、推动农村富余劳动力转移、促进农民增收、推进新农村建设方面发挥了突出作用，为拉动就业、促进社会稳定、保障经济发展、满足人们学习愿望作出了贡献。

针对昌平区现代农业快速发展以及城镇化进程造成大量富余劳动力等问题，昌平职教集团结合各乡镇村农民的实际需求，采用“送教下乡、送教上门”的形式，开展了20多种实用技术培训，使广大人民群众真正从职业教育中得到实惠。

昌平职教集团结合生产问题推广新技术，帮助农民解决果树栽培技术难题，提高生产力；为村干部开展管理、法律、财务等引导性培训，提高农村管理水平；为农村富余劳动人员提供家政、汽修、电工等技术培训，帮助农民顺利转岗等。目前，集团的农民培训已覆盖全区各个镇、村，大量农民接受了培训，甚至很多接受培训的农民取得了相应的资格证书，实现了再就业，增加了收入。

第五节 海南省职业教育集团化发展①

一、海南职业教育集团化办学的形成与特点

海南省有各类中等职业技术学校80多所，其中省属部门、行业主办的23所，地级市主办的5所，县、市所属24所，民办的职业学校30所。2007年中职招生4.5万人，在校学生首次达到10万人。多年以来，海南中等职业教育资源分散、规模过小、条件落后、效益不高等因素，严重困扰着职业教育的发展。20世纪90年代后期，海口旅游职业学校、海南省机电工程学校等一批重点示范性中等职业学校面向市场办学，在开展与市县职业学校联合办学的过程中，采取“1+1+1”的“三段式”教育模式加强与市县职业学校和企业的合作，逐步形成了集团化办学的局面。

（一）海南省职业教育集团化办学的最初形式

1993年，海口旅游职业学校由海口市政府投资3000多万元，由海口市教育局与北京西城区旅游教育集团开展合作办学，积极引进发达地区的先进经验，坚持“高标准、高起点、高质量、严要求”的办学宗旨，走上了跨越式发展的道路。海口旅游职业学校将“北京模式”转化为“海口模式”，从1998年开始，先后与临高、东方等市县开展联合办学，促进当地职业教育发展，并由此形成了以海口旅游职业学校为龙头的旅游职业教育集团。2005年4月4日，《中国教育报》以“‘海口模式’的辐射效应”为题，报道了海口旅游职业学校联合办学的成功经验，标志着海南省职业教育集团化办学迈出了成功的一步。

20世纪90年代后期，中专招生实行并轨，取消了国家计划分配制度以后，一些省属的职业学校在办学过程中积极探索与县市职业学校合作办学，寻求新的发展。海南省机电工程学校和海南西流农场职业中学采取“1+2”模式实行联合办学，学生第一年在农场职中学习，第二、三年到省机电工程学校学习，吸引了一大批学生。在它的经验基础上，很多中专学校也纷纷走出城市，以效益求市场。从2004年起，城市职业学校与市县职业学校的合作范围进一步扩大，省机电学校先后与定安、文昌和琼海等12个市县的职业学校联合办学，联系了海马集团、福耀玻璃海南公司、玉柴海南公司、广东镇泰集团等企业，初步组建了以海南省机电工程学校为总校，包括市县分校及有关企业在内的大机电工程学校，成为海南省职业教育集团化办学的又一成功模式。

① 赵成. 海南省职业教育集团化办学案例研究报告［R］. 2007.

（二）海南省职业教育集团化办学的基本思路

2007年年初，海南省政府出台的《海南省人民政府关于贯彻落实国务院关于大力发展职业教育决定的意见》确立了职业教育的战略地位，明确了职业教育发展目标，提出了职业教育集团化办学的基本思路。到2010年，建成国家级重点中等职业学校10所，省级重点中等职业学校10所，积极发挥优质教育资源的示范、带动、援助作用，为发展农村职业教育服务，大力支持省属中等职业学校与市县中等职业学校（职教中心）联合招生、合作办学，采取灵活的办学模式带动市县中等职业学校（职教中心）发展。

2007年1月，教育部周济部长来海南调研时，提出“要建立职业教育集团，发挥示范学校和市县职教中心作用，学生第一年在市县职教中心学习基本理论，第二年到示范学校进行技能培训，第三年到实习单位实践。”“希望海南每个市县都能建设好一个职教中心，有一批国家级的示范性中等职业学校，然后再把实训基地搞好，办出海南职业教育的特色。”接着，省教育厅在制定职业教育实施方案时，制定了《整合职校资源，组建职教集团工作方案》，提出根据海南产业结构调整需要，组建旅游、商贸、机电汽车、化工药业、食品农业等几个支柱性产业和两个具有民族性、地域性的职教集团的构想并在加强县级职教中心建设和骨干示范学校建设的基础上，成熟一个，推出一个。海南省职业教育一系列政策的出台，为海南职业教育集团化办学创造了良好的外部环境。

目前，海南职业教育集团化办学模式正在全面铺开，除了海口旅游职业学校、海南省机电工程学校之外，海南省工业学校、海南省农业学校、海南省商业学校、海南省高级技工学校等国家级重点职业学校也相继与市县职业学校及其他职业学校联合办学，与省内外一批企业建立了合作关系。与此同时，市县职业学校在重点示范学校的带动下，得到快速发展。

（三）海南职业教育集团化办学的主要特点

海南职业教育集团化发展是以示范性职业学校为龙头，以市县职教中心为成员，接收相关企业参与，实施“1+1+1”模式。学生第一年在市县职教中心学习基本理论，接受职业意识、职业道德、职业习惯培养；第二年到示范学校学习专业理论，强化技能训练；第三年由就读学校安排到合作企业进行顶岗实习，毕业后由所在学校推荐就业。这种“三段式”教育模式符合海南职业教育发展的实际，不仅很好地解决了部分城市职业学校办学空间有限、生源不足的问题，而且解决了市县职业学校缺少专业教学设备、师资和学生实习、就业渠道的问题，发挥了示范学校的品牌辐射效应，实现了示范性学校与市县职教中心资源的合理配置与利用。

二、海南职业教育集团化发展的主要模式及效果

海南省职业教育在发展过程中，紧密结合本省实际，经过不断的探索和实践，初步形成了以海口旅游职业学校为典型的“品牌辐射型”旅游教育集团化模式和以海南省机电工程学校为典型的“借窝下蛋型”工业教育集团化模式，并以此不断扩大，逐渐做大做强海南职业教育。

（一）“品牌辐射型”集团化模式

“品牌辐射型”集团化发展主要是依托职业教育名校，充分发挥国家级、省级重点职业示范校的品牌效应，面向“三农”服务，通过强校扶助弱校、建立连锁分校等做法，将城市优质职业教育资源向农村、山区辐射，以职业教育开发农村人力资源、以规范管理保证教育质量、以就业保障拉动招生增长，服务当地经济快速发展，带动农民脱贫致富，初步形成以城市品牌示范校为龙头，各市县职业学校、职教中心为成员单位的职业教育集团。其中的典型代表是以海口旅游职业学校牵头的旅游职业教育集团。

1. 主要措施：推行“三段式”教育，“海口模式”辐射全省

海口旅游职业学校在成功引进北京市西城区旅游职业教育集团优质资源，不断优化自身的同时，积极响应国家关于积极开展城市对农村、东部对西部职业教育对口支援工作的号召，大力扶持农村贫困地区发展职业教育，帮助贫困家庭脱贫致富。充分利用学校的优质职教资源向县级职业学校辐射，开发农村人力资源。从1998年开始，海口旅游职业学校先后与临高、保亭、东方、琼中、白沙、乐东、五指山、屯昌等8个国家级、省级贫困市县职业学校联合办学，在这些市县职业学校挂起了海口旅游职业学校分校的牌子，吸引了一批来自农村及贫困山区的学生。开展联合办学，不仅有效带动了8个贫困县市职业教育发展，还奠定了海口旅游职业学校集团化办学的基础。

为了更好地扶助市县职业教育发展，海口旅游职业学校利用该校品牌专业——旅游管理专业与市县职业学校开展联合办学。根据市县职业教育资源不足、缺乏专业师资、没有实习设备的实际情况，提出“1+1+1”的“三段式”教育模式：第一年，农村学生在当地职业学校或职教中心学习基本理论、基本技能；第二年，联办学校的学生到海口旅游职业学校本部强化专业理论和专业技能一年，学校按专业培养要求，学生必须参加各种考试考核；第三年，农村学生通过技能培训，综合素质达标后，由海口旅游职业学校负责将他们送往星级酒店顶岗实习一年，实习期间派老师跟班配合酒店管理，学完三年毕业后都能找到理想的工作。

为了解决各市县职业学校农村学生的“出口”问题，海口旅游职业学校积极面向市场及用人单位的需求，与行业、企业开展联合办学。目前，学校已与省内

外不少宾馆酒店建立了“订单培养”的关系。有的企业为了资助贫困生，到最贫困的地方招收学生，学费全部由企业垫付。这种由企业先垫资培养农村学生，学生职校毕业到企业就业的办学模式，不仅让企业招到了合格的就业人才，解决了农村贫困学生的学费问题，而且解决了农村学生实习、就业问题，创造了职业教育扶贫的新方式。

海口旅游职业学校以服务“三农”为目的，以品牌辐射农村，通过示范校带动市县职教中心办学，壮大了自己，实现了规模发展，不仅在海南职教扶贫方面闯出了一条新的路子，取得了良好的规模效益、经济效益和社会效益；而且在发展海南大旅游的环境下，为组建全省性质的旅游职业教育集团提供了很好的借鉴。

2.“品牌辐射型”集团化发展的效果

(1)“三段式”教育模式是城市职业学校与农村职业学校联合办学的成功模式，也是海南职业教育集团化发展的基础。

海南职业教育集团化发展的实践证明，“三段式”教育模式有效实现了城市职业教育与农村劳动力转移的衔接和沟通。一方面，“三段式”教育模式使贫困市县的农村学生第二年就能享受到城市优质职业教育，也为市县职业教育创造良好的外部环境；另一方面，“三段式”教育模式有效地解决了农村职校学生的就业“出口”问题，为农村劳动力有效转移和农村贫困家庭脱贫致富提供了一条新的道路。“三段式”教育模式是城市职业学校服务“三农”，通过职教扶贫，帮助农村贫困家庭脱贫致富的有效手段之一。

(2)“品牌辐射型”集团化发展得到了合作学校所在市县政府的高度重视和大力支持。

2002年，海口旅游职业学校又与国家级贫困县保亭县中等职业学校联合办学，得到了县政府的大力支持，挤出资金为职业学校改善办学条件，建立海口旅游职业学校的分校。在合作市县地领导大力支持下，当地职业学校发生了可喜的变化，办学条件逐年得到改善。海口旅游职业学校的品牌在当地得到群众的认可，学校声誉也大大提升。

(3) 集团化办学是促进县级职教中心师资队伍建设最便捷、最有利的途径。

市县职业学校、职教中心成为海口旅游职业学校的合作成员后，海口旅游职业学校每年都免费为他们培训管理干部和专业教师，培训内容主要是学校管理、教学辅导等，每年都派出专业教师送教上门，也派出一部分教师下到各市县分校协助招生以保证入学新生质量。通过“传、帮、带”的形式，该校为市县分校培养了大量干部。2007年，在东方市召开了第二届现场研讨会。研讨会上派出教育教学经验丰富的专业骨干教师对参加研讨会地各分校的教师进行业务指导。通过指导和交流，使各分校教师教学过程中所遇到的问题得到较好的解决，并逐步建立起旅游中职教育教师资源网络。

(4)“品牌辐射型”集团化办学促进了牵头职业学校的发展壮大。

在带动市县职业学校发展的同时，牵头学校也逐步实现了规模化、效益化发展。海口旅游职业学校1993年创建时只有7个班，在校生不足300人，到2007年已发展到71个班，在校生3200人。学校以旅游服务为主导产业，先后开设了旅游服务与管理、航空服务、导游、旅游英语、计算机应用、高尔夫服务与管理等多个专业。海口旅游职业学校在集团化办学过程中不断发展壮大。

(二)“借鸡下蛋”型集团化模式

“借鸡下蛋”型集团化办学的立足点是以规模换效益，以效益树品牌，以品牌求市场，以提高市场占有率为导向，以扩大办学规模为目标，采取“借鸡下蛋”的办法，把解决城市职业学校场地狭小、招生困难，而农村职业学校缺师资、设备，对学生没有吸引力和不能解决学生就业以满足行业、企业人才需求几方面紧密结合起来，整合职教资源，实施合纵连横、兼并联合，扩展城市职业学校发展空间，逐步把城市职业学校做大做强，初步建立起以示范学校牵头，以市场需求旺盛的专业为纽带，联合市县职校和行业、企业，组成办学联合体，走集团化、连锁化和规模化办学的道路。其中的典型代表就是海南省机电工程学校。

1. 主要措施：整合资源，城乡互动，实现城市示范性学校跨越式发展

海南省机电工程学校前身是海南省农机学校，占地仅20亩，校舍面积9500平方米，当年在校学生1200人，1999年5月学校为了寻求新的发展，更名为“海南省机电工程学校”，扩大办学专业面向。但是，校园、校舍面积狭小，学校发展已经没有空间。尽管后来租用了学校旁边一块闲置地，但仍未能解决问题。在当时全省职业学校招生生源滑坡，城市职业学校也面临严重生存危机的情况下，海南省机电工程学校经过大量的市场调研，准确把握办学市场，以创新办学体制和管理体制为动力，敏锐地把握住海南省政府提出的“以省级职业学校拉动少数民族地区职业教育发展”口号，大力开展面向贫困市县的联合办学，充分利用市县职业学校的办学资源，采取“借鸡下蛋”的办法，以机电工程学校的名义，面向市县招生。学生第一年在市县职业学校接受基本理论教育和简单操作训练，第二年到学校本部学习专业课程和操作训练，第三年安排到合作工厂、企业实习，走出了一条以省属职业学校为龙头的连锁化、规模化的办学新路子，实现了学校内涵与外延相结合，得到了跨越式发展，迅速占领全省机电、汽车和家电等专业职教市场。据不完全统计，从2004年全面启动职业学校城乡合作以来，该校先后与12个市县开展联合办学，每年接收市县职业学校送来的大量二年级学生。这些学生在机电学校学习一年后就全部输送到海南各大企业，如一汽海马公司、金海浆纸厂，以及广州镇泰集团等实习一年。他们毕业后，大多数都在这些企业工作。

目前，机电工程学校已与定安、文昌、白沙等12个市县的职业中学、职教中心携手组建海南省机电职业教育集团，初步形成了“大机电教育，大机电就业”的战略格局。“大机电教育”共“一校五区十二分校”，即1个总校（海南省机电工程学校），5个校区（海口校区、桂林洋校区、文溥校区、昌江校区和南丽湖校区），12个市县分校（定安、文昌、乐东、保亭、白沙、陵水、澄迈、琼海、临高、昌江、东方）。它有效缓解了市县职业学校招生和机电学校办学空间不足的矛盾。“大机电就业”共创建五个重要的就业区，形成庞大的就业网络。该校建立了以一汽海马公司为中心的海口金盘就业区；以福耀玻璃厂为中心的澄迈老城就业区；以金海浆纸厂为中心的洋浦就业区；以海南玉柴机器公司为中心的琼海博鳌就业区和以广州镇泰集团为中心的珠三角就业区。

机电工程学校集团化办学有《办学章程》，章程规定了各自的权利、义务。各分校有相对的独立性，除了人员、经费外，教学活动、教材、实验、实训、教学计划、教学大纲、学生考核办法与标准必须执行总校的规定和标准，专业教师由总校选派，学生实行“1+1+1”“三段式”教育模式，一年级在分校就读，二年级在总校就读，三年级进集团内的企业顶岗专业实习，实习期满一年，由学校统一安排就业。集团化办学以4个骨干专业为核心，实现了“五个统一”，即统一对外招生、统一教学模式、统一学生管理、统一管理体系、统一实习和就业。

实行集团化办学后，海南省机电工程学校的生源渠道急剧扩大，学生人数迅速增加。学校办学规模的扩大，进一步促进了学校与行业、企业的联系。机电工程学校抓住海南“大企业进入，大项目带动”和建设新型工业省这一有利时机，将校校合作扩展到校企合作，以机电、汽修等龙头专业为纽带，把相关行业、企业纳入到学校集团办学范围，分别与海口一汽海马汽车有限公司、海南玉柴机器有限公司、海南福耀玻璃厂、海南洋浦金海浆纸厂和广州市镇泰集团公司等128家企业签约，进行“订单式培养”学生的合作办学。企业先提出用人数量、标准要求的订单，学校为企业量身定做，培养企业所需的合格技术工人；企业为学校提供一定的实训设备，提供学生顶岗实习的岗位及实习报酬，校企双方的教师、技术人员、工人师傅组成专业教学建设委员会，共同参与专业的教学计划、教学大纲、课程设置、教学内容、教材建设、教学方法、教学设备、学生考核标准、评价办法、学生实验实习、就业安排、教师进厂培训、锻炼等方案的制定，开展不同层次、多方位的合作。

2. “借鸡下蛋”型集团化办学的效果分析

（1）“借鸡下蛋”是城市职业学校集团化办学扩张最直接、最迅速的手段之一。

海南省机电工程学校通过“借鸡下蛋”的办学模式，在短短几年内就使学校办学规模迅速扩大，生源逐年上升。为了拓展办学空间，改善办学条件，2007

年省政府拨出专项资金为该校扩大空间新置了 132.5 亩地修建新校区，使其成为省内规模较大的重点示范性的职业学校，奠定了该校为海南省机电职教集团的龙头地位。

实践证明，在普高热居高不下的背景下，城市职业学校以“借鸡下蛋”的模式，利用其专业、师资、设备和实习、就业优势，向市县、向农村开展对口招生，联合办学，并在市县对学生进行第一年教育，是集团化办学最直接、最迅速、最有效的做法。

由此看来，“借鸡下蛋”型集团化发展的产生具有其必然性和可能性。从必然性来看，城市职业学校只有扩大招生，扩大办学规模，才能取得较好的经济效益和社会效益，才能有条件解决经费紧缺、生源困难等一系列难题。而要扩大办学规模，基于学校自身现有条件，只有采取“借鸡下蛋”的模式，进一步整合各市县职业分校及各联合办学企业的各类资源，实施合纵连横、外引内联的集团化、连锁化、规模化的发展战略，内强素质、外树品牌、抢占市场，才能在激烈的办学市场竞争中求得生存、发展和壮大，才能解决职业学校师资不足的难题，才能真正实现培养的人才与用人市场无缝对接。从可能性来看，集团化、连锁化办学是一种资源共享、优势互补、互惠互利的双赢合作办学形式。对于企业而言，需要吸收的毕业生要适销对路，好用、实用；对于市县职校而言，师资、品牌条件缺乏，如果没有城市职业示范学校的帮助，在当地就难以招到学生，就算招到也难以解决就业。因此，依托城市示范学校所拥有的工科专业优势，以及长期建立起来的信誉，完全可以实施职业教育集团化、连锁化、规模化办学。

(2)“借鸡下蛋”实现了职业学校、企业、学生三方共赢，促进了职业学校发展、用人企业招工和学生实习就业。

“借鸡下蛋”的实质就是校校之间、校企之间互通有无、合作共赢。城市学校与农村学校之间联合办学，扩大办学规模，解决生源不足的问题；职业学校借助用人企业这个平台，企业借助职业学校这个渠道，彼此资源共享，优势互补，各求所需，形成最佳的培育人才的合力和组合；学生通过到职业学校学习、到用人单位实习，切实解决了今后的就业问题，符合三方共同的利益。

目前，海南技工类职业学校普遍存在缺设备、资金，技工类企业的工人缺培训等客观问题。若职业学校与行业、企业组成教育集团利益共同体，一切问题就迎刃而解。在“借鸡下蛋”这个合作框架内，用人企业提供给职业学校最先进的实训设备和学生实训岗位，参与教学计划、课程建设、学生培养规格与标准、指导教师下厂锻炼学习等活动的实施，职业学校则按企业要求标准，量身定做，培训学生，为企业节省了大量的岗前培训时间和培训费用。

(3)“借鸡下蛋”型集团化办学促进了职业学校教育教学改革、师资队伍建设和骨干专业优化配置。

以往职业学校培养的学生往往重理论轻实践，用人企业不甚欢迎。采取“借鸡下蛋”集团化发展模式后，一方面，职业学校和用人企业都要共同参与教学内容的审定，日常教学朝着应用性、实践性、够用性方向大幅度倾斜；为达到给企业量身定做的标准，职业学校实行了“2+1”、工学交替、分层教学等方式的教学改革，确保了学生有足够的实训课时，保证学生入校如入厂、上课如上岗，保证教学更加贴近生产实际，学生能学到真本事，企业能录用到满意的员工。另一方面，用人企业介入到职业教育集团内，客观上迫使职业学校的教学必须紧紧围绕着企业订单要求进行，要求专业教师更加重视实践教学技能的学习和提高；职业学校通过聘请企业的业务骨干、技术专家、工人师傅担任专业教学、课程建设委员，以求达到共同学习、共同提高的目的，大幅提高职业学校专业教师的实践教学技能，塑造了学校的“双师型”教师队伍。同时，“借鸡下蛋”合作模式要求职业学校必须选准优势专业、骨干专业，与优秀企业合作。

“借鸡下蛋”型集团化办学的关键在于找准校校合作、校企合作的切入点，要根据各自需要提供各自发展所需的合作平台。因此，适用“借鸡下蛋”型集团化发展模式，主要是依托行业、企业的工业或农业类职业学校，如机电学校、技工学校、粮食学校、农业学校等；“借鸡生蛋型”集团化办学的核心问题是职业教育集团内的城市职业示范学校是否能够真正实现规模化、集团化和效益化发展，并以此带动其他市县分校和合作企业的共同发展。

第六节 我国职业技术教育发展成功案例带来的启示

民族地区职业技术教育的发展，一方面要分析民族地区自身特点，结合民族地区自身实际；另一方面，也可借鉴其他地区职业技术教育成功的经验。通过分析其他地区职业技术教育发展的经验，我们可以得到以下几点启示。

一、建立健全职业技术教育的各项制度

(一) 校企合作培训制度

校企合作是世界职业技术教育发展的普遍趋势，产学合作是职业技术教育发展的根本途径。这种合作办学的方式在我国职业技术教育发展的实践中也证实了其有效性。但由于民族地区经济水平相对落后，民众受教育程度低，因此，民族地区职业技术教育的发展通过校企合作的方式，不仅能解决民族地区职教发展中遇到的资金问题，同时也能为企业的发展注入活力，提高劳动者素质。在民族地区更应建立健全校企合作的制度，促进职教和当地企业的互动发展。

（二）职业资格考核制度

建立职业资格制度，严格劳动就业准入，是全面提高劳动者素质，提升社会整体的技能水平，提高社会生产力的重要举措。20世纪中叶，发达国家普遍推行职业资格准入制度，美、英、德、日、澳等国已建立了比较完善的国家职业资格体系。我国其他地区在步入市场经济以后也逐步推行职业资格制度。民族地区要积极借鉴国内外成功的经验，运用国家权力，积极推行职业资格证。政府可设立一个综合统一的权威性机构，对各类、各级职业资格证书加强指导、监察和管理，以确保职业资格证书的质量，使其有利于人才的录用、流动和劳务输出。

（三）建立完善的、全面的就业准入制度和职业资格认证制度

从国外及国内其他地区的经验来看，职业资格认证不仅对职业教育的发展具有十分重要的作用，而且对整个社会的人力资源的开发、管理和合理使用，避免人才培养、使用上的盲目性以及学生在择业上的盲目性也有重要作用。原教育部部长周济在2005年全国普通高校毕业生就业工作网络视频会议上也指出：要大力实行“订单式”培养，坚决推行“双证书”培训制度。凡可颁发证书的领域，一定要使80％以上的毕业生拿到“双证”，这是职业院校的一项硬指标和硬任务。通过建立健全劳动准入制度及职业资格认证制度，提高民族地区劳动者素质，为民族地区经济社会的发展作出贡献。

二、教学形式多样化

（一）注重实习、实训基地建设，强化产学结合的人才培养

加强实习、实训基地建设，是实现职业技术教育培养目标，办出特色职业技术教育的重要条件。国内其他地区职业技术教育的经验告诉我们：学校不仅要根据各专业的教学需要，购置先进的教学仪器和实验、实训设备，加强校内实验、实训基地建设；同时，学校还要充分利用合作单位的资源优势，建立稳定的校外实习、实训基地，完成教学任务。因为仅依靠学校的条件很难实现培养各类应用型人才的目标。应找准校、企双方的利益结合点，建立健全校企合作运行机制和管理机制，使企事业单位参与专业设置、课程开发，为学校提供实习、实训基地，提供兼职专业教师。产学结合是办好职业技术教育的重要保证。

（二）建立多维的职业技术教育体系

国内很多地区职业技术教育的发展都建立了一个多层次、多形式，纵向衔接、横向沟通，有利于工读循环的职业技术教育体系。民族地区的职业技术教育体系也应从独立、分散向着系统化、网络化并与普教和高教融合、沟通、衔接的方向发展。

同时，政府在民族地区职业技术教育方面的投入远远不能满足其发展的需要。因此，国家及当地政府一方面要制定激励社会各种力量参与举办职业技术教

育的政策，形成国家、集体、企业、社会团体、个人多渠道办学的局面。如对企业捐资助学，可摊入企业成本、列入税前利润支出，对所有捐资办学的个人或团体给予一定的社会荣誉以及政策导向等。另一方面实施全日制、部分时间制、夜间制、长短结合等学制办学，迅速完善和建立学分制，建立各种证书或文凭制度。

三、职教功能多样化

其他地区在发展职教的过程中充分发挥职教的功能。职教由过去单一的正规教育、技能培训、职前教育逐渐向正规与非正规结合、技能培训与资格认证等功能并存，职前职中及职后教育相衔接的方向转变。因此，民族地区的职教要形成培训—工作—再培训—再工作的机制，把职业技术教育纳入终身教育的体系中。职业教育要改变学校—企业单向流动的模式，代之以“学校—企业—学校—企业”的循环流动方式。围绕劳动力资源的职业技能开发，职业技术教育要完成好就业和再就业的培训任务，形成职教与普教、职前培训和在职培训、转岗培训、再就业培训相互联系、相互渗透、相互促进的多维的职教体系。

四、实现中职与高职的衔接

保证中等职业技术学校毕业生有继续深造的机会，通过改革现有高等专科学校、职工大学和成人高校以及在有条件的中等职业技术学校设立高职班等途径发展高等职业技术教育，逐步使中等职业技术学校毕业生成为高等职业技术院校的主要新生来源，为高职培养高等职业技能型人才提供可靠的生源。

五、优化师资队伍

无论国外还是我国国内其他地区职业技术教育的成功经验中，无不包含着对师资队伍的优化。第一，可以邀请企业有经验的技术骨干担任学校教师，使学校形成专兼职相结合的师资队伍。第二，鼓励教师到企业参加实践、锻炼，让教师成为不仅能传授基础知识，还能传授操作技能的“双师型”人才。第三，可以开展不同地区、不同学校之间的学术交流活动，帮助教师不断提高学术水平。

六、推广集团化办学

国内很多地区集团化办学的形式在实践中获得了很大的成功，也积累了很多经验。集团化办学有利于发挥企业、行业优势，实现企业、行业与学校各种资源之间的优势互补，最大限度发挥办学的效益。

充分发挥职业院校及行业所属国有职业院校优质教育资源的优势，走集团化和连锁化办学的路子，在体制和管理机制上进行创新，实现资产的优化配置，专业、师资、设施设备、招生和就业市场资源等要素的优化配置，以最大限度地发挥行业优势的效应，把职业技术教育做强。

职业教育集团化办学的首要任务是建立与市场接轨的运行机制。其模式是，在政府宏观调控下，市场调节将对集团化办学资源起基础性配置作用，使集团化办学成为资源共享、功能齐全、面向市场、服务社会的实体，运行的主体是学校。职业教育集团化办学应打破原有的领导管理体制，实行董事会领导下的各成员校校长负责制。政府应从直接管理转变为宏观决策，充分发挥统筹、协调的作用，规范政府、学校、企业、咨询机构等在集团化办学中的权利与义务。政府应通过投资、评估、指导等方法引导集团化办学的发展方向。教育行政部门要切实加强统筹管理，多策并举，推进中职、高职衔接，职前、职后贯通，职教、成教融合，行业、企业积极参与的职业教育集团化发展。

七、灵活的教学安排

国内一些地区在职教发展的过程中都注重对教学活动实行灵活的时间安排。如海南的旅游职业学校和机电工程学校都实行灵活的教学安排，教学中采用了“1+1+1”的“三段式”教育模式。第一年在集团分校学习，第二年在总校学习，第三年在企业实习。这种教学模式不仅能够减少学生学习的成本，让学生既学到基础的知识和技能，又能积累实践经验，为学生的就业提供条件和机会；同时这种教学模式也能为企业的发展提供真正需要的人才。因此，民族地区职业技术教育在发展过程中，由于职业技术教育资源的有限性及分布的不平衡，采用分段式教学能优化教育资源，实现教育效益的最大化。因此，无论是校企联合办学还是职教的集团化办学，都可采用这种灵活的教学方式，在校企联合办学中，前一半的时间先让学生在学校学习基本的知识和技能，后一半的时间让学生在企业实习。在集团化办学中，可采用“三段式”教育模式。在采用分段式教学时，首先要安排好每一阶段的学习任务和目的，其次要做好每一阶段的衔接。

第六章　国外社会经济发展与职业技术教育互动发展研究

第一节　德国社会经济发展与职业技术教育

德国、美国、英国、日本作为世界经济强国，新加坡作为亚洲四小龙之一，其经济腾飞的重要原因就是高度重视发展教育，特别是职业技术教育，其经验值得借鉴。笔者以它们作为具有代表性的研究对象，对其经济、社会发展与职业技术教育的关系进行了一些探讨，以期通过对它们的研究来总结有利于我国民族地区职业技术教育发展的先进经验，并对自身的职业技术教育进行反思，为我国民族地区职业技术教育的发展提供借鉴。

德国是目前世界上经济和科技最发达的国家之一。在德国，职业技术教育被视为政府、社会、企业与个人的共同行为。职业技术教育不仅是个人生存的基础，还是企业生存和竞争的手段，是德国在国际市场竞争中的原动力。德国社会各个方面都高度重视职业技术教育，全国形成了一个从学徒培训到中等、高等职业技术教育多阶段、多功能、多形式、结构复杂的完备体系，各州市也形成了一个严密的职教网络。德国职业技术教育培养的人才无论是数量还是质量都基本能满足社会对劳动力的要求，能很好地适应不断变化的经济社会发展对人才的需求。

一、德国现行的职业教育体系

德国的职业技术教育分为学校教育和非学校教育两大体系。学校教育体系的机构主要有职业学校、职业实习学校、专科高中、职业高中、高级专科学校、职业专科学校、各种形式的培训和职业教育一体化学校；非学校教育体系的机构一般指企业、行业、社会团体及社区职业教育。两种体系相互依存，相互补充。

由于德国在教育上一向奉行“教育管理多中心”和“多样化中的统一”的指导思想，因此各州教育结构基本一致又存在差别。

在德国教育体制中，绝大部分州基础教育阶段为四年，之后便进入定向阶段，为教育分流做好准备，两年后学生根据自己的兴趣、自身需要等情况进入中等教育。在实科学校、完全中学、综合中学等主要学校中的某一类学校进行第一次分流，3 至 4 年后进入普通教育学校（完全中学、综合中学等高级阶段）和职业教育学校（职业学校、职业补习学校、职业专科学校、专科学校及高级专科学校）进行第二次分流。还有一类职教、普教一体化的新型学校（专科完全中学、职业完全中学）是介于二者之间的学校。这次分流让主要学校毕业生接受“双轨制”职业教育，以培养专业工人。实科学校毕业生可进入全日制职业学校，通过学习而成为农、工、商等部门的中级技术人才或管理人才。完全中学、综合中学毕业生可进入高校，通过学习而成为专门高级人才。中等教育第二阶段结束，众多学生根据自身的能力、兴趣、志向进行第三次分流，部分通过各种类型学校的职业教育直接走上工作岗位，一部分进入高等学府深造，一部分进入高级职业学校学习。

仅受过初始教育并且已经工作的人想进一步深造，可接受各种继续教育（包括职业和非职业的）。这些继续教育包括高等学校的各种函授机构、夜中学、全日制补习中学、专科学校、高等学校开设的各种成人课程。

（一）中等学校职业教育体系

德国基本法规定：未满 18 岁的青年除上文理中学高年级或全日制职业学校外，还必须接受职业教育。这是一种法定的义务教育。

德国学校职业教育形式多样，按职业种类分，有工商业、手工业、公共服务、农业、其他业五类；按层次分初级（徒工培训）、中级（职业进修培训）和高级（以工程师为培养对象的职业继续教育）；按学习时间分有部分时间制（双元制）和全日制两类；按教育培训的任务分有主要教授技能使其能从事职业工作（以职业学校为主）和通过传授职业知识和技能使受训者得到进一步深造的资格两种。

1. 职业学校

它是属部分时间制的典型双元制职业机构，主要任务是完成中等教育第一阶段。当学徒与企业签订合同后便自动成为职业学校学生，职业学校的任务是加深和补充教育知识并从专业理论方面促进和补充企业中的培训。其课程分为普通教育、专业理论教育和专业实践教育三大板块。专业理论课不是局限于某一狭窄的职业，而是学习某一职业群所需的基本理论。职业学校修业年限与学徒期相适应，一般为 3 年，完成学业后学生可获得专科学校入学资格。

2. 职业专科学校

它提供的教育是一种全日制职业教育，主要招收具有“主要学校”毕业证、具有实科学校或完全中学八年级学历的青少年。职业专科学校提供某些职业培训的全部教育课程，任务是为某一种职业活动做准备，加深和促进普通教育，为继续升学打好基础。学生毕业后可获得升入高等专科学校、综合高等学校的入学资格，但绝大多数职业专科学校仅提供职业准备培训。

3. 职业补习学校

它是一种沟通普通教育与职业理论教育的具有桥梁性质的教育机构，主要招收正在接受职业培训或已完成职业培训的青年（包括主要学校、职业学校毕业生在相应职业岗位工作四年的人）。它提供一种高于职业学校水平的普通教育和专业教育，课程分文化—社会、数学—自然、职业概况三个板块，其中普通教育课程占主要地位。完成学业可获得与实科学校毕业证书等值的资格证书和高级专科学校入学资格或进入专科高中十二年级或全日制补习中学学习。

4. 高级专科学校

它是一种为学生就读高等专科学校做准备并提供资格（在十年级学校基础上加十一、十二年级）的教育机构，招收对象是实习学校毕业生（职业补习学校毕业、职业专科学校毕业或完全中学第一阶段毕业生）。高级专科学校按专业划分，向学生传播普通教育、专业理论及专业实践知识，各个学校有各自的理论与专业实践训练重点。高级专科学校的毕业生可进入高等专科所有专业学习。

5. 职业完全中学

它是三年制全日制学校，招收对象是结束职业基础培训和持有中等教育第一阶段教育证书的学生。它是职业教育学校与高等专科学校之间的中间学校。它除了教授普通教育课程外也教授有关职业的专业知识，两者并重。毕业生达到完全中学高年级水平并取得高等学校及普通大学入学资格。它不像高级专科学校和专科高中必须实训，也不像完全中学只学普通教育知识，它还要求学生必须学会一种职业技能，具有专业理论及专业有关知识。

6. 专科学校

它是一种职业晋升和专业深造性质的学校，招收对象是持有国家认可职业培训证书或具有3～5年职业实践、18周岁以上的人，以培养行业管理人员为目标。专科学校学制为1～2年，教育形式有全日制、部分时间制和夜间制课程。学生经过学习通过国家考试即可毕业，毕业后可获得中等教育毕业证书和高等专科学校的入学资格。专科学校是一种专业门类最多、形式最复杂的学校。各学校学习时间长短不一，其教育与技术、经济和社会发展及个人专业技能要求相联系，因此学校形式变化很大。专科学校根据专业来划分每个专业，每个专业又划分为若干重点。专科学校教育一般分为两个阶段：第一阶段学习基础知识，考试合格方可进入第二阶段，通过国家考试后方可毕业并进入高等专科学校学习。专科学校教育是为深化专业知识而设立的较高级职业学校，它的专业化程度很高，与其他学校渗透较差。

（二）高等职业教育学校体系

德国高等职业教育主要由各种专业性的高等学校、技术大学、技术学院及高等专科学校承担。其中技术大学、技术学院与综合性大学是同等地位的高等学校。高等专科学校是高等职业教育领域内发展职业教育的中坚力量，它承担大部分高等职业教育任务。由于高等专科学校适用性强，学生就业前景好，因此在德国很受欢迎。

高等专科学校是由工程师学校及一些高级专科学校发展而来，学制3年，招生对象是高级专科学校毕业生和普通教育学校2年级结业后，经过一段时间实习达到高级专科学校同等水平的学生。它的任务是培养实际应用工程技术人才，为职业实践做准备。它不像大学强调学术性和理论性，而偏重应用技术，专业性强，理论联系实际，强调从职业实践中提出问题及运用科学知识和方法解决实际问题的能力。高等专科学校涉及专业领域很广，主要是工程技术类和商业类。它比大学规模小，学制短，灵活性强，能及时根据本地区人才需求及劳动力市场结构变化进行调整，适应性强。

高等专科学校的教育分为基础阶段和主要阶段。基础阶段课程设置与一般大学相似，但偏重实际，主要阶段设一定修业重点课，非常重视学生的实习。实习在企业或行政机关进行，由学校教师指导，结束要写实习报告，由学校进行考试或评定。授课以小班教学，各种课程采取必修课、义务选修课和自由选修课三种形式。

技术大学与技术学院也承担高等职业教育任务，不过更注重理论知识和学术性。学习年限也比高等专科学校长，平均学习年限是9个学期（高等专科学校一般是6～8学期）。还有职业学院招收完全中学毕业生，职业训练在学院或企业训练场进行，训练期3年，分阶段地使学生在学术和职业资格上达到与高等专科学校毕业生相当的程度和资格。

（三）职业继续教育

德国自然资源贫乏，靠人力资源开发和利用促进经济发展，继续教育是德国教育体制上一根重要支柱。为了加速科技向生产力转化提高产品更新率，德国特别重视从业者的职业教育。职业教育指普通成人教育之外的所有各种教育机会。科技迅速发展引起生产结构、劳动组织及经济结构的变化。企业和个人都感受到经常更新和扩大已有知识技能对个人获得就业机会、对企业保持竞争力起着至关重要的作用，因此，个人和企业都非常重视继续教育。大部分职业教育在企业内部进行，其他职业联合会、行业协会、雇主和雇员组织的教育机构也兼办职业继续教育，还有公立和私立专科学校及跨企业培训场所也兼办职业继续教育。职业教育主要有五种形式。

第一，继续教育。它指针对在职但未达到某种学历和资格的人所施的教育，主要由中学、实科学校、职业补习学校、全日制实习中学、公立和私立专科学校等机构实施，电视学校、广播学院等远程教育机构在补偿性继续教育中也起着重要作用。通过学习，学员可获得有关入学资格。

第二，适应教育。在职人员存在职业知识和技能老化、不适应不断变化的生产技术要求等问题，为了防止造成降职、失业等危机，由工商业协会、手工业协会、企业、工会、联合组织或高等学校、电视广播系统等开设相应课程进行职业教育。

第三，职业提高教育。凡具备一定学历和实际经验又有志于提高者，为了取得更高层次职业知识和技能，以达到升迁的目的而进行的教育，称为职业提高教育。职业提高教育有领导人员提高教育和一般工作人员提高教育两大类：领导人员提高教育主要靠自学、研讨活动、交流经验、短期培训、评估与测验；一般人员提高教育分为改变个人知识技能或改变现有职位而学习其他职业技能，为改善经济待遇、提高职业地位而学习比现有知识技能水平更高深、更广泛的知识技能两类。

第四，职业改行继续教育。职业改行继续教育是为因个人原因或经济结构、生产组织结构变化而需改行的人举办的培训，能为参加新行业做好知识技能准备。实施培训的机构主要有职业促进中心、工商业和手工业协会、工会及慈善机构等部门。

第五，职业能力恢复教育。由于长期中断职业工作，存在知识遗忘和部分老化，需继续教育恢复和更新知识技术，或因事故或疾病原因造成职工部分或全部丧失原来职业能力，为恢复劳动能力而实施的教育都属于职业能力恢复教育。主办机构是企业和社会福利机构、事故保险公司，劳动与社会部及各州也会参加一些项目。在训练中不仅传授技术工人技能，而且还可以根据个人能力授以更高的职业技能。

一般来说，职业教育体系与各类普通中学通过以下几种方式相衔接。

一是职业学校与主要学校衔接。职业学校与主要学校联系最为密切。主要学校在完成普通教育任务的同时，还给学生预备教育和职业指导。通过接受国家认可的职业训练（双元制培训体系中实施）、进入职业专科学校学习获得专科高中入学资格和通过职业教育的途径进入完全中学高级阶段这三种途径完成在普通中学中进行职业教育的任务。

二是职业教育与实科学校衔接。主要通过进入高级专科学校，获得从事行政管理、商业、手工艺等部门的较高职业的能力；进入专科高中十二年级学习，完成课程后可获得高等专科学校入学资格，先完成一门职业训练再通过合适的继续教育实现职业升迁，通过进入完全中学、高级职业专科学校、完全中学分支学习可获得高等学校入学资格。

以上是实科学校与职业教育的衔接。

三是完全中学高级阶段与职业教育衔接。由于完全中学大幅度增加，高等学校无法容纳，高校毕业生剧增又导致劳动力市场争夺岗位激烈，许多高中毕业生宁愿选择职业训练而不是进入学校学习，于是完全中学毕业生通过进入职业学院或选择国家认可的职业训练，学习经济界举办的以完全中学毕业生为对象的特殊训练课程与职业教育相联系。

德国职业教育学校的类型可分为四类：职业入门教育学校、职业训练学校、职业晋升学校或加深专业学校以及培养双重资格学校。任何一种学校，除了传授专业知识外，还负有教养和教育任务，注重培养学生个性。无论从哪类学校毕业，具有何种水平，每个学生都有升入高级学校学习和深造的可能。①

二、德国双元制培训体系

（一）双元制培训体系的特点

所谓“双元制”职业教育是一种企业和非全日制职业学校合作进行职业教育的模式。受培训者以徒工身份在企业中接收相关的知识培训。在“双元制”下，学生绝大部分的学习不是在学校里，而是在经济界的生产场所或服务性企业中进行的，培训的任务由“双元制”中负责培训的两个单位承担，即企业和职业学校。这是一种将企业和学校、理论知识与实践技能结合起来，以培养具有较强操作技能，又具有所需专业理论知识和普通文化知识的技术工人为目标的职业教育制度。

1. 双元制培训体系的主要特点

(1) 两个教育主体——企业与学校。

这两个主体既涉及国家举办的公立学校，又涉及私营企业的市场经济体系。

(2) 受训者的双重身份——学生与学徒。

受训青少年必须与企业签合同，成为企业学徒，并自然成为职业学校学生，在工厂履行学徒的义务和权利，在学校接受义务教育中的最后三年教育。

(3) 两种法律依据——“职业教育法”与“教育法”。

企业所遵循的职业教育法是建立在民法标准基础之上的，学校履行教育法是建立在公法标准基础之上的。企业与职业学校的培训分属两个不同的法律范畴。

(4) 两个主管单位——政府与州文教部。

企业的职业培训由政府主管，按政府颁布的《职业培训条例》进行，全国各企业都必须遵守。职业学校由各州文教部主管，以各州文教部长联席会议制定的《理论教学大纲》为指导，确定教学范围、教学目的、内容和时间，安排上有灵活性。

---

① 黄育云. 职业技术教育在中国［M］. 成都：电子科技大学出版社，2004.

(5) 两类课程——理论课与实训课。

实训课主要在企业内进行，理论课主要在职业学校内进行，但有一定程度的交叉。

2. 双元制培训体制在实施过程中的特点

双元制在德国职业教育领域内占主导地位，并在政府及各界扶持下日趋完善。它在具体实施上有如下特点：注重实践，突出技能培训；培训方案合理、有效并有法律保障；考试制度严格，考试合格才能获得技术工人和技术员资格；以企业为核心，实际培训为主，学校教育为辅；职业教育的质量国家有法律规定，社会有监督机构和考核，保证了培训质量有一定程度的统一；教育体制与就业体制相衔接，虽然企业发给学徒工资，但学徒不算企业正式职工，学徒培训毕业可留在企业就业，也可到其他企业工作；学徒制培训有很强的社会性；德国的技术骨干大多是由双元制培训体系培训出来的，其企业人才结构是标准的金字塔形，塔底的企业生产体制的支柱是双元制；双元制培训有很强的灵活性及社会适应性；双元制培训体系中企业和学校有充分的自主权，能灵活适应经济社会结构的变化，担负起不断满足社会需要的责任；公共法规和公共权力机关也运用多种手段，如经济刺激、咨询服务等来影响培训供给者及接受者的行为。

(二) 双元制的实施

双元制工业技术类培训以一周为单元，职校学习1～2天，企业内培训3～4天，培训分为基础培训和专业培训两个阶段。基础培训重点掌握某行业的基本知识和技能，重在动手能力培养。专业培训阶段重点学习本专业的知识和技能，重在培养学徒工的设计制作和检验等独立工作能力。企业通过实训工场、工作岗位、企业内部课堂及跨企业训练工场，根据全国统一的培训条例对学徒进行培训。职业学校的主要任务是教授从事相应职业所需的基本和实用的专业理论知识及普通知识，主要通过课堂培养分析和解决问题的能力。

(三) 双元制培训的组织管理与监督

德国是个联邦制国家，文化教育是各联邦州的主权。因此，各联邦州的文化教育部门拥有对本州各级各类学校包括职业学校的管理权。但对于双元制教育中的企业教育，联邦则拥有管辖权。企业职业教育的具体管理，则由联邦职业教育法授权给各行业协会负责，它受州的主管局部长会议和法律监督，它主要负责企业职业教育办学资格的认定、颁布考试章程、举办毕业考试、设立调节机构解决争端等。

(四) 职业学校与企业培训的协调

职业学校执行的是各州文化教育部指定的总纲计划，企业依据的是全国统一的培训条例，因而很易造成学校与企业间讲授内容的重复或脱节以及各州教学内容、质量深度等方面的差别。为了使全国职教质量基本一致，加强企业和学校的沟通与协调显得尤为必要。两者相互协调主要是通过两种方式：一是加强企业和学校教师间的了解与沟通，二是举办职业学校教师和企业培训教员的业务进修活动。

（五）考试制度

德国职业教育法规定：学徒工培训将进行两次国家考试。第一次是中期考试，主要考查学徒工培训成绩及计划落实情况；第二次是毕业考试，由行业主管部门负责。两次考试都由行业联合会吸收专家组成的考试委员会主持，全国统一命题，同一专业考试在同一天进行，通过考试可获得行业联合会发给各州承认的合格工人证书。

虽然德国的双元制具有很多的优势，但它仍在存在诸多问题，如职业定向分流过早；学校与企业的协调始终是个难题；课程结构与教学内容矛盾突出；学校与企业部门间关系紧张；企业在培训中往往基于利益驱使，将培训者作为廉价劳动力，让他们去从事与培养无关的劳动；企业分工的专门化使培训不完全、不系统，培训老师能力欠缺，也导致企业培训不尽如人意；职业学校的课程方案陈旧过时，针对性不强，教师后续专业教育欠缺；双元制的调控机制以市场调节为主，政府法规调节为辅，教育组织由企业家负责，企业是否参与决定着双元制的命运。企业的参与度取决于企业的经营状况，在经济紧缩时期，企业提供培训岗位减少，造成大批青年无法接受培训。在这些新问题面前，双元制面临着严峻的挑战，必须进行有效的改革。

三、德国职业技术教育的特点

德国职业教育的主要特点是产业化、多元化、国际化。

（一）职业教育有关法规体系健全

德国在1971年的《宪法》中将职业教育定为义务教育。为了使职业教育体系适应经济发展需要，德国联邦政府颁布了《联邦职业教育法》《联邦职业教育促进法》《实践训练师资规格条例》《手工业学徒结业考试条例》等法令，对各类职业训练制度、组织、期限、考试制度、专业设置、社会参与与监督等都作了规定，目的是让职业教育做到依法发展。这为职业教育体系的形成和发展奠定了坚实的基础。

（二）体系完备、多形式、多层次、多阶段

德国中等职业教育是从普通学校里的职业预备教育开始的，经职业基础教育到职业专业教育，再到职业继续教育，经历了一个由低级到高级、由一般到专门化的逐步深化的过程。职教的具体实施，形式多样，既有普通职教机构，也有特殊职业学校，职业培训结构种类繁多。办学主体有私立、公立、企业独办、企业联办等。各类职业学校之间相互补充、相互衔接，成为一个完整的职教网络，形成一个初、中、高比例结构合理、职前职后结合的完备的教育体系。

（三）整个职教体系以双元制为核心

双元制将职业培训与就业制度结合，使企业与员工在认识上具有高度的一致性，充分调动了企业的积极性，也促进社会各界都来积极兴办职业教育，有力地促进了全国职教网络的形成。双元制体现了国家、私人经济、学校、企业各方面的通力合作，训练以现代科技为基础，与生产密切联系，对经济部门的需求反应灵敏，及时反映职教结构变动和劳动力市场变化。既理论联系实际，又能为社会创造物质财富，从而改善学习和生活条件。

（四）注重实践训练与严格考试相结合

德国职教一贯以严格训练、注重实践为方针，各所学校都有实验室、实习车间、模拟操作室，每个学员必须接受实际操作训练和实习训练，必须接受国家规定标准的严格考试。

（五）职教与普教有一定程度的沟通与结合

德国职业教育不是从职业学校开始，而是在中学就开始了职业预备教育。第一次世界大战前实科学校毕业生都直接就业，一战后实科学校变成进入职业教育的一种预备教育阶段，后来又增加了主要学校做职业预备教育。1969 年设专科，是专为进入职业教育而又想升入高等学校学生而创办的，后来设的职业完全中学也是如此。这两类学校的设立使普通教育与职业教育进一步沟通。

（六）职业教育系统中具有系统的职业指导

为了帮助学生小学后定向分流，各州相继成立了职业指导局。由于有完备的指导系统和良好的指导工作，德国职教体系广受人们欢迎。

（七）整个职业教育系统具有超前适应性

德国职教体系结构的指导思想是立足国情、放眼未来、超前适应、满足市场。为了适应市场现状，对其职业培训工种也进行了相应的调整，对当前和未来急需解决的重大问题，突出研究其适应性和超前性。

四、德国职业教育体系给我们的启示

德国职教体系是一种适应本国社会经济发展的成功的职教体系，这种结构对构建我国社会主义市场经济条件下的中国特色职教体系有着重要的借鉴作用。

（一）构建开放的职教体系

要改变我国原有的职教体系层次结构单一、与市场接轨难的局面，必须根据社会主义市场经济体制的要求，构建一个开放的职业教育体系框架，即由单一的职前学历教育扩大到多元的、多层次、多形式、多功能、多学制的大职业教育体系，主动与市场经济接轨，形成职前与职后结合，职业教育、基础教育、成人教育协同发展的大职教体系。积极开发和利用企业的人、财、物资源，形成综合教育实力，构建起初、中、高结构合理的，职前与职后相结合的，基础教育、成人教育、职业教育协同发展的大职教体系。

（二）加强职业教育立法

立法是德国职业教育健康发展的前提条件。我国虽已颁发职业教育法，但关于职业教育的法律法规很不完善，职教发展缺乏强有力的法律保证。应尽快建立完备的符合我国职业教育发展实际的职业教育法律法规体系，以保证我国职业教育健康有序地发展。

（三）改变对职业教育的偏见

德国教育价值观的核心是人尽其才，因此不论何种教育，只要能使人得到发展，满足社会人才需求，就具有同等价值。在这一理念引导下，每个学生都可以根据自己的发展，选择适合自己的学校和专业。政府则以立法的形式保障和鼓励人才成长，使他们在不同领域作出贡献。而我国实施的是淘汰制，没有进大学的人都有被淘汰的心态，社会也以进入普通大学为追求目标，职业教育没有地位。因此，要提高职业教育的地位，必须从各方面改变对职业教育的偏见，在社会树立职教与普教平等的观念。

（四）在教育体制上构建互相沟通的立交桥，让职业教育在整个教育体系中确定应有的地位

德国一方面倡导各类教育要有层次之分，鼓励青年扬长避短，择优发展；另一方面又建立各级各类教育交叉互通的立交桥。无论最初如何选择，都能通过立交桥完成最后的高等教育学业，没有教育“末班车”。德国只有一套学历教育制度，只要进入该层次就有国家认可的毕业证书，不像我国现在的成人教育、自学考试那样还居于“其他”学历教育形式的地位，让社会另眼看待，使人有低人一等的感觉。

（五）针对社会和劳动力市场需求设置专业

德国教育以社会需求为导向设置专业，使每个选择了专业的学生都有明确的岗位目标和社会责任，使学生能以学好这一专业的知识为目标。这一成功经验值得我们借鉴。

（六）推进教学方法的革命，强调人的关键能力的培养

为了迎接社会和新技术发展带来的挑战，德国职业教育把培养具有综合性和灵活性的人才作为现代职业教育理念的重要内容，对职业教育方法技术进行不断革新，着力于关键能力的培养，对专业能力和社会能力都提出了较高要求。除了采用模拟教学、个案教学等方法外，还推出了行动教学法、整体性教育方法等教改实验，把对综合职业能力、创造精神的培养贯穿于一切教学之中，强调宽而深的理论基础、技术和方法上的经验等。这些都值得我们很好地借鉴。

（七）明确企业在职教中的作用

在德国的双元制教育中，企业培训起着主导作用，职业学校只起着配合和服

务的作用。企业培训分为企业内培训和跨企业培训。

企业培训分为工业教学车间培训、非系统的工业培训、传统的手工艺培训、办公室和服务业的系统培训及办公室和服务业的非系统培训等五种。跨企业培训是由若干个企业联合起来进行培训，也有一些地方当局参加的，一些职业学校的教学车间也用于跨企业的培训。跨企业培训在各职业领域中的分布很广，而且占有一定的比重。在具体的培训方式上，各企业都结合自身实际情况作出选择，决定采用何种方式。

可见，企业在德国的职业教育中发挥着重要的作用。我国职业教育却缺乏与企业的沟通和衔接，没有调动起企业的积极性，企业没有参与职业教育的意识和义务。因此，我国相关政策应该从各方面调动企业参与和关注职业教育的积极性，明确企业在职业教育中的地位及其担当的责任和义务，从根本上解决职业院校学生实践难、实习难的问题，使培养的学生能迅速适应职业需要。

第二节　美国社会经济发展与职业技术教育

一百多年来，美国始终保持着世界人力资本强国和教育发达国家的地位，其人力资本发展水平领先于经济发展水平，为其经济发展注入了源源不断的动力。1913 年，美国超过英国成为世界第一经济和军事强国，并在全球始终保持“美国第一”的大国地位。

美国经济长盛不衰的主要动力来自高水平的人力资源、发达的教育水平以及先进的教育科技发展战略。美国最早普及初等和中等义务教育，美国高等教育也是最早进入大众化、普及化。美国劳动力的受教育年限在所有 OECD（欧美主要发达国家的经济合作与发展组织）国家中最高，美国有一支人数多、水平高的研究队伍。美国教育、人力资源优先发展是美国经济持续强盛的不竭动力，也是美国经济、军事及综合国力一直处于世界领先地位的根本原因。高水平的教育投入是美国教育发展的持续动力。长期以来，美国都保持着高水平的教育科研投入。

职业教育是美国教育体系中的重要组成部分，是人力资源开发的重要生力军，它为美国综合国力的发展作出了积极贡献。美国政府及社会各界非常重视职业教育，它在借鉴、改造欧洲国家教育制度的基础上，创建了单轨制的教育体系。这种单轨制的教育体系对实现社会民主化、促进资本主义发展以及加速教育现代化进程，都发挥了极其重要的作用。

一、美国职业技术教育的历史发展

美国的普通教育与职业教育紧密结合，相互促进，职业教育主要在综合高中以及社区学院里进行，从综合高中及社区学院的发展历程可以大体把握美国职业教育的来龙去脉。

（一）学徒制度的兴衰

美国职业教育是从学徒制引进开始的。17、18世纪，美国是英国的殖民地，因此许多制度都从英国引进来，美国“学徒制”是以英国的《工匠徒弟法》和《济贫法》为借鉴。1807年美国开始产业革命，生产方式的转变导致了培养徒工的学徒制的崩溃。学徒制不能适应工业发展对大量廉价劳动力的需求，所以它在许多行业迅速衰败。产业革命在发展初期，不但没有促进职业教育的发展，反而加快了职业教育后退的步伐。大批未经训练的半熟练、非熟练工人充斥劳动力市场，熟练工人却很少有人问津。再兼自由放任主义的盛行，这种理论认为国家繁荣是个人自由活动的结果，用技术非熟练低工资的劳动力是一种美德。正因为如此，学徒制在机器大生产面前丧失了存在的依据而逐渐走向崩溃。

（二）综合中学的产生

综合中学是美国中等教育的主体，是中等职业教育的主要场所。1751年，本杰明·富兰克林在费城首办实科中学，由于它适应了资产阶级振兴实业的要求，在政府支持下大量地发展了起来。实科中学前期重在为就业做准备。1821年，波士顿建立第一所公立中学，经费由地方居民纳税支出，课程侧重应用学科，不考虑升学或就业。学校既设实科和文化课，又设学术课程，体现了实科学校和古典学校的双重特色。1917年，《史密斯-休斯法》实施，公立中学最后演变为综合中学。该法是使中等职业教育制度化的立法，法案规定在普通中学中设职业科和选修职业课程。由于政府的大力资助，使肩负升学就业双重职能的综合中学最终成为中等教育的主体。

（三）赠地学院与社区学院的发展

美国高等教育也经历了移植、改造、创新的历程，经历了由重视学术性到学术性与职业性并重的演变。

殖民地时期，美国仿英国牛津大学、剑桥大学模式，开设学术性为主的9所学院，1862年颁布《莫雷尔法案》，规定各州按议员名额每人拨3万英亩土地作长久性资金，辅助各州兴办农业、工艺学院，培养工农业专门人才，依此法案办起的大学被称为赠地学院。赠地学院的快速发展已成为美国高等教育的一支重要力量，它为美国工农业发展提供了大量人才，使职业教育成为美国高等教育的一个部分，也标志着美国“学院制”在高校中垄断地位的结束。

南北战争结束后，美国工农业的迅速发展也给高等教育形成了巨大的压力，对大学教育的需求剧增，迫使高等教育由英才教育向大众教育转变。这种发展趋势导致了美国初级学院的兴起。

1902年，美国伊利诺伊州的乔利埃特创办了第一所公立初级学院，学生学完两年课程后可直接就业，也可直接升入四年制大学三年级学习。公立初级学院设在社区中心，为社区服务，故称社区学院。社区学院提供职业教育、补偿教育、社区教育、大学转学教育和普通教育。在不同发展时期社区学院职能不同，创办初期以转学教育作为主要目标；20 世纪 80 年代，它以职业教育为主要目标。社区学院以其综合性、灵活性、多样性在美国高等教育的普及，高等教育改革向纵深方向发展，职教与普教相结合等方面作出了巨大贡献。

（四）美国第二次世界大战后职业教育发展的历程

第二次世界大战后美国的职业教育发展经历了四个阶段。

第一阶段，职业教育恢复与发展时期。这段时期是从 1945 年《退伍军人就业法》颁布到 20 世纪 50 年代初。日本于 1945 年投降后，美国为解决大量退役军人的就业问题制定了《退伍军人就业法》，规定退伍军人安家就业进行职业训练，帮助他们转入平民生活，并资助 200 万军人上大学，使高校入学人数猛增而趋于大众化。此法的实施避免了战后大规模失业，同时造就了大量专门人才，使劳动者平均生产率高出德国 1.4 倍、日本 1.5 倍。

第二阶段，职业教育地位得以进一步确认的时期。1957 年苏联人造卫星上天，美国朝野震惊，为应付挑战，于 1958 年颁布了《国防教育法》，规定了美国政府应对初等教育到研究生院各类教育进行财政援助，开发科技人才，加强“天才教育”和“职业教育”。法案要求地区推行职业教育计划，集中力量加强技术教育，对美国职业教育发展影响很大。

第三阶段，社会公正与公平的训练期。20 世纪 60 年代是美国经济发展的“黄金时代”，也是黑人运动风起云涌的时代。为了保持经济高速发展，必须培养高素质人才。1962 年美国颁布了《地区再发展法》《人力开发训练法》，1963 年颁布了《职业教育法》，这些法律性文件重新确立了美国职业教育的地位。1968 年又颁布了《职业教育法》修正案，明确规定职业教育的主要目的是使失学者、失业者经过一定培训后可以获得合适的职业。

第四阶段，是有效性、效率性使经济发展现代化时期。20 世纪 70 年代美国经济进入“滞胀期”，失业增加，通货膨胀，社会批评学校未为学生就业做准备，职业教育应推向市场，必须加强生计教育。1971 年，马兰将其生计教育模式向全国推广。1974 年，国会通过《生计教育法》。生计教育并不是特殊的职业教育与职业指导，而是把职业教育与普通教育融为一体，并贯穿于一个人的人生全过程。美国生计教育有四种模式：以学校为基础的教育；以企业为基础的生计教育；农村、住宅基础模式；以家庭为基础的生计教育模式。

二、美国职业技术教育现状

美国现行职业教育包括以综合中学为主体的中等职业技术教育和以社区学院为主的高中后职业技术教育两类。

（一）美国综合中学的职业技术教育

美国综合中学有三种职能，即对全体学生进行普通教育、为升入高等学校做准备、对学生进行职业教育，根据其职能分为三科即普通科、职业科、学术科。职业科主要为社会上处境不利群体服务，以培养熟练工人和初级以上人员为目标。由于普通科、职业科、学术科具有不同的发展方向，对学生的培养标准也不一样，课程设置的比例和学习年限也有很大的不同。

综合中学是美国中等教育的一大特色，它在适应学生个别差异、促进职业教育与普通教育一体化发展方面都做了有益的探索。综合中学具有广泛的适应性，同时也在办学上面临挑战。任何一所综合中学都必须有两套教学设施，一套用于学术科教学，另一套用于职业科教学。没有足够的办学经费，没有一批高水平的教师，办综合中学是会力不从心的。即使在美国这样高度发达的国家也仍然存在经费短缺、师资不足等问题，特别是农村综合中学的职业科表现得更为明显。

（二）当今美国社区学院的职业技术教育

社区学院是美国实施高等职业教育的主要场所，主要经历了五个发展阶段。第一阶段（1892—1930 年）是高级中学延伸阶段；第二阶段（1930—1950 年）称为初级学院时期；第三阶段（1950—1970 年）称为社区学院时期；第四阶段（1970—1985 年）称综合性社区学院时期；第五阶段（1985 年至今）称为新形态社区学院时期。美国现有社区学院上千所，学生人数众多。社区学院按人口分布情况，就近入学，90%青年可在附近 25 英里范围内的社区学院学习。学校办学规模一般在 2~4 万名学生，学生年龄可在 15~70 岁。社区学院入学容易，只要有高中文凭或成绩单，不经考试也可入学。

公立社区学院根据培训目的提供三类课程：学生若是以毕业后转入大学三年级学习为目的的，提供相应的学习课程；学生以获取职业培训证书以就业为目的的，提供生计教育课程；针对成人继续教育和工商业培训，以扩充新知识和充实提高为目的的，提供社区服务课程。学生毕业后可获得文科、理科、应用科副学士学位，可成为合格的技术员、机械师、推销员、秘书等。社区学院以其灵活的办学方式和广泛的适应性在美国高等教育中占有重要地位，它为高等教育的普及、社区成员文化素质的提高、使美国步入终身学习化社会提供了有效途径。

美国是职业技术教育较发达的国家，它的综合职业中学和社会学院的产生对其职业技术教育的开展具有重要作用。但是，美国职业技术教育的发展也存在一些问题，如教育质量不理想，社区学院学生贷款问题亟待解决，私立两年制社区学院地位不断衰退等。

第三节　英国社会经济发展与职业技术教育

英国由英格兰、威尔士、苏格兰及北爱尔兰四个相互独立的地区组成，它们各自具有独具特色的法定公共教育制度。英国的公共教育制度是根据1944年教育立法的精神建立起来的，由初等教育、中等教育和继续教育三个阶段构成。在其教育体系中，职业技术教育占有重要地位。多年来，职业技术教育为英国输送了大量社会各界所需的各种专门人才，为英国经济发展作出了重大贡献。

一、英国职业技术教育的历史发展

（一）英国职业技术教育制度的开始

英国对年轻人实施职业技术教育制度始于11世纪末12世纪初欧洲手工业行会组织的出现。在这些行会组织中，由徒弟、工匠和师傅组成，一般一个师傅带一个徒弟，师傅向徒弟传授技艺，经过7年的学习，徒弟才能转为工匠，成为工匠后，仍跟随师傅学习技艺。他们大多数在外游历提高技艺，当他们的技术得到师傅认可后便可转为师傅。英国从12世纪就开始采用这种方式对徒弟进行职业技术培训，直到16世纪中叶，这是英国职业技术教育发展的第一阶段。

（二）职业技术教育的发展

从15世纪中叶起，资本主义制度在英国逐渐形成，资本主义手工业工场的建立，使学徒制开始逐渐瓦解。1567年，伊丽莎白女王颁布了《工匠、徒弟法》，此法使学徒制由私人管理转为国家监督。在这一时期，英国出现了如劳作学校等一类将实用性职业技术教育纳入学校计划的实践。这种学校为儿童实施一定的职业劳动技术教育，如纺织、缝纫等。它们的建立和发展为职业技术教育在学校机构中实施发挥了积极作用。

18至19世纪，产业革命在英国兴起，机器化大生产引起生产方式的变化，劳动力需求剧增，从而使7年制的旧学徒制变得不能满足时代的需求，产业革命加速了旧学徒制的崩溃。与此同时，产生了机械工人讲习所这一新的职业技术教育方式。它是由中产阶级主动资助并自发组织向技术工人讲授各种职业技术知识和原理的成人教育性质的场所。虽然由于各种原因这种职业技术教育方式只存在了半个世纪，但它通过向工人讲授科学知识从而适应生产技术变革这一点，具有划时代的意义。

（三）职业技术教育的进一步发展

19世纪下半叶，虽然英国经济继续蓬勃发展，但由于法、美两国重视学校教育和产业培训，从而振兴科技，繁荣经济，一跃成为英国最大的竞争对手，使英国认识到了普及初等教育和职业教育的重要性。1852年，英国成立了“皇家工艺学会"；1853年，成立了"科学工艺部"，以加强职业技术教育研究和管理；1886年，英国成立了"全国促进技术教育和中等教育协会"；1889年，通过了《技术教育法》，使英国职业教育实施有了法律保障。

"伦敦同业公会"直接参与经营和管理工业专门学校和技术学院，基督教徒霍格于1882年创办了"工艺学校"，对社区中贫困阶层的青年男女进行职业技术训练，兼及进行普及教育和健康教育。它是业余的职业教育，受到广大在职青少年的欢迎。由于工业革命的开展，徒工方式无论技能需求和培训速度都不能适应大工业生产的要求，因此，工艺学校成了当时培训技工的一种最有效的形式，并逐渐取代了徒工制培训方式。

（四）英国20世纪初的职业技术教育

1902年，英国政府颁布了教育法，决定设立"地方教育局"，主管初等教育、中等教育和职业技术教育。在初等职业技术教育不断发展的基础上，高等职业技术教育开始兴起，职业技术教育体制也日趋完善。

20世纪以来，英国初等职业技术教育发展较快，它通过设立初级职业技术学校和"中心学校"来替代19世纪发挥职业技术教育作用的一些机构。

20世纪开始，英国通过创立一系列高等技术教育和重要的工科大学来推动高等技术教育的发展，在有的大学里甚至把科学技术学科作为学位课程和研究生研究科目。随着初级职业教育的发展，"技术学院"逐渐成为接收"初等职业技术学校"毕业生的继续教育机构，成为培养高级技术人员的重要阵地。1963年，在《罗宾斯报告》公布之后，技术学院被正式认定为高等教育机构。

（五）国家技术人员资格证书制度的建立和发展

英国20世纪后废除了"科学技术"考试制度，代之以国家资格的技术人员证书制度。1921年，英国教育署与一些专业团体协作，共同建立了一套较为系统的技术人员证书制度，对合格者授予国家证书，作为进入某一行业或专业的资格。国家证书分普通和高级两种。普通国家证书授予学完三年初级技术课程的合格者，高级证书授予那些获得普通国家证书后再继续学习两年部分时间制专业课程者。国家文凭也分高级和普通两种，授予全日制课程技术学院毕业生。国家资格技术人员证书制度的建立促进了职业技术教育的迅速发展，提高了整个职业技术教育的地位。

（六）第二次世界大战英国职业技术教育的发展与变革

第二次世界大战后，英国为了振兴科技，复兴经济，把教育作为一个重要的突破口，而大力发展职业技术教育也就成为其中一项重要的战略措施。

1. 职业技术教育在中等教育与继续教育中法律地位的确立

1944年，英国政府颁布了教育法，即著名的《巴特勒法案》，把普通学校体系改为连续发展的初等教育、中等教育、继续教育三个阶段。它以法律的形式确立了职业教育在中等教育中的地位。中等教育机构有文法中学、技术中学和现代中学三种类型。中学阶段的职业教育主要在技术中学和现代中学中实施，职业技术教育的课程占重要地位。继续教育也可对受完义务教育未升入高等教育的青少年实施免费的职业训练。

2. 产学研合作体制的推出

1945 年的《珀西报告》主张建立示范性高等技术工程院校，设立全国性和地区性职业教育协调机构，强化学校与产业界的联系和合作，技术学院都应适应本地区产业经济发展的需要。该报告对战后英国职业技术教育管理体制的建立具有重大意义。

3. 要求对职业技术教育课程进行改革

1946 年的《巴罗报告》，大力主张在普通大学课程中加强科学技术教育。1956 年英国政府颁发了《技术教育白皮书》，提出在技术学院中开设高级技术课程，专门培养高级技术人才，重点发展技术学院中工读交替制课程，技术学院的培养目标是适应时代变化的学生，而不应仅限于某种技能训练。《技术教育白皮书》的发表，对英国职业技术教育发展起了重要的推动作用。由此，一个较完善的职业技术教育体系在英国基本形成了。

《珀西报告》和《技术教育白皮书》都集中在培养高级技术人才上。1959 年的《克鲁塞报告》针对义务教育结束后青少年的职业技术教育，即培养中、初级技术员和熟练工人，提出了改善教育内容，加强中等学校与继续教育机构的联系。

二、义务教育阶段的英国职业技术教育

英国义务教育包括了初等教育和中等教育两个阶段。义务教育阶段职业技术教育主要在中学阶段实施。

在中学阶段，职业技术教育的实施机构主要有城市技术学院、现代中学和综合中学。

中学阶段职业技术教育主要通过两方面实施。一是通过设立职业技术教育课程来实施。职业技术课程分低年级必修课与高年级选修课两部分，必修课在 1～3 年级实施，选修课主要在 4～5 年级进行，每个学生选修其中 1～2 门。二是开展职业指导，包括职业指导、生计服务、照顾未满 18 岁就业的青少年三种职能。总之，学校要把有关各领域的升学和就业机会全部向学生开放，帮助学生根据自己的长处、兴趣和才能作出正确的评价，加强继续教育机会的认识，使他们注重各种可能的生计教育选择，为毕业后的生计做好准备。学生完成义务教育后，少数考试优秀的学生可进入高一级大学预科的学校或学级继续学习，其余毕业生通常面临三种选择：进入劳动力市场直接就业；选择学徒制参加职业训练；在继续

教育机构中接受全日制继续教育。通常，多数学生会选择进入继续教育机构学习。

三、继续教育阶段的英国职业教育

第六级学院在20世纪60年代诞生，发展迅速。它以升学教育为主，兼施职业技术教育和生计教育，其中最多的是一些职业专业团体的考试课程和证书课程。

与第六级学院相比，继续教育部分的职业教育形式更具多样性，有全日制、工读交替制、部分时间制、夜间制等多种形式。

第三级学院中的职业技术教育，其课程既有职业性又有学术性。它比第六级学院和继续教育学院提供更广泛的课程，把学术性课程和职业性课程更好地结合起来，使学生可以在广泛的课程面上作出选择。

四、英国高等专业技术教育

英国高等专业技术教育主要在大学、原“多科技术学院”和高等教育学院中实施，它们通过开设专业技术的高级课程来培养中高级人才和专业人才。无论是大学、原“多科技术学院”还是高等教育学院，它们在设置课程时都注重考虑课程与社会经济发展的需求，为当地培养实用的专门技术人才，甚至是某一领域的管理人才。

英国职业技术教育在发展中有几个突出的特点：有健全的法律法规体系；建立了科学规范的职业资格证书制度；教育教学形式灵活多样以及职业技术教育终身化。

第四节　日本社会经济发展与职业技术教育

日本是资本主义工业化历史最短、发展最快的国家。1987年，日本人均国民生产总值达19642美元，超过了美国，此后日本经济始终位于世界前列。日本经济第一次起飞是明治维新后到第二次世界大战前，第二次起飞是第二次世界大战后的20年并在之后的40年一直保持高速增长。日本的两次经济起飞都离不开教育的迅速发展和强大的人力资源支持，而职业技术教育在日本人力资源开发和人力资本积累中起到了重要作用。

日本的职业技术教育历史悠久。明治维新后，日本向欧美国家学习，提出“殖民兴业”“富国强兵”“文明开化”三大兴国政策。它不仅把教育放在相当重要的地位，而且明治维新后更加注重发展职业技术教育。其职业技术教育的目的在于通过发展实业教育，学习欧美先进的科学技术。日本的职业技术教育为社会培养了大批各类技术人才，对日本经济，尤其是战后经济的快速发展起到了重要作用。

一、日本职业技术教育的历史发展

（一）第二次世界大战前的日本职业技术教育

第二次世界大战前日本职业技术教育机构主要有实业学校、实业专科学校和实业补习学校三种类型，实业学校是该时期职业教育发展的重点。

明治初期，日本的职业技术教育相当薄弱，没有形成统一的有体系的职业技术教育制度。明治后期，日本朝野开始重视职业技术教育，并且颁布了《实业学校章程》《徒弟学校章程》《简易农校章程》《实业教育费国库补助法》《实业学校令》等一系列职业技术教育法规。同时，高等职业教育和实业补习学校也有很大发展，形成了以实业学校、高等专科学校和实业补习学校为中心的职业教育体系。

昭和初期，受世界经济危机的影响，日本的就业问题突出。政府修订了各类中等教育章程，整顿充实了中等职业教育机构。这一时期，日本的职业教育为其摆脱经济危机作出了重大贡献。

（二）第二次世界大战后的日本职业技术教育

第二次世界大战后，日本从以下几个方面对职业技术教育进行了全面改革。

1. 高中职业技术教育

日本高中职业技术教育经历了重建、发展和改革三个阶段。日本在1947年出台的《学校教育法》将小学、初中规定为义务教育，高中三年实施普通教育和职业技术教育，但职业技术教育并未受重视。1949年，教育革新审议会要求单独设立进行职业技术教育的重点高中，制订以职业技术课程为中心的教学计划，并确立国库补助制度。1954年，日本出现了单独设立的职业高中。20世纪60年代中期，日本职业高中规模迅速扩大。经济合作与发展组织提出的《关于日本教育政策的调查报告书》指出，日本的高中阶段过早将学生分流，容易使社会阶层僵化，扩大阶层差距，应废止划分普通高中和职业高中的做法，通过办综合高中来摆脱狭窄的专门教育，向广泛的教育教养的专门教育发展，要重视基础教育。根据该报告的建议，日本将高中职业教育改为以学科为本，各种教育活动以学科为中心的综合高中模式。

2. 高等职业技术教育

20世纪50年代后，日本产业经济迅速发展，对科技人才的需求剧增。政府及时采取政策大力发展高等职业技术教育，改变高等职业技术教育重文法、轻理工的局面，提高高等职业技术教育在大学及博士课程中的地位。

3. 专修学校

专修学校以培养职业或生活能力、提高文化教育水平为目标。专修学校分为三类：高等专修学校，招收高中毕业及其以上学历者，设有高等课程；专门学校招收初中毕业以上学历者，设专门课程；专修学校对学生的学历和年龄没有限制，设立一般课程，对学员提供各种专门知识的职业技术教育。

二、日本职业技术教育的现状

目前，日本已形成以学校教育为基础和核心，社会教育和企业教育为补充的多层次、多类型的完整的职业技术教育体系。

(一) 学校职业技术教育

在义务教育阶段的初中阶段，虽然以实施普通教育为目的，但为了给学生的就业做准备，也进行一些基本的职业技术知识和技能教育。

第二次世界大战后日本的普通高中以普通课程为主，职业高中以职业课程为主，综合高中二者并重。职业高中是日本进行职业技术教育的重点，具有办学形式多样化、专业设置综合化、强化普通教育、严把职业资格关等特点。

高等专科学校面向初中毕业生，修业五年，培养面向工业的操作技术人员。它注重让学生在学习职业理论的同时，重视实验、实习等技术操作性实践教育。

短期大学是日本高校的一个重要方面。短期大学地区性强，重视专门知识和专门技能培养，就业率高，课程设置、学期安排授课方式灵活多样，学费低，对学生吸引力大。

专修学校以其多样性、灵活性、实用性得到社会的广泛认可，是日本私立学校的重要组成部分。

(二) 日本企业内的职业教育

企业内的职业技术教育指企业对员工进行从录用到退休为止的全程教育和培训。内容包括技术教育、技能培训、经营教育、办事能力教育、企业员工品质教育等方面。

日本几乎所有大企业都有自行制定的企业职业教育体系，内容主要包括新工人教育、技术人员教育、管理人员教育、领导人员教育。其内容多样，既有理论知识又有岗位技能，还有企业内外环境和经营战略等。通过对他们的教育，使他们了解各自岗位的基本知识和技能，充分挖掘员工潜能。在形式上，有在岗培训、离岗培训、自我培训等多种形式。

(三) 公共职业训练

公共职业训练由劳务省主管，包括养成教育、提高训练、能力再开发训练、身心残缺者训练、指导员训练等。养成训练是对刚从学校毕业走上工作岗位的人员授以与个性能力相适应的职业基本技能和基础知识的教育，使之具有胜任本职工作的基本素养。提高训练是对已具有一定职业技能的在职人员，授以工作急需而又是本身缺乏的更高程度的知识技能，它以适应技术革新和职业结构变化为出发点。能力再开发训练是对在岗人员变换工种和失业人员再就业而进行的训练。身心残缺者的职业训练是为帮助残疾人通过适应他们能力和特点的训练，使之获得独立生活的能力。指导员训练是以职业训练教师为对象的一种训练，旨在提高其理论知识水平和教学工作能力。

（四）“产学合作”进行职业技术教育

日本的“产学合作”和德国的“双元制”、美国的“合作教育”都是产业界和学校合作进行职业技术教育的成功典范。

1958 年，日本设置“产学合作基金会”，于 1960 年正式提出并建立了产学合作教育体制。1961 年《学校教育法》修改，产学合作学校得以制度化。高中阶段的“产学合作”有双结合、三结合、委托培养、巡回培养、自费入学等多种形式。

高等教育教学、科研、生产三结合的发展之路是世界范围的一个趋势。日本 2/3 的企业同大学合作进行研究开发，过半的大学与企业有合作关系。大学与产业界合作主要有产业界提供资助、科研项目委托、人员双向交流等形式。大学阶段的产学合作，使企业拥有的物力、财力与大学拥有的智力联合，相互补充，较好地解决了企业需要的智力资源与大学所需要的财力与物力资助，以及科研成果转化为生产力的问题，不仅有利于学校及企业的发展，也有利于国家经济的发展。

三、日本职业技术教育的特点

日本职业技术教育经过一百多年的发展，特别是第二次世界大战后的经济恢复期、经济高速发展期和经济稳定发展期，形成了一套有效的运行机制。其主要特点如下。

（一）职教法规完备

日本政府非常重视职业技术教育的立法，先后公布了一系列职工教育、职业教育的法律。如 1951 年国会颁布的《产业教育振兴法》，1958 年国会通过的《职业教育法》，1962 年政府制定的《关于职业技能教育设施的规则》，1968 年的《部分修改的职业教育法》等。法律法规的制定和实施为日本职业技术教育的发展提供了保障。

（二）学校多样

20 世纪 80 年代后期，日本改革了职业高中，创办了不少跨学科、跨教育层次、多学科职高，设立了综合型高中及选修制高中，使职业高中呈多样化特点。

（三）灵活多样的教育形式

日本职业技术教育办学形式多样，学校的主要形式有职业高中、短期大学、专修学校和各种学校。20 世纪 90 年代后期，有的大学也开办职业技术教育。

第二次世界大战后日本把职业高中作为职业技术教育的重点，在学制培训方式上、专业设置上可以根据实际情况有所区别。另外，职业高中与普通中学、高等专业教育、继续教育相衔接，以多样性和灵活性去适应社会发展。

（四）“产学合作”的职教模式

日本“产学合作”有两种形式：一是高中与产业界合作，目的在于解决准备从事技工的毕业生的双重就学问题，有双结合、三结合、委托培养、巡回指导、集体入学等形式。二是大学与产业界合作，主要通过产业界向大学投资，校企双方人员进行交流，企业委托大学进行科研等形式。日本“产学合作”的形式也成为各国发展职业技术教育的重要借鉴。

第五节　新加坡社会经济发展与职业技术教育

新加坡是东南亚地区一个城市国家，其地域狭小，资源贫乏，但其经济却相当发达，是“亚洲四小龙”之一。其经济社会发展的成功与教育发展密切相关，特别是职业技术教育在推动其经济发展中功不可没。

一、新加坡职业教育的历史发展

（一）“第一次工业革命”时期的职业技术教育

新加坡原属英国殖民地，1959 年获自治。自治后政府制定了新经济政策，实施以发展工业为中心的经济多元化，开始“第一次工业革命”。政府大力发展粗加工工业和制造业，完善服务行业，大力发展劳动密集型工业。经济的发展使对高级技术人员的需求剧增，这就需要发展实用教育以配合工业化和经济发展需要。新加坡的职业技术教育经历了单轨制到双轨制再由双轨统一并轨的过程。

自治初期，新加坡突破过去仅有普通教育的单一形式，初创职业教育体系。到 20 世纪 60 年代中期，职业技术教育已初具规模，到 1966 年初步形成了一个系统的职业技术教育体系。1968 年，新加坡设全国工业训练理事会和技术教育局。20 世纪 70 年代，发展和完善职业技术教育成为建校重点，并对职业技术教育课程及内容进行了改革，建立了与经济相适应的技术教育课程及内容。

（二）“第二次工业革命”时期的职业技术教育

20 世纪 70 年代末，新加坡的工业开始由劳动密集型转为技术和知识密集型，这就要求各级各类教育机构进行相应改革。这次改革确定了新的统一的分流教育制度，职业技术教育正式纳入正规教育范围，实现了双轨统一的教育制度。

新加坡的职业技术教育与普通教育合流建立双轨统一教育制度顺应了新加坡经济发展对人才的需求。新加坡也确定了职业培训证书与正规学历证书的等价关系，严重冲击了鄙视职业技术教育的传统观念。

（三）20世纪90年代后期的新加坡职业技术教育

1990年，新加坡制订了以“新的起点”为题的新加坡20年社会经济发展计划，与此相适应的是，职业技术教育有了新的改革与发展。工艺学院代替了职业训练局并注重就业前训练，注重为工人提供正规教育和训练机会；推广以工业为基础的训练计划，颁发证书承认新的技术和技能，为雇主提供有关训练员工的咨询服务；中学正式增设普通（工艺）课程；革新技能发展基金实施办法；推行“工读双轨计划”。

二、新加坡职业技术教育的特点

新加坡的职业技术教育在发展过程中存在的主要特点有六点。

（一）政府重视职业技术教育

新加坡政府高度重视职业技术教育，把教育培训和技能发展摆在重要地位，如成立工业和职业训练局，实行职业证书使职业培训制度化，建立技能发展基金，建立专门人才制度，设立职业技术教育的指导机构等。新加坡在1965年成立了“成人教育促进局”，1972年成立了“国家生产力局”，1979年成立了“工艺与职业训练局”等。这些机构的设立对新加坡职业技术教育发展起了重要作用。

（二）建立激励机制，促进职教发展

新加坡政府为促进职业技术教育，运用法律和计划手段激励机制，实行按学历定第一次工资，不同学历的工资标准存在较大的差异。国家实行三级技工证书，各种职业证书的职工都有相应的起点工资。

（三）建立培训职工的技能发展基金

为了加强对职工的技能训练，新加坡政府在1979年颁布了征收技能发展税的法令，规定各工厂、企业的雇主必须为雇用月工资低于750新元的职工缴纳相当于该职工月工资2%的技能发展税，作为提高职工技能的培训费。政府则把税收集中起来，建立全国性的技能发展基金，由经济发展局统一管理并根据条例提供津贴，雇主可为单位内职工技能培训申请此项津贴。通过这项计划，新加坡大量职工接受了技能训练。通过向雇主征收技能税从而广泛开展职业技术教育，这是新加坡职业技术教育的一大特色。

（四）重视产学结合

新加坡十分重视产学结合，把教学和工厂紧密结合，把学校按工厂模式办，把工厂按学校模式办，给学生一个工厂的生产环境，让学生通过生产学习实际知识和技能。

（五）多渠道办学

新加坡的办学渠道主要有：各级政府的成人教育训练局负责成人就业前培训，由政府负责；政府和企业行业协会合办的职业技术培训费用由政府和企业分担；外资、合资企业接收新员工必须到投资国或先进技术国家培训，政府选择有培养前途的青年出国接受培训；与发达国家跨国公司联办各种培训中心。另外，新加坡的高等院校也要承担职业培训的任务。

（六）注重职业技术教育的实用性和超前性

政府各职业培训机构和各职业培训中心以实用性为原则，一起了解技术需要，研究培训计划，确立课程内容。各中心注重研究国际新技术，以创造更多掌握新知识、新技术的机会，培训的超前意识非常明显。

第六节 发达国家职业技术教育发展的经验借鉴

德国、美国、英国、日本及新加坡等发达国家的职业技术教育对社会经济发展作出了重大贡献，它们的成功经验也为我国民族地区职业技术教育的发展、民族地区职业技术教育与经济的和谐互动提供了有利的借鉴。

一、政府重视，健全法规，增大投入

发达国家职业技术教育的发展离不开政府强有力的支持。这些国家通过制定法规政策及增加拨款等方式保证了职业技术教育的实施和发展。

发达国家政府对职业教育非常重视和支持，以立法和制定政策法规来保证职业技术教育发展和确立职业技术教育的地位。我国民族地区发展职业技术教育更需要国家及当地政府尽快制定相应的职教发展的法律法规，规范民族地区职业技术教育发展中的行为。

从发达国家职业技术教育发展的成功经验中我们看到，政府加大对职业技术教育的投入为职业教育的发展提供了坚实的物质基础。我国民族地区职业技术教育的发展一直受到投入不足的限制，发展过程中困难重重。因此，要发展民族地区的职业技术教育，政府要重视职业技术教育在民族地区经济社会发展中的重要地位，同时还要在投入上向民族地区倾斜，加大对民族地区职教发展的资金投入，为民族地区职教发展提供物质基础。

二、多元化办学

构建开放的、灵活的、多元化的职教体系，是世界发达国家职教发展的趋势。我国民族地区职教的发展也可借鉴国外这一经验，充分体现职教的灵活性、

多样化特点。

首先，投资主体多元化。多渠道筹措经费，发挥政府、企业、社会团体和个人对职业技术教育投资的积极性。一是政府应加大对职业技术教育投资的力度，在经费投入上适当向职业技术教育倾斜。二是加强校企合作，吸引企业对职业技术教育的投资。企业行为的动机来自于对经济利益的追求以及应对外部的竞争压力，通过校企合作，学校可根据企业的实际需要为其提供专门人才，从而使企业在竞争中获得优势。因此，应增加企业对职业技术教育的投资。三是增加团体和个人对职业技术教育的投资。要吸引有经济实力的团体和个人对职业技术教育的投资，就要完善激励团体及个人投资办职业技术教育的机制，制定相应的政策，为他们投资办职业技术教育创造一个良好的环境。

其次，办学功能多样化。德国双元制职业学校最新的改革目标是向职业继续教育和区域经济发展敞开大门，使职业学校成为区域职业能力开发中心。美国的社区学院更是涵盖升学导向与就业导向两类目标的高中后职业技术教育。职教为社会服务的辐射作用增强，使职业技术教育机构由单一的正规教育向非正规教育并存、单一的学历教育向学历与非学历教育并存、单一的职前教育向职前与职后教育并存、单一的育人就业向产教结合的教育方向发展，使职教办学机构成为一个人力资源开发的中心。因此，民族地区职业技术教育要改变单一的学历教育、正规教育、职前教育的局面，适应社会发展，使职教成为学历教育与非学历教育并存、职前与职后并存的教育，真正成为当地经济社会发展的人力资源中心。

三、造就一支专兼结合的“双师型”师资队伍

发达国家极为重视高职师资队伍建设，民族地区职业技术教育的发展也应加强师资队伍的建设，合理分析当前民族地区职教教师队伍的现状，突出职业技术教育的特色，加大教师实践能力的提升力度，增强教师的应用意识，提高其培养实践技能的自觉性。加强师资队伍建设主要通过以下三个方面实现。

一是教师深入企业参与实践，提升自身专业实践能力。通过深化校企合作，鼓励教师参与企业咨询、研发和管理等工作，可以增加其实践经验，提升专业实践能力。

二是建立有利于教师“双师型”素质提高的激励机制。根据每个学校、每个专业、每个教师的具体情况，合理安排教师学历层次和理论素养的提高计划，全面提升教师队伍的素质。要建立一套有利于教师“双师型”素质提高的激励机制，要加强对教师的宣传、教育，引导其观念的转变，形成一种积极发展、主动发展的状态。此外，还应由政府适时地推出用人制度的改革措施，为民族地区职业技术教育的健康发展提供强有力的保证。例如：评估学术薪酬结构，包括工资级别的数量和结构，招募、晋升、挽留现有教师，需付的薪酬，按照价值付薪，

按照市场价格提供薪酬、津贴及各种额外薪金和福利等。

三是多渠道引进专兼职教师。要采用多渠道、多方法，不断扩大“双师型”教师、实践性教师的比例。通过“内培外聘”，从企业、政府中聘请一些有实际管理工作经验和管理理论修养的企业家、咨询师、创业投资家等到学校担任兼职教师，使学校形成专兼职比例适当的师资队伍。

四、企业参与

职业技术教育是一种开放的社会教育，其始终是以就业为根本目标。因此，校企合作乃是其必然要求。同时，在民族地区职业技术学校教学及师资等资源存在着诸多限制的条件下，企业的参与可以实现学生与生产一线“零距离”接触，从而为以后就业打下坚实基础。分析德国的双元制模式可以看出，企业之所以能成为职业技术教育的法律主体、教育主体和经费主体，主要的原因就在于企业对参与职业技术教育收益的认识上，这样做不仅可以提高企业的社会声誉，还可以降低劳动成本，实现人才资源的储备，从而有助于校企双方的相互了解，在与地方经济发展密切结合的条件下进一步发展壮大。因此，民族地区职业技术教育的发展更需要与企业密切结合，通过双方的有效合作，不仅解决职业技术教育办学经费的问题，而且使培养的学生能适应现代企业发展的需要。同时，校企合作也有利于提高教师的专业实践技能。

五、坚持终身教育的导向

为了增强劳动力的可持续发展能力，发达国家纷纷制定了实施终身职业技术教育的政策，把职业技术教育作为终身教育的一个重要组成部分，用全民继续学习和培训的模式取代集中在一段有限时间内学习和培训的模式，提出职业技术教育要可持续发展。因此，我国民族地区的职业技术教育必须要加强学生基本能力素质的养成，注意专业的适应性，必须重视学生综合素质的培养，兼顾学生未来岗位转换的需要和终身教育的需要。

第七章　民族地区大学生职业化路径选择与模式探讨

第一节　大学生职业社会化概述

一、社会化、职业社会化

（一）社会化的含义

社会本意是指特定土地上人的集合。社会在现代意义上指以一定的物质生产资料为基础，个人以角色名义参与他人相互作用，是共同生活的人们通过各种各样社会关系联合起来的人类生活共同体。自然条件、人口、人的行为和文化构成社会的基本要素。

社会化就是由自然人到社会人的转变过程。每个人必须经过社会化才能使外在于自己的社会行为规范、准则内化为自己的行为标准，这是社会交往的基础。并且社会化是人类特有的行为，是只有在人类社会中才能实现的。

个体在与社会的互动过程中，逐渐形成其独特的个性和人格，从自然人向社会人转变。人类只有通过后天的学习，掌握社会规范，逐步具备社会成员应具备的知识、技能，才可能成为真正的社会人，只有通过社会文化的内化和角色知识的学习，才能逐渐适应社会生活，改造社会生活。人的社会化一方面是基于个体的需要，即个体经过学习、接受社会文化、生活技能，掌握社会生活方式等，以达到适应社会生存的目的。另一方面也是社会的需要，社会通过培养、塑造社会成员，从而使人类社会延续、发展，以达到推进人类社会向前发展的目的。人类的社会化不是暂时的，而是长期的、持续发展的，它贯穿于人的整个生命周期。

（二）职业社会化的含义

社会化的内容包括政治社会化、伦理与道德社会化、性别角色社会化、职业社会化、价值取向社会化、知识技能社会化等多个方面。这些不同的内容构成人的社会化的全部。在不同的成长阶段，人的社会化的目的、任务和基本要求是不一样的。

职业社会化是指个体按社会需要选择职业，掌握从事某种职业的知识和技能，以及从事某种职业后进行知识、技能更新再训练从而获得生活资料、改造社会的过程。

在职业社会化过程中，一方面个体在与社会经济互动中接受社会经济文化的教化，学习职业知识，掌握职业技能，内化职业规范，形成职业情感和态度，完善职业人格；另一方面传播、维持、传递和变迁社会经济文化。二者有机统一。家庭、学校、社会、同龄群体和工作单位是人实现职业社会化的基本主体。

二、大学生职业社会化

（一）大学生职业社会化的含义

大学生职业社会化特指大学生这一专门群体，在完成中学教育的初级职业社会化基础上，在大学期间较为系统地接受社会主义职业教育，形成社会化主流的职业观、职业情感和价值取向，间接地参与社会主义职业活动，履行经济权利和义务，建设社会主义职业文化的过程。大学生职业社会化就是大学生逐渐接受社会的职业文化规范，并使自己逐渐成为合格的社会职业公民的过程。大学生的职业社会化包括以下四个层面的基本含义。

1. 在认知层面，学习并建构职业理论框架

在现代社会中，大学承担着传授文化、专业教学、科学研究及人才培养的重任。我国高校培养的人才应是“德智体全面发展的社会主义建设者和接班人”。这一任务能否实现，既关系到学生本人能否顺利被社会接纳、实现自我价值，也关系到祖国的发展和进步。社会主义建设者和接班人的基本要求就是要接纳社会主流的劳动职业理论，形成正确的劳动职业价值观，因此培养和建构大学生的职业理论框架是大学的重要使命之一。要让大学生通过学习、思考、实践，了解社会职业现象、劳动职业制度、职业理论及其职业发展变化的规律，并通过一定的社会劳动过程，逐渐形成劳动职业意识，参与社会劳动，建构职业理论框架，也就是逐渐形成“自致角色”的过程。

2. 在心理层面，形成并坚持正确的劳动职业观念

劳动职业观念是在主体认知和情感发生的基础上表现出来的对劳动认识的、相对稳定的综合性心理反应倾向，它集中反映了劳动职业个体对该职业系统的心理状况，是职业社会化强弱的重要指标。劳动职业观念决定职业行为的选择，只有正确的职业观念才能进行良性的职业行为的选择。大学生形成正确的劳动职业观念，才会主动地去规划自己的职业人生，学习和掌握相应的职业劳动技能，并积极参与到劳动活动中去。因此要培养他们的职业认同感，进行正确的劳动价值观念教育，培养学生热爱劳动、献身于社会主义国家的劳动职业情感，关键是培养学生对劳动的积极感情，达到拥护劳动、热爱劳动的目的。

3. 在职业情感层面，内化价值观念，确立生活目标

当前，世界各国之间的竞争主要表现在综合国力的竞争，而综合国力的竞争

归根到底是人才的竞争。“人才问题是关系党和国家事业发展的关键问题。当今世界，多极化趋势曲折发展，经济全球化不断深入，科技进步日新月异，人才资源已成为最重要的战略资源，人才在综合国力竞争中越来越具有决定性意义。”（《中共中央国务院关于进一步加强人才工作的决定》（2003））大学生是宝贵的人才资源，肩负着建设社会主义现代化的重任。他们对职业劳动的态度以及是否坚信依靠从事职业劳动能够实现自己的生活目标，关系到我国现代化战略目标的实现，关系到党和国家的命运。因此大学生在职业社会化过程中，要形成自己的价值观念，并选择和确立自己的生活目标。

4. 在参与层面，培养和掌握参与职业社会生活的基本技能

掌握社会生活的自理能力和谋生能力，是人能够在社会中生存的基本前提。劳动参与是掌握这两种能力的基本途径，它是指社会公民通过多种合法方式参加职业劳动生活并影响劳动职业体系的构成、运行方式、运行规则和政策过程的行为，是基于劳动职业的认知、情感和态度之上的实际行为投入。它是促进就业、改善民生和发展现代化产业的重要渠道，是实现国家发展战略目标的唯一途径。因此参与劳动职业生活是大学生职业社会化的重要内容。要提高他们的职业参与能力，主要是了解职业运行的过程，掌握并能合理有效地运用职业参与的渠道、形式和手段，学会总结职业参与的效果，增强职业效能感；要丰富他们的社会实践经验，以提高劳动能力。

大学生职业社会化这四个方面的含义是不可分割的有机整体。正确的职业认知是职业社会化的前提和基础，崇高的职业情感和坚定正确的职业观念是大学生职业社会化的核心，良好的职业参与行为习惯和技能是职业社会化的目标。四者构成了大学生职业社会化的本质要求。

（二）大学生职业社会化的意义

大学生作为一个特殊的群体，作为时代的精英、祖国未来的建设者和接班人，其职业社会化具有重要意义。

1. 大学生职业社会化是大学生成为经济活动中合格的社会公民的需要

在社会经济活动中，每个社会成员都不可避免地参与到社会经济活动当中，同经济体系发生着各种各样的联系。大学生也不例外，他们也随时与经济活动发生着密切的联系，同时学校本身就与社会紧密地联系着，是社会经济活动的主要场所之一，因此大学生自觉或不自觉地都在进行着职业社会化。作为一名大学生，不仅不能脱离经济，而且应该主动关心和参与到经济生活中去，这才体现出国家主人翁的态度。所以，自觉地参与经济生活，成为经济上合格的公民，是大学生个体成熟的标志。

2. 大学生职业社会化是社会分工的保证

社会劳动与生产是社会分工进行的，社会通过社会化途径提供分工合作的劳

动者，而且分工越来越细，劳动者通过知识技能社会化或职业社会化等获得知识和技术参与社会生产劳动，并将自己所掌握的知识技能传输给他人。在现代社会中，职业技术教育和高等教育就是按照专业进行知识和技术的传输的。所以，一代一代的劳动者只能按照自己所学的专业和所掌握的技术参与社会生产。这样的一种方式保证了社会分工的有序进行。

3. 大学生职业社会化是大学生全面成才的需要

大学生要成才，就必须做到知识、能力、素质的协调统一，德、智、体、美、劳的全面发展。这就要求他们不仅要有扎实的专业基础知识，还必须有较强的社会适应能力和良好的心理健康水平。大学生作为社会的一员，总是要和社会不同的团体和成员发生各种各样的联系，正是在这种错综复杂的联系过程中逐渐形成了一定的经济信念、经济态度和经济价值判断标准，扮演着一定的社会职业角色，并用这些观点和态度去指导其生活、学习、工作等。这一过程实际上就是大学生个体职业社会化的过程。如果大学生个体不能顺利完成这个职业社会化的过程，就会产生不适应的现象，出现种种不健康的心理，进而影响大学生个人的健康成长。

4. 大学生职业社会化是高校教育工作之重任

大学既是社会进步的产物，也是社会进步的组成部分，它的一个重要功能就是培养时代所需要的人才。社会主义高等学校的首要功能就是把普通人培养成有文化修养的人，使他们处于社会主义时代标准所要求的高度。它肩负着为未来社会培养有效成员和合格公民的重任，肩负着按照一定社会经济要求促使大学生社会化的责任。

大学生职业社会化对国家发展及其长治久安具有重要意义。因此，任何一个社会都要努力使他的成员社会化，使其成员接受它的价值标准和规范，承担对社会的责任和义务。因此，大学生职业社会化，使大学生成为社会各类职业的继承者，是任何国家的高等教育都追求的目标之一。

第二节 大学生职业社会化的内容及影响因素

一、大学生职业社会化的内容

（一）职业意识、理想的社会化

职业意识是个体对不同职业的看法和认识。不同的人既可能对不同的职业有相同的认识，也可能对相同的职业有不同的看法。正是有了职业意识，人们才会选择某一职业，而非其他职业。职业意识的发展是大学生职业社会化的重要组成部分，它随着个体的成长不断形成，受到家庭、学校、同伴群体及文化传媒等多方面的影响。职业理想是人们在职业上依据社会要求和个人条件，借想象而确立的奋斗目标，即个人渴望达到的职业境界。它是人们实现个人生活理想、道德理想和社会理想的手段，并受社会理想的制约。职业理想是人们对职业活动和职业成就的超前反映，与人的价值观、职业期待、职业目标密切相关的，与世界观、人生观密切相关。

大学生是有理想的，他们只有树立正确的职业意识和职业理想才能达到个体发展目的。通过职业社会化，大学生能够意识到自身的实际状况和职业现状之间的关系，能够从更全面、更理智、更实际的角度看待各种职业并思考自己将从事的职业，形成具有现实意义的职业理想。这时，大学生的职业理想更加具体。

（二）职业态度、价值观的社会化

职业态度就是个体对某一职业所持的评价和倾向。态度有积极和消极之分。一般来说，积极的职业态度能够使得个体在工作中积极、认真，更容易取得较高的工作效率和绩效；而消极的职业态度则会使得工作绩效下降。

职业价值观是指人生目标和人生态度在职业选择方面的具体表现，也就是一个人对职业的认识和态度以及他对职业目标的追求和向往。理想、信念、世界观对职业的影响集中体现在职业价值观上。

大学生只有具备坚定正确的职业方向，才能建设社会主义伟大事业。大学生具备的科学文化知识为其服务社会主义建设提供了条件，但要将知识技能奉献于社会，最终还是取决于其职业方向，而大学生只有具备正确的职业价值观才能形成正确的职业方向。

因此，大学生职业社会化的过程，就是要培养大学生对所要从事的职业抱有积极的态度和正确的价值观。一方面，在职业选择过程中要寻找自己的态度与价值观认可的职业；另一方面，也要在选择和从事职业过程中变消极态度为积极态度，变不正确的价值观为正确的价值观。通过外界影响和内在努力，逐渐形成和建立正确的职业态度和职业价值观。

（三）职业知识的社会化

当今是知识经济时代，社会成员具备一定的职业基本知识和基本技能已经成为立足社会的基本条件，职业知识掌握的水平是影响、制约甚至决定个体职业态度、职业方向等的重要因素。职业知识的社会化是当代大学生职业社会化的基础和前提。当代大学生职业知识社会化主要包括：一是学习、掌握基本职业知识；二是培养和提高职业技能；三是掌握社会主义劳动职业纪律。

（四）职业规范的社会化

职业规范是人们处理职业关系和参与职业生活必须遵循的行为准则，是维系职业社会有条不紊地运转的重要纽带。大学生职业规范社会化的目的，是促使他们将社会的职业规范内化，使之成为遵守社会职业规范的合格公民，在社会职业生活中发挥积极作用。

（五）职业能力的社会化

职业能力是指人们从事职业劳动活动并取得经济报酬、政治荣誉等能力的总和。大学生职业能力社会化的内容主要有三点：一是培养和提高职业劳动辨别力。大学生获得职业资讯的渠道多样，数量众多，面对纷繁复杂的职业资讯，他们必须具有正确分析、评价、判断的能力，减少和避免盲从、盲信和盲行。二是提高职业参与能力，主要是了解职业运行的过程，掌握并能合理有效地运用职业参与的渠道、形式和手段，学会总结职业参与的效果，增强职业效能感。三是丰富实践经验，提高劳动能力。

二、大学生职业社会化的影响因素

大学生职业社会化受到多种因素的影响。总体来看，影响大学生职业社会化的因素主要有大学生自身的特征、家庭、学校、同辈群体、社会文化、传媒及大学生主体因素。

（一）大学生自身特征

大学生这一特殊群体，他们本身的弱点或缺陷制约着其职业社会化进程。其中大学生个体心理特征和自身素质的差异是造成他们职业社会化过程障碍的原因，其具体表现在如下几个方面。

1. 大学生不完全成熟的心理特征

大学生大都处在18至23岁之间，此时，他们的生理发育逐渐成熟，但是心理发展尚未成熟。其心理发展一般表现出如下特征：首先，智能发展达到高峰。独立思考能力的增强，能主动地探究事物的本质与规律，逻辑思维迅速发展。但是，有时也容易出现主观片面、固执己见等问题。其次，情绪情感日益丰富。大学生的情感迅速发展，理智感、道德感等不断升华。但是，情绪尚不稳定，遇事较易激动。再次，自我意识增强，个性倾向复杂。大学时期，自我意识明显增强，希望得到他人的尊重与理解。但同时又会出现从众、逆反的心理个性和心理倾向性。这些表明，大学生心理发展还不成熟。在这种状态下，一旦他们在求职或创业过程中遇到挫折，就容易产生自卑，从而阻碍大学生职业社会化的顺利进行。

2. 大学生重理论轻实践的学习观念

受中国传统教育的影响，大学生在学习过程中，重视理论知识的学习，而缺乏对实践的正确认识。在这种学习观念的影响下，大学生经常会出现成绩水平与职业表现不符的情况，成绩好的学生，职业表现并不如意。这种情况会导致很多大学生在职业社会化的过程中产生消极情绪，从而影响大学生职业社会化的顺利进行。

3. 大学生的职业理想偏离现实

每个大学生对自己的职业及人生都有美好的憧憬，但是步入社会后，由于受社会环境等诸多因素的影响，并不能选择自己理想的职业，面对理想与现实的矛盾，如果处理不当，大学生就会产生消极情绪。只有克服大学生自身的弱点，才能保证职业社会化的顺利进行。

4. 大学生的社会经验有限

大学生在校期间接触的主要群体是同学和老师，在这个相对封闭的群体影响下，大学生的个人视野也会受到限制，再加上重理论轻实践的学习观念，他们学习职业经验的机会较少。职业经验的有限导致他们在职业活动中感到困难重重，力不从心，不能发挥自己的才能，以至于有的大学生在职业活动中半途而废，这也是造成大学生职业社会化障碍的主要原因。

（二）家庭的影响

个体从出生就在家庭中获得一定的地位，家庭在个体职业社会化中地位独特，作用突出。家庭中父母亲对待自身职业的态度与价值取向，对子女在对待某一职业的情感知识、技能与规范方面起着潜移默化的作用。另外，大学生在生活和经济上对家庭的依赖等都使家庭对子女的影响难以抗拒。家庭教育对大学生职业社会化的影响是明显的，这种影响通过三个方面发挥作用：一是言行影响型。大学生虽然对就业有一定的看法，但父母亲友的言行、经验教训也对大学生有一定的影响。二是协商帮助型。父母、亲友参与大学生的就业过程，或共同商量决策，或利用各种资源帮助子女获得理想的职业。三是替代选择型。有些平时对父母依赖性很强的大学生，在职业选择上往往乐于接受父母的安排。有的大学生甚至把让家人满意作为自己选择职业的主要标准。在大学生的职业选择中，家长和亲友的影响是多方面的，不仅表现在思想观念、言行的影响上，家庭中的以上因素也会在一定程度上对大学生的就业效果造成影响。

（三）学校的影响

学校是学生职业社会化最重要的场所，学校在大学生的职业社会化过程中起着非常具体的作用。学校是有组织、有计划、有目的地向个体系统传授职业规范、价值观念、知识与技能的机构。学校有一定的教育方针、培养目标，提供大量的正式与非正式学习的机会，其特点是地位的正式性和管理的严格性。老师以上课的形式向学生传授知识和技能，为学生今后的职业生涯奠定了成功的基础，并通过各种活动培养学生对职业的兴趣。另外，学校还具有独特的亚文化、价值标准等。不同类型的职业学校更是为个体的职业社会化提供了专业的培养渠道。因此，大学生在学校中系统地接受了职业价值观、职业规范的培养，系统地完成了职业知识和技能的学习。大学生在学校中学到的内容为他们以后职业社会化提供了条件，奠定了基础。

（四）同辈群体的影响

同辈群体指的是那些在年龄、性别、兴趣、爱好、家庭背景、社会地位等方面比较接近的人们自发结成的社会群体。进入学校教育后，一个人的同辈群体一般是他在学校里的同班同学及他的邻居中的同龄群体。大学生选择同辈群体，一般以兴趣、活动、价值观、家庭条件等为基础。大学生在与同辈群体的互动中，成员之间在职业观念、职业态度、职业技能等方面相互产生影响。因此，同辈群体在大学生职业社会化过程中产生着重要的影响。

（五）用人单位

用人单位是大多数大学生毕业后的最终归宿，用人单位和大学生之间存在着密切的联系。因此用人单位的用人标准和招聘的公平、公正性都直接影响着大学生能否形成正确的职业价值观、相应的职业知识和技能。

我国社会评价人才的标准主要是通过考试考察一个人掌握知识的多少及程度。很显然，这种考察人才的方法带有很大的片面性。这一偏见投射到就业领域则表现为用人单位在选拔人才时主要看就业者的学历高低和学校优劣。基于这样的选拔方式，很多大学生认为自己成绩不够优秀，学校也不是重点大学，因此，在就业时消极被动，不敢选择自己感兴趣的、能发挥自己特长的岗位，认为这些岗位都是属于成绩优秀的学生。

另外，在我国的就业过程中也存在一些不公平的现象。在就业中，有的用人单位基于人情因素，会录用一些“有关系”的应聘者，一些有实力的大学生反而被淘汰。这会导致很多学生产生学得好不如家庭好的错误观念，影响大学生正确的职业观的形成，给大学生职业社会化的顺利进行造成阻碍。

（六）社会文化及大众传媒的影响

社会文化无时无刻不在对个体产生着影响。不同社会、不同民族的文化传统是人们社会化所需要的重要环境因素。社会化本身就是一个接受文化遗产的过程，是人们与社会文化不断调试的过程，传统文化、地域文化、民族文化对人格、行为模式、思维方式的形成与发展起着重要的作用。社会习俗和文化传统对职业的观念和态度会影响到青年对待职业的态度和看法，从而影响青年的职业心理发展，因为这种观念往往代表了社会上某种价值取向，该价值取向投射到青年的职业选择上，便形成青年们的职业价值观，而这种价值取向又决定了青年们选择职业的目标和标准。同文化中的人，对待同一工作，他们在职业意识、职业态度、职业需要、职业价值观等方面都可能存在差异。大学生作为一个特殊的群体，他们具有较强的获取信息的能力，获取信息的渠道也较为广泛，因此，他们的职业观念、职业价值观等更容易受到社会文化的影响而发展、变化。

在传统的大众媒介如广播、电视、报纸、书籍等不断发挥作用的同时，新的媒介也在迅速产生影响，如计算机网络的影响越来越显著了。媒介的影响是潜移默化的，且具有价值导向的功能。它使大学生的视野更加开阔，对社会的了解更加深入。现代媒介的发展使得各种新的价值理念和信息能够在短暂的时间里迅速而广泛地传递给大学生，大学生可以利用网络来搜寻获取各种职业信息和社会对职业的评价与看法，从而不断地产生新的有关职业的认知和情感甚至行为。他们也可能通过对这些新兴媒介中信息的探索，调整自己原有的职业取向、态度和价值观。但有的大众传播所宣扬的东西给大学生的职业社会化会带来负面的影响，如“一切向钱看”的观念、对“艰苦奋斗”的摒弃等，都给大学生的职业价值取向和职业观念带来误导。

当今社会，各种文化和信息都在对大学生产生影响。因此，大学生需要具备对当前社会文化、社会信息进行甄别的能力，避免不良文化、信息对大学生职业社会化产生消极影响。

第三节 民族地区大学生职业化教育模式实证分析
——以西昌学院为例

《国家中长期教育改革和发展规划纲要（2010—2020年）》明确指出，提高质量是高等教育发展的核心任务，是建设高等教育强国的基本要求，并突出强调高等学校要全面提高教育质量，创新人才培养模式，提升科学研究水平，增强社会服务能力，优化结构办学特色。

虽然当今社会对高校科研和社会服务方面有更多的期待，但由于种种条件的制约，就新建本科院校而言，目前最被社会关注的还是人才培养的质量问题。换言之，新建本科院校在现阶段的主要任务还是提高人才培养质量和教育教学质量。由于众多新建本科院校地处非省会城市或者远离中心城市，自然要肩负起服务地方、带动地方社会经济发展的重任；同时由于区域社会经济条件的制约，这些地方性高校的发展将会面临更多的挑战。柳贡慧在《中国高等教育启思录》中提到：“地方性高校在应对教育国际化时，一是要保持办学特色和办学定位；二是要加强学科专业调整，使之更好地适应社会的需求；三是要积极实行国际化发展战略；四是要首选应用型大学建设发展之路。”特别是对于民族地区的新建本科院校而言，由于其角色的特殊性，更应该加强自身的认识，明确自身的任务，结合办学实际以及地方特色，在促进自身快速发展的同时，为当地经济的发展储备人才。

西昌学院位于四川省凉山彝族自治州，和全国380余所新建院校一样，是在20世纪末中国高等教育大众化和地方化背景下的典型产物。西昌学院前身为1939年北洋大学工学院内迁至西昌创建的国立西康技艺专科学校和1958年创办的西昌专科学校，距今已有70余年的办学历史。2003年5月8日，经教育部批准，由西昌农业高等专科学校、西昌师范高等专科学校、凉山大学、凉山教育学院合并组建为省属全日制普通多科性本科院校。自合并组建以来，确立科学的发展定位和办学理念、探索应用型人才培养模式、提高人才培养教学质量、紧抓职业能力和技能培养成为西昌学院的主要目标。

西昌学院立足凉山州的资源优势和人才需求类型，为强化学生的实践能力和综合素质教育，积极推行“本科学历（学位）＋职业技能素质”人才培养模式，为凉山州培养了一大批面向教育、管理、生产一线所需要的人才。同时，西昌学院为打造出专业特色，继续探索着适合自身实际情况的创新型、应用型人才培养模式，以求努力办成民族地区知名的地方性大学。学校在教学过程中推行学生自主学习，让学生自主选择老师、自主选择课程，大范围地开放实验室、教学示范中心、研究基地等，鼓励学生积极参与实验实践学习，提高学生的实际操作技能能力，并培养学生的自主创新能力，挖掘其潜能。

以下是对西昌学院“本科学历（学位）＋职业技能素质”人才培养模式具体实施情况的简介，希望能为其他民族地区高校特别是新建本科院校在教学模式的探寻方面提供借鉴。

一、树立科学的指导思想、办学方针和办学定位

提高高等院校的教学质量应树立科学的指导思想，坚持以人才培养、科学研究、社会服务力量的大幅提升作为长期目标。高等院校办学的指导思想是一所高等院校办学的总体方针，既规定了高等院校的办学方向，也明确了高等院校办学的任务。因而，高等院校树立科学的办学方针和指导思想，才能从整体上规划学校的人才培养目标，推动高等院校人才培养进程，实现其服务地方的职能。就目前新建本科院校而言，大多数新建本科院校多由专科学校合并、重组或转制而来，在成立之初都面临着艰难的选择，不能准确地把握好自己的发展方向。一方面，由于长期处于专科层次，升本后学校依旧是本科教育与专科教育并存，短时间内还难以摆脱升本前的教学观念；另一方面，一些老牌本科院校的成功案例吸引了无数新生力量竞相模仿，导致部分新建本科院校办学特色不明确、办学定位不准确。

西昌学院地处川南的凉山彝族自治州。凉山州是我国最大的彝族聚居区，也是四川省少数民族类别和人口最多的地区。西昌学院作为民族地区的新建本科院校，由于办学历史和地理条件等主、客观因素的共同作用，一直致力于走应用型本科院校的道路，确立了“立足凉山，服务四川，面向西南”的服务面向定位，结合凉山州丰富的自然资源优势，开设了水利水电、烟草、动物科学等独具特色的专业，培养了大批实践能力较强的应用型人才，为当地经济的发展储备了大量的人才。

在“以人为本”作为应用型本科院校核心竞争力的前提下，西昌学院确立了“教书育人、管理育人、环境育人、服务育人”的育人体制，坚持“注重质量，

强化特色，提升水平，持续发展”的办学方针，始终把“坚持人才培养为核心，教学工作为根本，以质量求生存，以特色求发展；强化实践能力和综合素质教育，培养面向教育、管理、生产一线所需要的应用型高级人才；把学校建设成全国民族地区知名的具有地方特色的应用型本科学院”作为办学指导思想。另外，西昌学院作为凉山州内唯一一所本科院校，肩负着为凉山州乃至整个攀西地区培养应用型人才的重任，确立了“应用型、地方性、民族性”的办学特色：应用型——应用为本，培养基础理论够用、职业能力扎实的应用型人才；地方性——艰苦创业，融入地方，服务“三农”，为攀西地区经济和社会发展服务；民族性——心系彝区，科教兴州，为民族地区培养留得住、用得上的人才，促进民族地区繁荣稳定。西昌学院办学特色的确立，不仅充分考虑了地方的特色经济与优势产业，为地方经济的快速发展产生了积极的影响，而且进一步明确了提升办学质量、突出办学优势的有效途径。

二、制定“本科学历（学位）＋职业技能素质”应用型人才培养方案

学校是大学生在进行职业社会化过程中一个重要的场所，大学生在学校逐步形成职业认识和职业观念。学校的人才培养方案，将间接或直接地对大学生职业化教育产生影响。科学、合理、有针对性的人才培养方案，能对学生的职业取向发挥正确的引导功能，对学生的职业生涯规划也有积极作用，长远来讲，它对国家的人才储备和综合国力的提升都有着十分重要的意义。为加强应用型人才的培养力度，履行服务地方的职能，西昌学院制定了“本科学历（学位）＋职业技能素质”人才培养方案。

（一）确立应用型人才培养模式

应用型人才培养模式，即以适应社会需要为目标，培养学生实际应用能力的一种教育方式，着重强调教学的实用性。随着经济产业结构的调整，社会对大学生的实践能力和职业技术能力确立了更高的标准，要求毕业生走上工作岗位后，能够很快适应生产和技术的需要，符合岗位的职业需求。而绝大多数新建本科院校因为历史背景和地理位置等因素的限制，生存和发展极为艰难，西昌学院也不例外。在客观分析新建本科院校面临的挑战后，结合西昌学院实际办学条件，学校提出了“本科学历（学位）＋职业技能素质”应用型人才培养模式，着重培养具有职业技能和职业资格的学生，构建了学历教育与职业教育相结合的人才培养体系，明确了人才培养目标，制定了合理的培养内容，并在教学中突出了实践能力和职业技能的培养，把理论与实践、知识传授与能力培养有机地结合，从而真正实现学历教育与职业教育的完美结合。西昌学院“本科学历（学位）＋职业技能素质”人才培养模式的提出，明确了应用型人才培养的目标，细化了应用型人

才培养的关键和措施，强化了应用型人才培养方案的可操作性。

（二）制定应用型人才培养的标准和规格

在培养规格上，应用型人才培养模式要求毕业生既要达到本科层次的学历标准，又要符合应用型人才教育的特殊要求，以体现高等教育本科性和职业性的优化组合，使学生成为集学术、技术、职业为一体的“师”字型人才（诸如产品设计师、经济师、农艺师、教师、律师、技术工程师等），重在知识运用和技术创新，侧重于改造世界。在质量标准上，应用型人才培养模式要求建立符合学校定位和培养目标的质量标准，实现学生不仅基础理论够用，而且实际操作能力较强的目标。

西昌学院各二级学院根据应用型人才培养的标准和规格，分别制定了各专业应用型人才培养质量标准，编制了职业能力训练达标手册，根据不同专业的办学特性，确立了适合本专业的人才培养规格和标准。经济与管理学院财务管理专业，根据其专业的特性，确立了该专业的毕业生应具有扎实的管理学、经济学等专业必需的基础理论知识，具有财务、会计、金融管理等专业理论知识和解决财务、金融管理实际问题的基本能力，具备能有效组织企业的资金筹集、调度和使用，能科学进行财务分析、财务预测和财务决策，具备财务管理、财务分析、财务咨询、证券投资等职业能力。而外国语学院英语专业旨在培养具有扎实的英语语言基础和广博的文化知识，并能熟练地运用英语在外事、教育、经贸、文化、科技、军事等部门从事翻译、教学、管理、研究等工作的复合型英语人才。由于两个专业的专业特性不同，决定了两个专业在人才培养规格和标准上也有所差异。

（三）设置应用型人才培养的课程比例

西昌学院根据“本科学历（学位）＋职业技能素养”人才培养模式的要求，重新构建了课程体系，将职业能力培养贯穿于人才培养的全过程。根据各专业的需求，调整了课程设置比例，增加应用性知识和职业岗位能力培养的课程。首先，将人文社科类、理工类和艺体类实践教学的学分比例分别调整为32％～35％、35％～38％和40％～45％。其次，在基础生物实验教学体系中，实验教学学分占人才培养方案总学分的35％～40％，其中基础性实验占40％，综合性实验占40％，设计性实验占20％。再者，学校还灵活设置了实践教学学期制，比如，对于农业科学类的专业，根据生产季节变化和企业实际需求，安排对应的实践教学。实践教学课程与实践教学学分比例的加大，不仅优化了课程结构体系，而且还促进了应用型人才培养方案的具体实施。

（四）构建应用型人才培养的教学方法

传统的教学方法多以教师传授知识为主，缺乏学生积极主动的参与。西昌学院在践行应用型人才培养模式过程中，改变了传统的上课满堂灌的教学方法，积极鼓励教师采用研讨、案例分析、现场教学等丰富多样的教学方法，实现以教师为中心向以学生为中心、以理论传授为重向以实习实训为重的教学方式的转变。同时，学校突出了课程内容的实用性，以够用为原则，适当压缩了基础理论，增加提高专业能力和职业能力的内容，强化课程论文训练，改革实验教学内容，增设反映现代科学技术成果的新项目，构建了新型的实习实训体系，对应用型人才的培养起到了助推作用。

（五）搭建应用型人才培养的实训平台

在教学过程中，随着职业教育与理论教育的融合，为学生搭建相关的职业技能培训平台成为应用型人才培养中不可或缺的一部分。西昌学院通过多种途径开展职业能力培养的实践活动，例如工学结合、校企合作、顶岗实习等为学生搭建职业技能培训平台。同时，学校还建立了资格证书质量管理体系和认证制度，推行职业资格证书的取得。学生除了专业要求的职业资格证书外，还有其他相关职业资格证书可供选择。学生可以根据自己兴趣爱好，选择感兴趣的方向，通过自学或者培训班学习等方式考取相应的职业资格证书。另外，学校还鼓励和倡导学生积极参加学科竞赛、科技和科研活动以及创造发明活动，促进应用型人才的培养。学校先后开展了家畜外科手术、园林设计等100多项技能竞赛活动，实施“产学”结合或“产学研”结合的应用型人才培养方案，让学生结合所学的专业知识，学以致用，提高学生对知识的接收能力和运用能力。

经济与管理学院财务管理、电子商务等专业将企业仿真模拟实训操作纳入教学内容，开展了会计综合模拟实训、ERP沙盘模拟比赛等教学实践活动，使学生将所学理论知识运用于企业实际操作过程中，实现理论知识与实践知识的有机结合（如图7-1所示）。

图7-1 经济与管理学院企业经营管理沙盘模拟大赛

工程技术学院通过开展各种技能大赛，如快速电气接线比赛、手工制图个人赛、导线闭合团体项目竞赛、建筑方案快速设计与工程预算清单计价个人赛等，丰富学生的课外活动，强化学生的实践动手能力（如图 7－2、图 7－3 所示）。

图 7－2　工程技术学院学生技能大赛——快速电气接线

图 7－3　工程技术学院学生技能大赛——导线闭合测量

为进一步提高应用型人才培养强度，西昌学院坚持与企业合作的实践教学模式，构建了“五同多层双向融合”人才培养体系。“五同”即学校和企业共同制定人才培养方案、共同进行质量工程建设、共同实施实践教学计划与管理、共同开展职业技能培养与考核、共同完成顶岗实习与就业。“多层双向融合”即在宏观办学层面，学校借企业的教育资源和真实工作环境来培养学生；在人才培养层面，工学结合，能力本位，工作内容即教学内容，让学生边工作边学习，达到教师在做中教、学生在做中学的目的。动物科学学院大力推进校企合作模式，广泛开展实践教学活动，不仅与西昌华宁农牧科技有限公司共建了攀西地区一流的产学研实训基地，而且还与广东海大集团、乾坤集团、铁骑力士集团、四海集团、遂宁市渴望饲料有限公司、四川省泰信动物药业有限公司、西昌三牧乳业有限公司等多家大中型企业建立了实训基地（如图 7—4、图 7—5 所示）。

图 7—4　动物科学学院学生在西昌三牧乳业有限公司

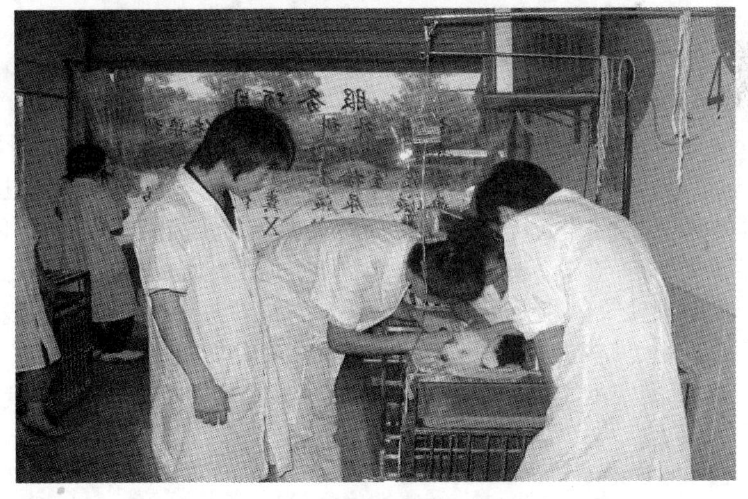

图 7—5　动物科学学院学生在成都野战动物医院

三、实施应用型人才培养方案的关键环节

（一）完善基础设施条件

基础设施建设是保障高校快速健康发展的根本。西昌学院根据绿色教学的要求，整治和改善了学校办学环境，提高了学校的绿色覆盖率，并已建成园林式生态文化校园，2005年被评为“四川省园林绿化先进单位”。学校占地1851亩，校舍建筑面积36.87万平方米，分东、南、西、北四个校区。教学仪器设备总值1.24亿元，图书馆数字资源量7930.5GB（其中电子图书2212.5GB，纸质文献172.4万册）；2个省级重点实验室、1个省级人文社科重点研究基地、2个省级高校实验教学示范中心；在西昌、攀枝花、成都等地建立了110个实验教学基地。

（二）构建实践教学体系和质量保障体系

构建实践教学体系是开展实践教学、提高学生职业技能水平的前提。为此，学校应根据专业特色和专业需求，合理规划实践教学课程，构建科学的实践教学体系。实践教学环节包括课程实践、实验实践、课外实践、毕业实习、毕业论文等，通过构建科学的实践教学体系，不仅可以实现实践教学环节的融会贯通，还可以在实践中提高学生的合作精神和实际动手能力、语言综合运用能力、组织能力、交际能力和创新能力等。同时，西昌学院完善了应用型人才培养质量保障体系，创建了“3-4-5教学质量监控体系”：即落实三大监控系统（教学目标监控、教学过程监控、教学信息监控）、四大保障制度（思想保障、制度保障、组织保障、技术保障）、五大监控机制（约束机制、监督机制、评估机制、反馈机制、激励机制），建立了质量评价制度和教学信息分析报告体系，充分发挥了教学状态数据常态采集制度、教学质量管理信息沟通制度、试卷与论文（设计）分析制度对应用型人才培养质量的保障作用。

（三）建立教学质量评价标准

教学质量是高等教育的生命线，教学过程的规范管理是学校教学质量保障体系建设的重要组成部分，完善教学环节的教学质量标准，是对教学全过程实施质量监控的基本前提。西昌学院把实践应用型人才培养目标和规格作为出发点和归宿点，制定了教材选定、备课上课、理论教学、实验教学、实习实训、课程设计考试考核以及毕业论文（设计）等方面的质量标准，其中尤其注重实践教学质量标准的建立。西昌学院在“本科学历（学位）＋职业技能素质”人才培养模式运行过程中，建立了应用型人才质量监控机制、应用型人才培养评价制度、教学信息分析报告体系等。

（四）强化师资队伍

西昌学院始终坚持“以生为本，以师强校”的理念来办学。教育的主体是学

生，一切应以学生的利益为出发点，教师的主要目的就是向学生传授知识，只有教师的知识足够专业、全面，才能更好地引领学生学习，所以必须加强学校的师资力量建设。西昌学院现有教职工近 1000 名，其中专任教师 700 余人，教授、副教授 350 余人，硕士、博士研究生 420 余人。

为加强学校师资力量建设，一方面，西昌学院推进了“双师型”队伍建设。“双师型”队伍建设是学校“本科学历（学位）＋职业技能素养”教育模式的要求，也是推进学校职业教育的一种有力的手段，学校建立了“双师型”教师的准入标准，提出由“双证”转向“三能”（能胜任本科理论教学、指导学生实习实训、帮助企业解决技术难题）的新要求，制定“双师型”教师培养激励政策。目前，学校具有“双师”素质的教师 239 人，占专任教师的 33.3%。另一方面，学校坚持不懈地探索双语教学。2005 年 9 月，西昌学院启动了双语教学改革，制定了实施双语教学工作方案。实践证明，双语教学适应时代的需要，满足培养全面发展的复合型人才的要求。两种文化的交流促进了学生思维的碰撞，这对人才培养是大有裨益的。另外，提高教师团队的身体素质也是师资建设的一个重要环节。西昌学院多次开展教职工趣味运动会，让教师在收获乐趣的同时，锻炼了身体，也增进了彼此的交流和沟通，为学校的长期稳定发展奠定了基础（如图 7－6 所示）。

图 7－6　西昌学院教职工趣味运动会

（五）加强校企合作

当前社会的竞争日益激烈，尤其是在人才培养的教育行业。许多高等院校为谋求自身发展，抓好教育质量，采取与企业合作的方式，有针对性地培养能与市场接轨的人才，注重人才的实用性和时效性。西昌学院在校企合作方面，与通威集团等企业建立了“五合作”育人的人才培养体系，即订单合作、顶岗合作、项目合作、全程合作、实体合作，提供岗位的实际操作，实现了人才培养与职业岗位的无缝对接，提高了学生的专业技能。如2011年9月，西昌学院与通威股份有限公司签订了《校企合作订单式人才培养协议》，主要包括：校企联合，共同育人，学校作为通威股份有限公司的人才培养基地，由企业和学校在水产类专业、动科类专业的第三（二）学年中组建“通威班”，通威公司为“通威班”的学生提供教学实习场所和经费。学校通过校企合作，建立校企合作实训基地，为学生实践实训提供了场所；派遣教师到企业考察研究，提高了教师实地实践教学的能力；与企业合作研究科研项目，提高了学生的实践动手能力和实践操作技能。

四、应用型人才培养模式的实施成果

西昌学院“本科学历（学位）+职业技能素养”人才培养模式于2006年提出改革思路，2008年形成方案，2009年被列为“四川省首批本科人才培养模式创新实验区项目”，2010年被列为“四川省教学改革重点项目”。西昌学院实行这一特色人才培养模式，是为了满足当今社会对人才的特殊定义和不同层次的需求。既为在校大学生提供了职业技能培训的机会，让学生除了学习专业理论知识、进行道德素质的修养以外，同时又掌握一定的专业职业技能，为进入社会工作做好充足的准备，适当缓解大学生的就业压力，让学生在毕业找工作时具备一定的优势，有利于提高学生的就业率。

多年来，西昌学院以应用型人才培养为主线，以提高教育教学质量为主题，提出并实践的“本科学历（学位）+职业技能素养”人才培养模式，引起了国家教育部、四川省教育厅和省内外新建本科院校等相关部门和单位的极大关注，得到了领导、专家、兄弟院校、用人单位、学生和家长的充分肯定。在实践中，西昌学院取得了令人瞩目的成绩。

一是学校科研实力逐渐增强。2003年以来，学院承担科研项目427项，投入科研经费4637余万元，获各类科技成果奖407项，培育作物新品种11个，获国家发明专利12项；公开发表论文4008篇，出版专（译）著114部。

二是学校对外学术交流与合作更加紧密。自2003年以来，有60余人次参加国际学术会议，已派出108人次到国外参加学术交流和学习考察；从国内外科研院所聘请178位专家担任客座教授；与美国、德国、日本、印度等国家的大学、科研院所建立了科技交流与合作关系。有美国、英国、澳大利亚、菲律宾、韩国、俄罗斯等国留学生11人在校就读。2005年，西昌学院被评为“四川省教育外事工作先进单位”。

三是学校教育教学改革获得巨大成功。学校一直注重实践技能的培养，创建了“3-4-5 教学质量监控体系”和“本科学历（学位）+职业技能素养”等人才培养模式，获省级及国家级教学成果奖 28 项。在全省高校“质量工程”建设中，农学、少数民族语言文学、水利水电工程、动物医学、园艺、食品科学与工程专业被评为“四川省本科高校特色专业”，作物教研室教学团队、基础生物教研室教学团队、畜牧兽医专业实践教学团队、彝汉双语教学团队被评为“四川省高等学校教学团队”，“本科学历（学位）+职业技能素养”“民族地区‘3+1’工程人才培养模式”被评为省级人才培养模式创新实验项目，基础生物实验教学中心、土木工程基础实验教学中心被评为省级实验中心，拥有 16 门省级精品课程。“农学专业综合改革”“中国少数民族语言文学专业综合改革”“水利水电工程专业综合改革”被列为四川省“高等教育质量工程”专业综合改革建设项目，“动物科学实践教学”“土木工程类实践教学”被列为四川省“高等教育质量工程”实践教学建设项目。“水利水电工程”专业、“食品科学与工程”专业被列为四川省卓越工程师教育培养计划项目。

四是素质教育和就业指导取得显著成绩。2003 年以来，468 人获得四川省大学生“综合素质 A 级证书”，居全省高校前茅；2005 年、2008 年，被评为“全国大中专学生志愿者‘三下乡’社会实践活动先进单位”。学校完善毕业生就业工作机制，拓宽就业渠道，毕业生就业率高，2005—2011 年，5 次被评为“四川省就业工作先进集体”。

西昌学院“本科学历（学位）+职业技能素质”人才培养模式的运行经验与成果，为广大尚未找到发展方向的新建本科院校提供了借鉴。希望众多新建本科院校在未来的发展中，能明确自己的定位，办出特色，办出成果，为我国高等教育事业的繁荣锦上添花。

第四节 民族地区大学生职业社会化途径探寻

通过对大学生职业社会化影响因素的分析，以及对有的民族地区高校大学生职业社会化教育模式的经验借鉴，我们认为，促进大学生职业社会化主要有以下途径。

一、家庭

家庭是社会的细胞，是子女的第一所学校，父母是子女的第一任教师，在大学生职业社会化过程中具有决定性的影响。

父母长辈要向大学生传递正确的就业观念，切实摒弃“铁饭碗”“大城市情节”等不当观念，特别是在民族地区，很多家长都希望自己的子女能够到更好的地区工作，不愿意他们留在本地工作。子女在家长这种思想的影响下，形成了诸如留在民族地区工作的是不够优秀的，在民族地区工作不能实现个人价值等错误观念。因此，学生家长要从长远的角度、从个人价值与社会价值的综合考虑来引导子女确立正确的职业态度和价值观，让他们选择既满足自身需求又符合社会需要的职业。

二、学校

学校是进行职业社会化的重要场所，通过系统化、组织化、规范化的教育促使学生培养职业兴趣，习得职业规范，树立职业理想，设计职业生涯，掌握职业技能，学会扮演职业角色，顺利实现由“准职业人”向“职业人”的社会角色的转换，从而承担社会责任，取得社会地位。

学校作为大学生职业社会化最重要的阵地，要充分发挥学校在促进大学生职业社会化过程中的作用，促进大学生职业社会化的正常发展。学校可从专业课程教育、课程实践活动及校园文化活动等方面努力。

（一）专业课程教育

当前，我国普通高等教育一贯强调知识教育和专业化教育，而忽视学生职业知识的传递和职业技能的培养。因而教师主要传授专业知识，忽视社会职业的需求，学生以掌握专业理论知识为目的，衡量学生成才的标准是知识掌握的多少及程度。在这种教育观下，学生适应性弱，缺乏创新精神，就业受到限制。然而，一个人一生可能会面对多次职业的变化，也可能会面对专业与职业不对口的情况，因此，要增强学生的社会适应性，学校应在开设专业课程的过程中，渗透职业教育的内容，这样有助于学生尽早地接触职业世界和进入职业角色，激发学生学习的动力，使学生在学习专业知识期间主动探索自己未来的职业方向，以职业的要求来规范自己，规划自己的学业与大学生活，实现专业与职业的顺利对接，实现职业社会化的顺利进行。当然，高校在专业课程中渗透职业教育内容时还需要注意以下几点。

首先，根据现实情况及时调整大学生职业社会化发展的目标。随着高等教育走向大众化，现阶段高等教育不能再以培养单一、精而专的研究型人才为目标。特别是在民族地区，经济社会发展相对落后，经济结构还不够合理，在这种条件下，更需要大量适合民族地区经济社会发展的技术型人才。因此，民族地区高校在注意帮助学生树立一种普通劳动者的就业意识的同时，还要根据当地实际情况，及时调整大学生职业社会化发展的目标。学校在开展职业指导工作时，要做到未雨绸缪，比如在大学早期就可以开设一些职业生涯指导课程，这样既有利于学生根据自己的专长与兴趣为职业生涯的规划早做准备，又有利于他们树立正确的就业择业观念，避免将来在择业就业时的盲目性。

其次，学校要根据民族地区社会发展需要及时调整专业设置、教学内容等。

民族地区随着经济社会的不断发展对人才的要求也在不断变化。学校要使其培养的人才能适应社会发展的需要，就必须要根据社会发展状况不断调整专业设置、更新教学内容、变革教学方式，并在此基础上加强对职业技能方面的重视，给学生创造更多的理论联系实际的机会，切实增强学生的职业知识和技能，培养当地社会需要的专业技术人才。

再次，民族地区高校的办学也可借鉴西昌学院的“本科学历＋职业资格证书”的办学经验。通过这种方式为社会培养大量适用的技能型人才，充分发挥高校服务于地方经济社会发展的功能。民族地区高校在办学过程中，注重培养的人才既要达到本科层次学历标准，又要符合应用型人才教育的特殊要求，使学生在适应社会的过程中，不仅具有加强的学习能力，而且具备一定的职业技能、职业素养，帮助大学生顺利实现职业社会化，实现学校到工作单位的无缝对接。

（二）课程实践活动

学校应主动谋求与社会资源的联系，结合学生的专业，为学生争取专业实践和见习机会，鼓励大学生参与社会生产活动进行社会实践。社会实践是学生了解社会和自我深化认识的重要途径，对学生的社会化和健康成长有着重要的意义。社会实践和实习不仅可以拓宽大学生的视野，增长他们的职业技能和社会经验，还能使他们尽早接触和学习职场规则，明确今后自我职业目标。在实践中，学生和有关职场人士进行交流和相互学习，不仅有助于形成良好的人际关系，为将来就业打下坚实基础，而且强化了职业意识，使学生的专业学习目标更加明确，对其所学专业知识以及将来可能从事的相关职业有一个比较真实的感性认识。通过这些专业性和职业针对性强的实践，可以直接了解企业、职业的产品或工艺，也可以了解职业对工作人员的素质、能力和技能的要求。只有通过多条途径努力，才能获取足够的知识，为职业选择提供可靠信息，为职业实践打好基础，形成职业兴趣，树立积极的职业观，进而促使职业意识内化，最终促进大学生职业社会化的顺利进行。

在社会实践方面，西昌学院也为广大新建本科院校做出了表率。例如烟草专业将实践教学活动建立在烟草生产规律的基础上，定期或不定期到普格等县的烟草生产基地进行交流，使学生掌握烟草育苗、打顶抹杈、烟叶成熟采收、烟叶烘烤等关键技术，提高学生的表达能力、组织协调和人际沟通能力。民族地区高校要大力提倡学生进行社会实践，让学生在实践中拓宽知识面，从而有利于加深对自身的认识，寻求更适合自己的职业类型。

（三）校园文化活动

环境在人的发展中具有重要作用，高校应创立适应大学生职业社会化发展的良好的教育氛围。

一方面，可积极开展体现主流文化的校园文化活动。这主要是指高校中的正式学生团体（共青团、学生会等）开展的学习、文体等活动，它们所体现的是校园主流文化。主流校园文化活动在大学生人际互动能力的提高，职业意识、价值观的确定，职业知识的掌握及职业技能的提高等方面具有重要作用。一是学校根据国家社会发展的需要在大学生中营造主流文化氛围，使大学生在潜移默化中受到文化的熏陶和影响，形成正确的职业意识和价值观；二是充分发挥学生干部的带头作用营造良好学风，促使学生掌握扎实的职业知识和职业技能；三是注意对非主流文化的引导，使各种非主流文化朝着有利于学生职业社会化的方向发展。

另一方面，学校要积极开展就业教育活动，可以定期不定期地组织专家、学者、优秀的职场人士开设职业教育讲座，开拓学生视野。要多形式、多层面、灵活地营造良好的有利于大学生职业社会化的教育氛围。学生可以组织形式多样的社会实践活动，在鲜活的生活体验中增强职业意识，培养职业技能。

西昌学院经济与管理学院主办的 ERP 沙盘模拟大赛就是一个很好的例子。比赛中，学生的积极性被充分调动起来，紧张的比赛氛围促使参赛选手认真思考并对虚拟公司的财务预算、采购、生产、销售等环节作出可靠的分析，以达到盈利的目的。民族地区的高校也可以通过开展诸如此类的校园文化活动，让学生在享受乐趣的同时获得职业能力的增长，为将来的就业做好准备。

三、用人单位

政府相关部门应制定相关法律政策并切实实施来进一步规范用人单位的行为。消除用人单位在用人过程中因性别、民族、毕业学校等因素而出现的就业歧视，要使用真正适合岗位的人，做到人尽其才。同时要消除招聘过程中“走关系”的现象，做到每一个应聘者都能凭借自身真实能力选择适合自己的岗位，做到招聘的公平和公正。只有规范用人单位的行为，才能促进大学生职业社会化沿着正确、健康的方向发展。

四、大众传媒

大众媒体是当今大学生获取就业信息的主要渠道，也承载着宣扬高尚职业道德的责任。因此，要促进大学生职业社会化朝着正常的方向发展，要充分发挥媒体的正面引导作用，注意媒体导向，在考虑商业利益的同时，更要遵循客观真实性的原则，提高传递信息的水准和层次，避免可能造成的误导，做好用人单位和求职者的桥梁，给双方提供信息。大众媒体应当客观提供就业信息，传播正确的就业择业观，避免给求职者造成误导。同时大众传媒还应利用技术的进步，积极利用网上在线课堂和电视大学等形式，培养劳动者的职业技能。

当今，网络在大学生的学习及生活中都发挥着重要作用。从我国目前网民的职业分布来看，学生所占的比例最高，远远高于其他职业。从这一情况来看，可以充分发挥网络在大学生职业社会化中的知识学习、价值导向和行为暗示作用。一是发挥网络在大学生学习有关职业知识和技能中的作用。大学生可以通过网络便捷地获取职业知识、职业技能，了解最新的社会用人信息、职业发展信息。二是发挥网络的价值导向作用。要引导大学生自觉地接受主流价值信息，潜移默化地形成正确的职业价值观念。三是发挥网络的行为暗示作用。通过设立先进典型的栏目等方式，宣传各个岗位优秀人物的先进事迹，对大学生进行行为暗示与引导，从而塑造社会所需要的职业行为模式。

五、充分利用非正式群体的影响作用

同辈群体在大学生职业社会化过程中具有重要意义，而同辈群体中的非正式群体对大学生职业社会化的作用不容忽视。要科学认识非正式群体，发挥非正式群体在大学生社会化中的正面作用。非正式群体包括学校的各种社团、同乡会、俱乐部等组织。非正式群体成员之间有着较强的凝聚力，非正式群体的行为对成员具有参照作用，非正式群体的成员会基于从众压力而形成与群体一致的职业的态度、价值观。我们可以从以下两方面来引导大学生非正式群体，发挥大学生非正式群体在大学生职业社会化中的积极作用。

一是鼓励发展符合学校相关规定的非正式群体。大学生非正式群体能够满足正式群体不能满足的大学生的多种需要，有利于完善大学生的人格。应该鼓励大学生非正式群体的发展，发挥非正式群体在大学生职业社会化中的积极作用。但同时也要规范和引导非正式群体，使非正式群体中存在的亚文化在主流文化能够控制的范围内，减少亚文化对成员社会化的不良影响。

二是加强对非正式群体中核心人物的培养和教育。在非正式群体中，权威性强的核心人物一般在群体中有较强的个人影响力，对非正式群体的目标和规范起着决定性影响。所以加强对非正式群体中核心人物的培养和教育有利于对非正式群体实施有效的管理与引导，注意培养权威核心人物正确的职业意识、职业态度及职业行为，以此对成员的职业社会化产生积极的影响，促进非正式群体在大学生职业社会化中发挥积极作用。

第八章　构建民族地区职业技术教育与经济互动发展模式

第一节　民族地区职业技术教育的发展需要经济的支撑

当今社会，随着经济活动范围的扩大，经济活动层次的深入，经济在社会中的作用越来越明显，作为社会子系统的教育也必然要受到经济的影响。因此，民族地区的职业技术教育的发展归根结底是由当地现实的社会经济和物质生产力水平所决定的。当地实际的经济发展水平为职业技术教育发展提供相应的经济条件，同时也对职业技术教育提出一定的客观要求。

一、经济增长为职业技术教育协调发展提供物质基础

物质资料的生产是人类社会存在和发展的基础，也是一切社会活动产生和发展的基础。人类社会的所有活动都必须以一定的人力、物力、财力等资源投入为条件，而所投入资源的多少，取决于经济活动水平。所以人类的教育、文化、艺术、体育、政治等一切社会活动，都是在物质资料生产发展到一定水平和阶段时才产生的，并随着物质资料生产的发展而不断发展。

教育的发展也需要经济活动的支持，兴办学校的数量、招生的规模、学制的长短等兴办和发展教育所必需的条件都必须要以经济发展水平为基础。高职发展的资金无论是来自于政府拨款还是企业、个人的投资，甚至是社会的捐赠，这些都与一个国家和地区的经济发展水平有关。从民族高等职业技术教育发展条件来说，要扩大办学规模、优化师资队伍、提供必需的教学和生活设施、更新教学设备、改善实训场地和设施，这些都必须要有大量的投入。经济越发达就越能够为高等职业技术教育发展提供足够物质与资金支持。这就需要民族地区加快经济建设的步伐，为当地高等职业技术教育发展提供物质保障。

兴办职业技术教育需要一定的人力、物力及财力，一定的经济实力可以为职业技术教育的发展提供经济条件和物质基础。如果离开当地实际的经济实力，随意和盲目地发展教育，必然会违背经济与教育发展的客观规律。

二、经济增长对职业技术教育发展具有制约和导向作用

（一）经济发展水平决定着职业技术教育发展的规模和速度

经济实力和社会生产力发展水平直接影响着教育发展的规模与速度。因为经济实力和社会生产力发展水平决定着培养劳动力的数量和质量，教育部门培养多少劳动力，培养多少从事简单劳动的劳动力、多少从事复杂劳动的劳动力、多少脑力劳动者和各种专门人才，都要受制于经济实力，受制于社会生产力发展水平。具体表现为：第一，经济发展水平、生产力发展程度决定了受教育的人的数量。这是因为一方面经济的发展为教育提供物质基础；另一方面，经济发展了，才能提供剩余劳动力，他们中的一部分人才能接受教育。第二，经济发展水平、生产力发展程度决定了国民受教育的程度和年限。只有经济发展了，才有条件扩大职业技术教育的规模，提高国民受教育的程度和年限。第三，经济发展水平、生产力发展程度决定了教育资金的投入。只有经济和生产力水平提高了，才有可能增加对教育的投入，而教育资金的投入直接影响着教育的规模和速度。

（二）经济发展水平影响高等职业技术教育发展的层次

高等职业技术教育的发展不仅需要经济的支撑，需要社会经济为其提供物质基础，同时，一个地区职业技术教育发展的水平也受到经济发展水平的影响，高等职业技术教育水平随着社会经济水平的提高而提高。专家对世界 111 个国家的教育层次和经济发展水平进行了调查研究，发现经济发展水平越高，越需要更高层次的教育（详见表 8—1）。高等职业技术教育作为我国教育事业不可缺少的一部分，它与社会经济发展水平之间同样存在这样的关系。社会经济发展水平越高，就越需要大量掌握先进技术的高级人才来为高水平的生产服务，就需要高等职业技术教育培养更多的掌握高水平职业技能的人才。经济发展水平越高越能提升高等职业技术教育的层次。经济与高等职业技术教育的互动发展，会促使我国当前很多地区仅仅把高等职业技术教育限制在专科层次上的局面，为适应经济发展的需要，我国的高等职业技术教育可以提高到本科层次，甚至是研究生层次，以适应社会经济发展对高素质职业技能型人才的需求。

表 8—1　不同学历分流国家的数量与人均 GDP①

国家	数量	人均 GDP（美元）
低级学历分流国家	30	500
初级学历分流国家	37	500—1000

① 李晶. 西部地区高等职业教育与经济发展协调关系研究［D］. 成都：四川师范大学，2008.

续表8－1

国家	数量	人均 GDP（美元）
中级学历分流国家	30	1001－5000
高级与准高级学历分流国家	14	5000 以上

（三）经济发展水平决定着职业技术教育的方向和内容

随着地方经济的发展及产业结构的调整和变化，就业人口也逐渐由第一产业向第二产业、第三产业流动，第一产业劳动力减少，第二、第三产业劳动力逐渐增加。加之随着传统产业逐渐被新兴产业取代，新的行业和专业不断产生，这对人才培养提出了新的更高的要求。特别是在民族地区，随着我国实施西部大开发战略，民族地区加快了经济发展的步伐，在其经济发展的过程中必然会对产业结构做出调整，这些变化导致对人才需求的数量和质量也随之变化。这就要求高等职业技术教育在专业结构和课程设置，甚至是课程内容的安排都要做出调整，适应经济发展的需要，培养各行业需要的高水平的技能型人才。

（四）经济发展水平吸引人们对高等职业技术教育的投资

和普通教育相比，职业技术教育具有自身的特殊性。由于职业技术教育与市场关系密切，因此在市场经济条件下，经济发展的周期对职业技术教育的发展具有拉动作用。在经济扩张和繁荣时期，受过高等职业技术教育的人比受过一般职业技术教育的人掌握更高水平的理论和技术，生产能力更强，更能受到社会的青睐，从而会吸引人们对高等职业技术教育的积极投资，拉动高等职业技术教育的发展。特别是我国民族地区经济在西部大开发的历史机遇下迅速走向繁荣，必然会吸引社会各界对高等职业技术教育的投资，促进其发展。

第二节　民族地区经济的发展需要职业技术教育的促进

民族地区职业技术教育在经济社会的发展中起着非常重要的作用。它不仅为当地经济发展提供所需的专业技术人才，而且它还通过培养人才促进科技成果的推广、创新，提高了劳动力的配置效益，加快民族地区的城市化进程等。

一、职业技术教育有利于培养社会所需人才

人力资源是一切生产要素中最重要的部分，民族地区经济社会的发展首先是人力资源的开发，加快民族地区人才培养，事关发展全局。没有人才，民族地区的经济社会发展不可能实现。因此，民族地区经济的发展必须转移到依靠科技进步上来，而科技进步则需要高层次人才，教育则是培养人才的关键。

民族地区的经济社会发展离不开多层次、多专业的人才，除了少数的高新技

术人才之外，大量高素质的劳动者和初中级专门人才必须要靠民族地区自己来培养。在各类教育中，职业技术教育与社会经济的关系最为密切，职业技术教育能很好地适应这种需求。因为民族地区的职业技术教育立足当地社会实际情况，能够根据当地的资源优势、社会发展需求有针对性地进行人才培养，为当地、周边地区甚至更远的地区发展经济提供技术支持和人力支持。

我国大多数民族地区拥有十分丰富的矿产资源及一些特色自然资源。然而目前，民族地区丰富的资源并未得到合理有效的利用，要充分开发这些资源的经济价值，促进当地经济的发展，实现社会的可持续发展，就需要一大批专业人才和技术型人才的支撑，通过发展职业技术教育能有效解决民族地区当前专门人才缺乏的问题。

二、职业技术教育有利于促进科技成果的转化和利用

职业技术教育一方面可促进新成果、新方法的产生。职业技术教育提高了劳动者的素质和操作技能，他们不仅将这些知识和技能用于生产，转化为生产力，产生经济效益，而且他们在实际操作的过程中对其进一步提高和改进，不断创新，从而促进新成果的产生。另一方面，职业技术教育加快新技术、新成果的引进、推广和应用。通过职业技术教育培养的人才大都是生产第一线的工作人员，他们不仅有一定的文化基础，同时也具备一定的实际操作能力，因此他们对新技术和新知识的推广和应用起着非常重要的作用。

三、职业技术教育可有效提高劳动力配置效益

职业技术教育可提高当地劳动力配置效益。第一，职业技术教育能将不同能力、爱好的人导向相应的岗位，使劳动者的个性特征与工作需要相结合，充分发挥人的潜能，从而提高劳动力的配置效益，促进经济发展。第二，随着经济、技术的发展，新行业的崛起，必然要求对劳动力进行重新配置。职业技术教育可以通过专业结构、层次结构的调整以适应社会发展的需要，从而促进社会经济的发展。第三，职业技术教育还可以在一定程度上减轻社会就业压力，间接促进经济的发展。在经济发展缓慢期，社会对劳动力需求减少，这时职业技术教育通对劳动力的培训，在一定的时间内可将劳动力存贮起来，不仅提高了劳动力的素质，也减轻了劳动力过剩对经济发展产生的压力，减轻劳动力与经济发展之间的矛盾，促进经济的健康发展。

四、职业技术教育有利于推动产业结构的调整

民族地区随着经济的发展及产业结构的优化升级，新兴产业不断产生，即使是传统的农业和工业也越来越向科技化、现代化方向发展，科学技术在各行各业

发展中的作用越来越明显。而职业技术教育能为各个行业提供大量熟练的、专门的技术应用型人才。

虽然近几年民族地区经济发展迅速，但与其他地区相比，其经济发展水平相对落后，经济结构不尽合理。要加快民族地区经济发展，缩小与其他地区的差距，就必须加快对其经济结构和行业结构的调整，这就需要适当降低第一、二产业的比重，提高第三产业的比重；适当收缩传统产业，扩大新兴产业。经济结构及行业结构的变化就需要劳动力由劳动密集型向技术密集型转变。另外，在产业结构调整的过程中，必然会出现大量的结构性失业人员，他们面临着“转岗”“转行”的再就业问题。这就需要他们通过职业技术教育、岗位培训等，学习新的技能，提高就业能力，更快地重新适应因产业结构变化而产生的新的职业的需要。

民族地区经济的发展变化需要职业技术教育充分发挥其自身的特殊作用，为当地经济的发展提供大量符合要求的专门的、技术型人才，满足经济发展变化的需求。

五、促进社会就业

国家对加强职业技术教育，促进劳动者充分就业历来十分重视。《劳动法》规定：发展职业培训事业，开发劳动者的职业技能，提高劳动者素质，增强劳动者的就业能力和工作能力；从事技术工种劳动者，上岗必须经过培训。朱镕基在全国职业教育工作会议上指出：加快发展职业教育，是开发人力资源，提高生产、经营、管理、服务第一线劳动者素质的最有效途径；只有提高劳动者科学文化知识水平和生产技能，才能降低生产成本，改进产品质量，增进经济效益，提高市场竞争力；同时劳动者提高自身的素质和职业技能，才能适应市场变化和岗位转换的要求，增加就业和再就业的机会。

随着社会的发展，职业变化的速度不断加快，失业人口数量逐渐增大。为了更加有效地促进就业，就业促进部门必须大力发展有助于下岗人员转岗就业的职业技术教育，利用职业技术教育进行职业转岗教育培训是促进社会就业的有效途径。

六、转移农村剩余劳动力，加快城市化进程

随着城市化进程的推进，以及农业生产力水平的不断提高，尤其是随着农业的科技革命，我国民族地区农业生产所需农业劳动力的数量也会越来越少，导致越来越多的农村劳动力从农业生产部门游离出来，从而形成了农村剩余劳动力。这些剩余劳动力转移到农业以外的生产部门，从事非农业生产活动，即农村剩余劳动力的转移。

我国剩余劳动力的转移如果仅仅依靠扩大城市规模，通过乡镇企业吸收两条途径，效果是非常有限的。要实现我国剩余劳动力的顺利转移，最根本的还是要提高农村劳动力素质。在城市化过程中，面临的最大问题是农民与生产资料的剥离问题，这涉及农民的思想观念转换、经济发展模式的转换、职业和技能转换等一系列问题。由于企业对农村劳动力的职业技能的要求会越来越高，因此，通过职业教育和培训可以提高农民的素质和生产技能，使他们迅速掌握城市化进程中所需要的劳动技能，实现农民的职业转换，最终实现农民与土地等生产资料的剥离，服务于第三产业，加快城市化进程，实现生产的集约化、规模化、现代化和效益化，带动地区经济发展。此外，还可以通过职业技术教育传播一定的社会思想和道德规范，进而减少西部地区农村城市化的阻力。

七、优化市场经济发展环境

市场经济的发展离不开诚实守信、有序竞争、健全的法制等人文道德环境，营造良好的市场经济环境是发展区域经济乃至整个社会经济的基础和先决条件。规范市场经济秩序，优化区域经济发展环境，不仅要靠法制建设，要靠相关执法部门的严格管理，还要依赖全社会的倡导、教育和监督。职业技术教育在教育过程中要向学生传递职业道德的内容，而职业道德核心价值是诚实守信。基于此，职业道德教育环节就显得十分重要。职业技术教育不仅可以利用自身教书育人的功能，而且也可以利用它本身对职业道德和职业素养的教育和培养的重视，发挥其他社会力量难以替代的作用，鼓励诚实守信行为，批评失信行为，打造“诚信文化”。因此，大力发展民族地区职业技术教育会为民族地区经济发展打造良好的市场环境基础，从而促进民族地区经济在和谐的市场环境中更好地发展。

第三节　民族地区职业技术教育与经济互动发展模式

一、校企合作区域产业群资源开发互动模式

（一）校企合作的含义

校企合作是以市场和社会的人才需求为基本出发点，并以培养理论专业知识和职业实际操作技能并举的高素质应用型人才为最终目标，学校和企业合作联合开展的一种新型的职业教育人才培养模式。这种模式充分利用了学校和企业的优势资源进行合作，把学校的人力资源和企业的技术优势相结合，培养具有就业竞争力的人才，不仅可以提高学校的办学效益，提高学校的学生就业率，学生毕业后进入企业工作，也可利用所学知识提高企业的管理和技术创新能力，实现企业的经济效益。校企合作不仅可以实现学校与企业的“双赢”，而且可以把职业技

术教育和社会经济有机地结合起来，以促进地方经济的快速发展。

（二）校企合作的现状

1. 国外现状

目前，国外高职院校的校企合作教育主要呈现出三种不同的模式：一是以企业为主导的校企合作模式，代表是德国的双元制；二是以学校为主导的校企合作模式，代表是美国的合作教育；三是以行业为主导的校企合作模式，代表是澳大利亚的 TAFE 学院。

德国的双元制又称现代学徒制，是一种将企业的实践技能与学校的理论知识紧密结合，以培养具有高技能水平的专业技术人才为目标的职业教育制度。在双元制教育模式中，教学内容按照企业和学校不同的特点进行分工和合作，并根据国家行业管理部门的各项职业培训条例制订培训计划，职业院校根据企业的培训要求主要负责深化培训中的专业理论。美国的合作职业教育是指美国的职业学校与工商界、企业界进行合作，共同培养学生接受职业教育的一种教育模式，具有办学以学校为主、企业为辅的特点。学生在职业院校学习普通的职业教育课程的同时，又在工商界进行实践技能的锻炼，学习和工作交替进行。20 世纪 70 年代，澳大利亚联邦政府教育部在技术与继续教育咨询委员会的建议下重新明确技术与教育的含义，开始充分重视职业教育，明确地将职业技术教育与继续教育结合在一起，把学历教育和岗位培训结合起来，建立了新型的 TAFE 学院，实行新型的职业教育。

2. 国内现状

在我国，校企合作产生于 20 世纪 70 年代末，随着企业开办职业学校就有了校企合作、产教结合的模式，包括当时行业办中专、技校，但这种模式只能算是企业办学校，还不能称之为真正意义上的校企合作模式。20 世纪 90 年代以来，全国职业教育工作会议多次明确提出，要大力推进“校企合作”“工作结合”“半工半读”的新型人才培养模式。经过职业院校多年的努力探索，校企合作模式取得了一定的成果。纵观目前我国的职业教育，校企合作大致可分为“订单式”培养模式、“职教集团”培养模式、实习基地共建模式、企业“冠名班”培养模式、三方校企合作模式等几种模式类型。

“订单式”培养模式是学校根据企业向职业院校发出的订单人数、订单专业和具体的其他要求组织招生，企业和学校共同制订人才培养计划。学生在学校接受理论知识的学习，在企业进行生产实践的学习，学生毕业之后直接到企业就业。这种人才培养模式使得学校和用人单位紧密结合，学校人才的培养更具科学性和针对性，这也是近年来国家大力提倡的一种校企合作模式。“职教集团”培养模式是职业院校和企业共享资源，优势互补。许多职业院校和众多的企业相互协作，共同组成产业群体或者职教集团，整合各自的教育资源，强强联合，做大做强校企合作，实现资源的优化配置和利益的最大化。

3. 现状分析

相对于国外的职业技术教育来说，我国在开展校企合作方面起步较晚，并且对于校企合作的重要性认识不足，不管是在教学上还是管理上，保守思想仍然起着支配作用，缺乏有效的制度支持。所以虽然我国职业技术教育的校企合作取得了一定的成果，但尚处于探索阶段，学校与企业的深度合作还有待进一步加强。

我国西部地区，尤其是西部民族地区，由于思想观念落后、经济和教育亟待发展，现有的教育发展水平远远不能适应地区经济发展的需要。因此，在民族地区职业技术教育中更应该走校企合作人才培养模式这条“双赢”之路，利用校企双方的资源优势进行全方位合作，以此来培养学生的专业理论与实际动手能力。这样不仅能从整体上提高民族地区的文化素质水平，还能培养出大批理论与技能结合的复合型人才，增加学生就业，填补民族地区高新技术人才的空缺，从而提高企业的经济效益，促进民族地区经济的稳定快速发展。

（三）校企合作的利益关联方

1. 学生的利益

学校作为育人机构，其办学目标就是培养社会所需的具有良好职业道德与一定专业技能的生产者和管理者。而企业作为用人单位，其追求的目标是效益最大化，创造效益又需要有文化、懂技术、会管理的生产者。因此，学校与企业的共同目标就是学校培养能为企业所用的高技能人才。所以，校企合作的直接受益者是学生，学生不仅可以在实际应用中真正掌握实践技术，还能体验到企业的生产工作纪律和技术要求，提高职业技能修养和团队合作精神，及早地与就业岗位接轨，提高自己的就业竞争力。

2. 学校的利益

学校培养的是社会需要的高级应用型人才，除了传授文化、专业知识外，还要从生产、经营、服务的实践中锻炼人才。实行校企合作，有利于学校加强人才的市场观念，提高学生的职业素质和人才培养的质量。同时企业也可以获得自身需要的人才，实现学校企业的互惠互利。推行校企合作，学校能充分利用企业的信息优势，时刻了解市场的人才需求，根据这些要求适当改变学校专业和课程的设置，定期组织学生到企业进行车间的实际实习和管理部门的经营实习，并要求企业资深的技术员工对学生进行技能培训，增强学生对实际应用技术的亲身感受，使学生能主动地将理论与实际结合，提高主动学习的意识，从而提高学校的复合型人才培养效益。

校企联合构建了真正的互利“双赢”模式。一方面，学校有较强的人力资源优势，相对稳定的生源，学校教师具有较高专业理论知识水平，通过与企业合作，教师可以深入企业生产第一线，与具有实践经验的工程技术人员相互学习交流，参与技术革新开发，提高实践动手能力。另一方面，企业拥有先进的施工设施，引领产业新技术。企业中具有丰富实践经验的工程技术人员可以充实到教师队伍中去，能更好地指导学生完成实践性教学环节。

3. 企业的利益

企业为了获得更多经济利润，以实现企业的人力资源优化组合和提高企业知名度，也积极参与校企合作。在合作中，学校为企业提供技术服务和合格的人才，也针对企业的发展需要设定科研攻关和经济研究方向，将研究成果转化为工艺技能、物化产品和经营决策，提高整体效益。建立利益共享关系，实现“教学—科研—开发”三位一体。实行校企合作，学校将定期向企业输送实用型人才。毕业学生进入企业后，根据企业的需要选择适合自己的职业岗位，分别从经营管理水平和技术创新方面提高企业的“软实力”和“硬实力”，为企业从内至外注入新鲜活力，使企业能适应市场的不断变化需求，提高企业的市场竞争力，促进其经济利益的实现。

4. 政府的利益

中国人口众多，教育资源一直都是稀缺资源，政府在教育上的投资压力十分巨大，迫切需要整合社会力量办教育。校企合作为政府整合了社会上一切有用的资源，节省了大量的投资。同时，培养出来的学生就业率将得到根本性的改善，解决了当前大学生最严重的就业危机，政府的压力将大大缓解。

5. 社会的利益

近年来，我国校企合作迅猛发展的趋势已表明，校企合作是社会经济发展的必然要求。学校和企业作为两个重要的技术创新主体，双方合作具有重要的现实意义。一方面，职业教育是培养生产、管理和服务一线技术应用型人才的教育，因此，职业教育的生存与发展也需要依靠企业的支持，必须依靠企业的直接参与，建立合作伙伴关系，才能真正实现“双赢”。学校将实践性教学课放在企业或单位，可节约大量实训、实习设备资金，学生就业也更有保障。学校还能够通过实际考察，了解市场需求，提高科研的针对性，同时，在实践的基础上，提高学校自身的知识创新能力，有利于增强高校的科研水平，尽快实现技术转移，使科技成果有效地服务于实践。另一方面，面对知识经济时代，企业越来越清楚地意识到企业的生存与发展决不仅仅在于引进先进设备和技术，而是在于自主创新，为此，技术创新是企业发展的基础和动力，人才就成为竞争的核心。一个企业要想立足市场，就必须不断进行技术创新，企业对生产、管理和服务第一线高级技术应用型专门人才的需求，决定了企业的发展离不开职业教育。

校企合作不仅是职业技术教育发展的必然趋势，也是企业创新型发展的必由之路，更是社会经济发展的有效途径之一。校企合作不但能实现学校与企业之间的资源共享，实现“双赢”，还能促进我国人才素质的提升，促进科技和经济之间的良性循环发展，全面推动我国经济的持续健康发展。

（四）校企合作的模式分析

1. 实施双元制教育

双元制教育就是让学校的教学活动在企业与学校之间交替进行，2～3 年时间在学校学习，1～2 年时间在企业参加实践。实施双元制教育能让学校与企业紧密合作，充分利用企业的技术和先进设备，从而有利于人才技术应用能力的培养，既为学校改变人才培养模式、提高办学效益提出了可行途径，也为企业发展提供了管理人才和技术人才，减少了对职工进行后期培训的花费 ，对企业早用人、用好人和企业快速发展都具有好处。

2. 共建校企合作基金会

要想使校企合作模式持续地发展，除了学校的人才资源和企业的技术支持外，还需要一定的资金投入保证其正常运行。学校和企业各自按一定比例出资设立合作基金，成立基金会专门管理该项基金的运作，合作基金可以按照不同的用途进行设立，主要类别有项目基金、匹配基金、种子基金、青年基金和风险基金等，以鼓励和资助项目研发及合作的运作等。同时，学校和企业还应定期对资金的使用情况进行审核和检查，确保资金的正确和合理使用，减少资金浪费。

3. 共建人才实习基地和技术研究中心

企业与学校共建实习基地可以加强学生对实际应用技术的掌握，缩短复合型人才的培养周期，并且在企业和学校共同研究出新技术后，企业可组织员工到实习基地进行学习，促进员工技术水平的提高。学生和员工也能在学习中实行互补，可形成对对方知识的冲击，有利于学生的职业技能学习和企业的技术创新。如今，技术研究中心是科技研究开发的又一方式，学校共建技术研究中心，能促进校企双方的紧密合作。学校的老师、学生和企业的资深技师对市场变化、产品要求和技术要求进行交流研究，从而进行技术改造和创新，促进产品结构的调整，使研究中心成为企业发展的技术后盾和技术支撑。而企业的技术创新又能促进社会的技术创新，最后促进社会经济的发展。

4. 共建职业院校科技园

职业院校科技园，是以职业院校为依托，利用学校的人才、技术、信息、实验设备等综合资源优势，在政府政策引导和支持下，在学校附近区域建立的技术创新和企业孵化活动的高科技园。职业院校可以通过职业院校科技园平台与企业开展合作，充分利用科技园的优惠政策，吸引企业将研发机构放到科技园内，或与学校合作在科技园内共建科研平台，既为企业解决技术难题提供了空间和捷径，又集聚了学校的科研实力，体现出学校的科研能力和水平。

5. 与政府、企业共建公共服务技术信息平台

地方职业院校应该积极参与政府和企业的公共技术服务信息平台建设，积极

推广技术成果，充分使用职业院校的科技资源，加强与地方政府和企业的交流。通过公共服务技术信息平台的建设，提升学校为地方政府和企业服务的能力和知名度，加强高校科研与地方的紧密结合，积极推进地方职业院校从社会的边缘走向社会的中心。

（五）校企合作的关键环节

1. 以人才与技术作为合作的最佳结合点

校企合作模式是一种互利互赢的模式，企业发展需要人才、科技，高校具有一定的人才优势、技术优势，校企双方应以人才和技术为结合点，实现资源共享与优化配置，以培养高层次的应用型人才为最终目标。学校要利用企业提供的信息和设备支持，改革教学内容的规划，合理划分理论课程与实践应用课程的比例，做到学生职业理论与职业技术的双重具备，并定期向企业输送优秀毕业生，增加企业优秀的管理人才和技术人才。企业要改善学校的办学条件，提供技术实习场所和实验设备，并组织资深技师到学校授课，加大技术投入力度，增强学生对实际应用技术的认识和了解，并加强对技术与理论的融合，提高自己的职业技术修养和就业竞争力。

2. 以企业和市场需求为导向

企业的目的在于追求经济效益，产品的销售和企业内部的管理机制都对效益的提高有着至关重要的作用，而这些都需要专业人才的支持，所以企业发展的重中之重在于人才的素质。地方职业院校人才培养要以经济结构调整为依据，以高新技术产业发展为导向，以满足企业人才市场需求为目标任务，结合自身的办学条件设置专业、制定培养方案、制订教学计划，推动产学结合，加强校企合作，增强专业教育的针对性和适用性，努力创造自己的特色品牌，按照全面培养、强化技能、因材施教、知行合一的教学原则，不断提高人才培养工作水平，提高毕业生的就业竞争力。

3. 以行业为依托

地方职业院校应组织多方力量共创办学优势，其中要强调行业企业和科研机构及社区的参与，认真探索产学研结合的办学思路，以满足教学实践和技能训练的基本要求。学校在积极开拓、主动出击的方针指导下，结合区域内产业结构的特点，积极开展产学合作办学，推行教学与科研的紧密结合，鼓励老师深入企业，根据企业需要，利用专业研究优势，积极承担生产科研项目、技术革新、技术开发和推广，积极帮助企业解决生产中的难题，以科研促教学，努力实现高等教育教学与科研的紧密结合。

4. 以服务地方为宗旨

经济社会的发展离不开高素质的人才支撑。高校作为人才培养的重要基地，应为地方经济的发展培养和提供高素质的复合型人才。同时，学校应明确人才培养的定位，既要培养能适应地方需求、具有较高就业技能的毕业生，又要大力培养紧缺的高端人才，为地方发展注入活力。以服务为宗旨，以就业为导向，面向社会，面向市场办学，使毕业生具有多种职业技能。学校应建立不同等级的职业技能培训鉴定平台，为毕业生和社会企事业单位定期培训和鉴定职业技能，使其能获得相应的职业资格证书，提高职业能力，提高就业率。

（六）校企合作模式的发展措施

1. 合理设置专业和课程

校企合作模式要求学校根据市场与企业的实际需求来培养人才，强调学生的“学以致用”，所以学校要根据市场经济结构的调整和企业的要求以及自身的实际情况设置专业和课程。学校应结合地方经济发展的实际情况，因地制宜，增加专业的实用性，不仅为企业培养高层次、高素质的应用型人才，也为学校创办自己的特色招牌专业，增强学校的影响力。同时，学校应根据不同专业的特性，合理设置该专业的课程结构，特别是注重实践课程与理论课程的比例，不断加强该专业的实践教学环节，提高学生的实际操作技能水平。另外，学校在合理设置专业和课程之后，应加强对学生的职业生涯规划教育，促使学生提高以就业为导向的认识，引导学生根据自己的兴趣特长或需要选定适合自己的专业，要求学生认真学习专业理论知识和专业技能操作，做到“学做合一”，提高学生的就业竞争力，并积极为社会创造价值，促进地方经济的快速发展。

2. 加大现代教育技术的运用

教育的发展离不开教学手段的更新，校企合作模式也同样需要与时俱进。随着现代科学技术的飞速发展，多媒体技术也迅速地被广泛使用。企业与学校要加大对现代教学手段的应用，大量应用电视、录像、VCD 教学光盘和计算机辅助教学软件等手段进行教学。教师和学生不仅可以随时接触到最新的技术和理论，也能通过观看录像增强学生对现场技术操作的模拟感，引发学生学习技能的兴趣，提高学校的办学效率和学生的学习效率。企业可以通过远程教学及时对学生进行现场技术教学示范，学校通过远程教学实现对企业员工的理论培训，真正实现信息互通、资源共享。这样不仅能促进企业观念的转变和进步、经营管理水平和技术的创新，还能促使教师和学生知识更新，最终达到校企“双赢”的局面。

3. 加强对校企合作模式的管理

校企合作模式有利于促进我国教育事业的改革和发展，提高广大毕业生的整体就业素质，但如果缺乏科学的管理，校企合作将无法持续健康地发展下去。一方面如果学校对学生的学习管理考核力度不够，没有使学生意识到理论知识学习与职业技能培养同样重要，误使学生认为参加学校与企业共同组织的培训与实习只是一种形式，则会导致学生不能真正地掌握技术，也就无法顺利就业，满足不了企业的人才需求。因此学校应与企业合作建立完善的管理体制，加强对学生的

日常学习考核和技能考评，严格要求学生，提高学生的学习效率与学习质量。同时，学校还可推行“双证制”，即学历证书与职业技能证书的制度，提高学生对职业技能培养的认识，并对职业技能证书进行严格的考核，从而使学生真正掌握职业技能，提高其就业竞争力。另一方面，学校若没有认真地履行与企业的合作承诺，没有根据企业的实际需要合理地设置专业课程内容，致使学校的培养目标与企业的实际需求出现差异，导致校企合作无法实现“双赢”。因此，校企双方应制定牵制双方利益的管理制度，并取得政府的支持与认可，确保制度的执行力度。同时，国家也要加强对校企合作模式的管理，保证学校的教育质量和企业的利益，促进校企合作模式的蓬勃发展。

（七）校企合作模式对民族地区经济发展的作用

我国民族地区自然资源丰富，有色金属、石油、天然气等资源储量巨大，但是民族地区资源开采和利用不充分，造成一定的资源浪费，同时也阻碍了民族地区经济的发展。要促进民族地区经济的长足发展，必须培养与经济发展相适应的人才。利用先进的科学技术，实行科学开采，充分发挥资源优势，合理配置资源，促进民族地区高新技术产业的发展，推动民族地区经济的快速发展。

校企合作模式能够充分整合学校与企业的优势。一方面企业为学校提供了先进的教学设备和实验设备，为学生提供了实际操作技能训练的场所，并通过选派专业技师现场指导和示范，提高了学生的实际业务水平。另一方面学校根据企业与市场的人才需求信息，依托民族地区的自然资源优势，结合民族地区资源开发与利用现状，合理设置专业和课程。学校与企业定期进行教学内容的交流，制订合理的教学进程计划，使学生真正达到“学以致用”，为地区经济和企业的发展服务。学校还要定期向企业输送应用型的优秀人才，经过企业的知识和技能考核，参与企业资源开发利用技术的改造计划，提高企业资源技术的创新水平和内部经营管理水平，促进企业由粗放型的资源开采经营模式向资源深加工的经营模式转变，从而加快民族地区整体高新技术产业的发展和经济结构的转型。

因此，校企合作模式不仅能合理利用人才和技术资源，提高科学技术文化水平，促进民族地区第二产业和第三产业的蓬勃发展，还能通过合理地开采和利用自然资源，增加资源的经济附加值，从而促进民族地区经济的转型。所以我们应以“校企合作、资源共享、优势互补、共同发展”的理念来运作校企合作模式，实现民族地区经济的持续稳定发展。

二、大学科技园区产学研合作互动模式

（一）产学研合作的含义

产学研合作是指企业、科研院所和高等学校之间为了共同利益和满足市场需求，以各自拥有的资源进行科学研究、技术研发、产品生产、市场开拓等一系列

开发、经营活动。通常它指以企业为技术需求方，与以科研院所或高等学校为技术供给方之间的合作，其实质是促进技术创新所需各种生产要素的有效组合。随着高校功能从人才培育、科学研究到社会服务的延伸，高等教育、科技、经济一体化的趋势越来越强。尤其是在知识经济社会中，大学将被推向社会发展的中心，成为社会经济发展的重要动力。产学研合作将进一步推动科技成果的转化，服务于地方经济，让企业、科研院所和高校三方受益。

（二）产学研的发展现状

1. 国外现状

国外发达国家产学研合作起步较早，其发展已达到巅峰，并开创了许多成功的模式，为后来者提供了不少可供借鉴的经验。

早在20世纪50年代，随着高新技术的兴起和发展，美国工商界和政府部门为了利用大学的研究力量，开始把从事高新技术研究与开发的实验室设在研究性大学周围，因此在一些大学周围便形成了高新技术密集区，统称科技工业园区。从其兴建方式看，大致可分为三种类型：一是由大学组建，如在特曼教授倡议下，由斯坦福大学于1951年兴建的“斯坦福研究园”，并由此带来了“硅谷”的崛起。二是由企业组建，如20世纪50年代出现的沿波士顿128号公路兴办的“波士顿128号公路高技术园区”。三是由州政府组建，如北卡罗来纳州对发展高新技术有兴趣，于是选择位于该州的北卡罗来纳州立大学、北卡罗来纳大学和杜克大学于20世纪60年代共同组建了“三角研究园”。

从19世纪下半叶开始，英国逐步开始建立并发展大学与工业的联系。发展到20世纪70年代，围绕剑桥大学逐步形成了科技工业园区。而进入80年代以后，在剑桥地区涌现出了大量的高技术公司，这就是所谓的“剑桥现象”。目前，剑桥大学周围已有1000多家创新型公司，是欧洲最大的高科技工业聚集区。“剑桥现象”的出现是多种因素长期互动的结果，但其中最为重要的一个因素是，剑桥大学是剑桥地区的科技成果、人才、风险投资和房地产的主要源泉。

德国在世界经济增长过程中所取得的领先地位，与它执着追求科技发明、高水平的教育以及高质量的产品紧密相连。它的成功得益于产学研合作的有效推行，特别是Fraunhofer联合体在其中发挥了独特的、富有生命力的作用。Fraunhofer联合体于1949年在德国慕尼黑成立，目的是加速推进应用研究，在第二次世界大战的废墟上重建德国经济。Fraunhofer联合体拥有41个研究所，服务对象是中小企业和政府部门，其中来自企业界的合同主要包括解决具体问题或对新工艺进行评价和引进。Fraunhofer联合体在科研管理上的一个特点是它既与大学有密切的联系，又依靠合同服务于政府和工业界的用户，发挥着桥梁作用。它努力在政府（联邦和州）、企业、高校和研究机构之间建立基于共同利益而又凭借合约进行联系的牢固纽带，并通过长期规划创造发展的机会。

日本国立大学具有较高的科研水平和技术创新潜力，在政府的鼓励下，国立大学逐步形成了多样的合作方式。一是共同研究制度。1983年后，国立大学的研究人员可以就共同的课题开展合作研究，将国立大学的研究能力和企业的技术能力结合起来，创造出优秀的研究成果。该制度规定，共同研究所产生的发明及专利为国立大学和企业共有，包括共同申请的专利在内，凡与此共同研究有关的国家专利，合作企业可在一定期限内优先使用。二是委托研究制度。这种形式是指企业和政府部门委托国立大学进行某项研究，接受委托的国立大学使用企业提供的经费开展研究，向企业提供科研成果，以此协助企业的研究开发。该制度下所取得的专利是国家专利，委托者可在一定期限内优先使用。三是委托研究员制度。这种制度是指企业的技术人员到国立大学接受研究生水平的指导，把握最新的研究动态。通过提高研究素质和研究能力，使企业未来的研发更具活力。四是教育捐赠的财会制度。日本国立大学属于国家机构，在财政收支方面国家管理很严格，而教育捐赠的财务规定，则为国立大学收纳企业和个人的捐赠、有效开展学术研究活动起到了重要作用。这项制度的具体程序是大学将所得捐赠上缴国库，国家再划拨与捐赠等额的资金返还给大学。国家委托大学对资金进行会计管理，受赠大学可以根据捐赠者的意愿灵活使用，或开展学术活动，或创建研究机构，用途不限。五是共同研究中心。从1987年开始，一些国立大学相继建立共同研究中心，作为与产业界合作的窗口，既是共同研究的场所，又是企业人员接受培训的课堂。迄今为止，日本全国已有52所国立大学设立了共同研究中心。

2. 国内现状

我国在计划经济时代，为了大力发展重工业，促使科技进步，特别是国防科技领域的建设，政府对其控制下的企业、大学和科研院所直接下指令，促使他们联合起来攻克国防尖端技术。有学者称，这个时期是没有市场经济的产学研，我国真正意义上的产学研合作是从20世纪80年代开始的。为了加强企业、高等院校和科研院所之间的交流与合作，加速科研成果向现实生产力转化，加快企业技术创新和高技术产业化的步伐，原国家经委、国家教委、中国科学院于1986年共同倡导实施了“产学研联合开发工程”。特别是在20世纪90年代初，我国产学研结合得到快速的发展，至今已形成多种产学研合作模式。

科技园区模式是以著名研究型大学和科研院所为依托，利用大学的科研与人才优势，发挥高新技术的辐射作用。通过在园区内设立创业服务中心，一方面扶持大学创办各种高技术开发公司，加快大学科研成果向产品的转化过程；另一方面鼓励企业对那些有应用前景并能在短时间内开发出高技术产品的科研项目进行研究。联合实验中心模式是指高校、科研院所与企业合作设立科研开发机构、工程研究中心等相对独立的研发机构，其主要任务是向产业界输送技术，并通过同企业的联合开发、实验，使技术和产品迅速转化为商品和生产力。除上述两种模式以外，我国产学研合作模式还有企业附属研究院模式和项目联合模式等。其中，项目联合模式是目前我国产学研合作中比较常见的一种形式。

3. 现状分析

与国外发达国家相比，我国产学研结合还处在发展中阶段，各方面都还需要长足的发展。并且国内产学研结合还存在明显的意识方面的缺陷，无论是企业、高校还是科研机构都还非常分散，难以结合在一起，从而难以优势互补并推动产学研结合的发展。就我国民族地区而言，经济、文化相对落后，经济发展过程中产学研结合的重要性就更加明显，通过企业、高校和科研机构的互助，可以推动新产品、新科技的问世，从而更好地拉动民族地区经济的发展。

（三）产学研的利益关联方

1. 学生的利益

企业与高校、科研机构进行产学研结合，作为技术、产品研发的主体，参与研发的学生在研发过程中所得到的利益是多方面的。第一，学生加入到研发过程当中，对学生自身专业技术是一种升华，学生在课堂上所学到的专业知识能够更早地得到实践，从而巩固学生的专业技术。第二，学生参与研究，对企业发展过程有一个更加深刻的认识，了解企业发展过程中最容易面临的技术性问题，加强相关专业知识与技能的学习，提高学生运用理论知识解决实际问题的能力。第三，学生加入到研发过程中，有利于学生团队意识的培养，学生进入企业工作后，能够快速地融入集体中以适应工作要求。

2. 高校、科研机构的利益

高校与科研机构是发展产学研结合的技术主体，拥有高素质、高技能的人才和先进的技术设备。但是高校与科研机构在研发资金上的缺乏是其主要问题，通过与企业的合作，高校与科研机构可以从企业方面获得大量的资金支持，从而完成那些花费相对较大的研究。另一方面，有了企业的加入，高校和科研机构的技术研究方向就更加明确，所研发的产品与技术更能适应市场的需求。

3. 企业的利益

企业为了实现利润最大化，获取最先进的技术、产品，以拓展市场，增强企业自身在市场当中的竞争力，可以通过与高校、科研机构的合作，获得足够的人才与技术的支持，从而攻克企业发展过程中所不能解决的技术性难题。与此同时，企业投入资本，委托高校、科研机构进行技术开发，可以缩短研发周期、降低研发风险。

4. 社会的利益

企业单方面研发产品，由于技术问题，产品研发速度很难跟上市场发展步伐，所研发的产品往往不能满足市场需求。就高校和科研机构而言，他们进行的研究大多属于学术性的研究，与市场接轨程度明显不足，所研发的产品与技术进入市场往往都缺乏市场竞争力。通过企业、高校、科研机构互动合作，各方进行优势互补，不仅可以提升其研发技术、产品的核心竞争力，还可以在满足市场需求的情况下，带动地方社会服务能力的提高，推动社会经济的大力发展。

（四）产学研模式分析

产学研结合模式，从其内容进行划分主要包括：技术受让、技术开发、共建研发机构或实验室、创办经济实体、联合培养人才（包括建立大学生实习基地）、共享科技资源（包括利用文献、仪器设备等科技资源）、技术咨询或服务等。

1. 技术转让模式

企业通过与高校、科研机构签订相应技术转让合同，受让高校、科研机构相对成熟的技术成果，包括高校、科研机构的新技术、新产品、新工艺等的专利权、专利申请权、专利实施许可权、技术秘密等。虽然技术转让模式成熟较早，但由于企业与高校、科研机构之间难以实现利益均衡，比如，不够成熟的技术成果企业不会受让，而比较成熟、有市场前景的技术成果，高校与研究机构又不愿转让给企业，而是倾向于自行实施转化。因而，这就要求企业、高校和科研机构三方达成共识，相互协作，以达到利益共享的目的。

2. 技术开发模式

技术开发模式包括合作开发、委托开发等形式。企业通过与高校、科研机构合作开发或委托高校、科研机构开发新技术、新产品，充分利用高校与科研机构的人才优势和技术优势，攻克企业自身在产品研发过程中的技术难关。技术开发模式的特点：一是将高校、科研机构研究开发的优势与企业的市场优势、产品化优势有效结合，实现产学研各方的“资源共享”“优势互补”。二是开发风险较高，且主要由企业承担。三是所取得技术成果的知识产权比较明晰，一般为双方共有或由研究方享有。在技术开发中，研究方在乎发表科研学术论文的数量和质量，而企业比较在乎技术成果转化及其价值的市场实现，各自追求的有所不同。技术开发模式的成功还取决于：一是企业有较强的经济实力，高校、科研机构有较强的研究实力；二是知识产权归属明晰，利益分配合理，风险共同承担，产学研各方的短期利益与长期利益有机结合；三是合作各方有较好的合作基础，相互信任且沟通有效。

3. 共享科技资源模式

为了弥补企业在技术创新中自身相对缺乏科技资源的不足，企业需要联合高校与科研机构，利用其科技资源的优势，对企业自身进行完善以解决企业自身科技资源不足的瓶颈问题。该种模式是产学研结合相对初级的形式，但这种模式对企业相对有利，企业可以充分利用高校与科研机构先进的技术设备，节约大量资金，也为其顺利开发新产品创造条件。

4. 共建研发机构或实验室模式

企业利用学校与科研机构的人才优势、技术优势以及科研条件优势与高校、科研机构联合建立实验室或研发机构，是产学研结合的高级形式。这种模式适用于具有良好合作经验与合作基础的企业、高校和科研机构，对各方的实力优势都有较高要求且各方应实现优势互补。其特点在于：一是以市场为导向；二是高校、科研机构以优秀的科研人才加盟，企业投入研发经费，安排产业化人才加盟，形成“人才+资金”的产学研结合模式；三是有比较合理的管理体制与运行机制，实行管委会或理事会或董事会领导下的主任负责制；四是实验室或研发机构独立运作，具有经营自主权，对研发成果的知识产权归属、利益分配均有明确的约定。

5. 联合培养人才模式

产学研结合发展到一定阶段，必然在企业、高校、科研机构之间建立人才交流和人才培养的机制以及人才训练基地。联合培养人才模式是互惠的、紧密的、长期的合作，该模式一般适用于大中型企业。大中型企业对人才的需求比较丰富，能为高校、科研机构提供比较大的合作空间。联合培养人才模式的特点：一是发挥各方优势联合培养人才，对企业、高校与科研机构来说，是一种“共赢”模式。对企业而言，短期内可以解决企业的人力资源不足的问题，从长期来看可为企业储备专业技术人才。对高校、科研机构而言，有利于学生理论联系实践，使高校、科研机构的研究更贴近实际、贴近市场需求。二是合作期长，是长期合作的必然结果。三是合作风险比较低。

6. 公共技术服务平台模式

公共技术服务平台模式是高校与科研机构利用其自身技术优势建立针对企业的技术服务平台，为企业提供专业的技术服务，帮助企业完成自身技术升级与产品研发。公共技术服务平台模式是一种更高级的产学研结合模式，实际上是一种商业模式，它提供专业技术产品和技术服务，将研究开发、技术咨询、技术服务有机结合，适用于有较强的技术研究与开发能力、先进的科学仪器与技术设备、高素质的人才队伍且有较强的服务意识的机构。

7. 共建经济实体模式

要使产学研之间联系得更加紧密，最好的方式就是构建经济实体模式。其特点在于：首先是以市场为导向，是科技与经济一体化的具体体现。高校、科研机构是技术的源头，企业作为生产、销售的基地，相互结合形成研究、开发、研制、生产、销售一条龙。其次，企业投入固定资产、现金，高校与科研机构投入技术，企业与高校、科研机构按照投入分配股份。再次是有比较合理的管理体制与运行机制，企业与高校、科研机构共同管理，相互监督。最后是产权明晰，各方利益共享、风险共担。

（五）产学研合作发展的关键环节

1. 合作各方分工明确，信息共享

企业、高校以及科研机构对产学研合作过程中各自的角色定位应当具有清晰的认识，这样就可以很好地解决产学研合作上大量存在的技术供给和技术需求错位的问题。在产学研合作过程中，对于企业而言，作为资金的投入方，应当做好对高校、科研机构资金方面的支持，与此同时，企业自身的信誉特别是合作精神是影响企业合作研发效率的关键因素。对于高校和科研机构而言，研发能力是其核心，应充分发挥其自身优势，加大技术、人才的全力投入，把产品和技术的研发放在首位。

产学研合作是企业与高校、科研机构的互动过程，因此，合作各方的信息同步是产学研合作的基础。产学研合作各方在管理体制上应当形成“统一管理，紧密结合”的体系，建立共同的管理部门以及运行机制对产学研合作的交接点、合作各方进行系统有效的管理。同时，在产学研合作过程中，合作各方应当建立足够的交流，以便各方对信息进行汇总。

2. 合作各方利益均分

为了确保充分发挥产学研合作各方主观能动性，要求企业、高校与科研机构三者实现利益均分。利益均分主要包括了合作资金按需分配与相关法律法规的有力支持两个方面。

产学研合作模式在国外运行过程中，通常设立专门的合作基金，如美、英、日等国设立的“科学基金”“教育与工业或商业联合奖励基金”“教育与企业合作奖励基金”等。这些基金从经济支撑条件方面保证了产学研合作过程中对资金的需求。目前我国尚无直接用于支持产学研合作的专项拨款，缺乏稳定的产学研合作资金来源，已有的“科技型中小企业创新基金”“火炬计划”等项目基金，由于是以企业为中心，高校和科研机构作为技术支撑，在研发费用的划分、利益的分配方面，企业与高校和科研机构的目标值相差甚远，很难达到三者平衡，所以高校和科研机构对这类项目资金的申报积极性不高。因此，开辟稳定的资金渠道，加强经济支撑条件是产学研合作过程中亟待解决的问题。另外，科技、教育和经济各部门之间的条块分割，使各方利益在分配方面协调难度较大，各主体间形成了坚厚的行业阻隔，导致产学研的紧密配合和有效合作存在很大的问题。

（六）产学研模式的发展措施

1. 加大企业资金投入

在发展观念上，企业要增强科技创新意识和市场竞争意识，充分利用高校和科研机构的科研实力研发新产品、推广新技术，立足自身发展，通过产学研合作增强自主创新能力。在产学研发展过程中，企业要时刻以市场需求和自身需求为出发点，把研究与试验发展经费的投入作为企业总体发展战略的构成部分，加大资金的投入，确保科技成果的研发与转化能够顺利进行，以增强企业自主创新能力和技术吸收能力，从而更好地服务于企业。

2. 增强三方合作程度

企业要充分利用高校和科研机构的技术优势和人才优势，加强与高校、科研机构的紧密合作，增强自身竞争力。企业要立足于加强与自己区域内的高校、科研机构的合作，积极探索和实践产学研相结合的有效途径，建立长期稳定的合作关系。高校、科研机构在与企业合作的过程中，要有效利用企业投入的资金等资源，为学生动手实践能力的培养和相关科学技术成果的研发打好物质基础。企业、高校和科研机构在产学研合作创新中不仅要有获取利益的意识，同时也要具备共同承担风险的意识。

3. 搭建人才培养平台

企业在产学研合作过程中，应注重为优秀人才的培养搭建相关的平台，凝聚强大的人才力量。一方面要突破年龄、资历、身份、比例等各类限制，允许高技能人才破格晋升职业技能等级。对确有绝技绝活的业务骨干、在各类技能竞赛中获得优秀名次的选手、在生产中解决关键性技术操作难题的技术工人、在承担重要生产项目中起关键作用的技术工人等四类人员，允许通过考核后破格晋升为技师或高级技师。另一方面要开展企业技能人才评价方式改革试点工作。对企业而言，可按国家职业标准给予充分的技能人才评价自主权，使企业可结合生产实际和职工业绩，对技能人才进行科学评价。

4. 取得国家与政府的支持

要实现产、学、研三者真正意义上的结合，必然离不开国家和政府的大力支持。一方面，产学研合作的一个重要前提就是拥有比较完善的知识产权制度，避免企业、高校和科研院所三方之间出现知识产权的纠纷问题，其知识产权保护主要表现为归属错位和信息泄漏两个方面。而这些问题需要通过政府的力量进行协调，在宏观上进行控制，并在立法方面加以完善，出台促进产学研合作的政策、法规和相关配套措施。另一方面，国家还可以通过立法构建产学研紧密结合的创新体制，形成以市场为导向，以企业、高校和科研机构为主体的三方互惠共赢、良性循环的发展机制。政府通过大力支持构建地区产学研结合创新群，充分发挥地区的产业优势，实现产学研结合的创新群与地区优势产业群相结合。政府还应该依托当地高校与科研机构的资源，建立区域性的技术交流网络和技术创新集群，从而促进区域经济的发展。

（七）产学研合作对民族地区经济发展的作用

产学研结合互动模式不仅可以使学校、科研机构通过获取企业的资金支持，降低对政府资金的依赖程度，而且还可以使民族地区充分发挥其特色产业优势，结合民族地区的实际情况，促进民族地区区域经济的快速发展。

首先，产学研合作模式是提升民族地区企业和产业竞争力的有效形式。企业与高校、科研机构建立产学研合作模式，根据民族地区的产业特色优势，研发其适用于民族地区经济发展的技术与产品，拉动市场需求，扩大民族地区企业与产业的核心竞争力，大力提升民族地区经济的发展水平。通过产学研相结合，企业有了学校、科研机构人才和技术的支持，可以大胆地发展各类新兴产业，为民族地区经济多元化发展注入新鲜的血液。特别是中小型企业和民族地区乡镇企业，无论是在空间距离上还是对合作技术的要求上，都迫切需要高校与科研机构的技术和人才支持，以便获得长足发展。

其次，产学研合作是民族地区区域经济发展的人才和技术保障。产学研合作就是利用学校与社会两种教育环境，合理安排专业教学和社会实践，达到使学生更好地掌握知识、了解社会、培养能力、提高素质的目的。产学研相结合，能使专业教学直接接触到生产领域中的各类技术性问题，从而使人才培养更具有针对性。在产学研模式下，各类参与产学研合作的学校对市场需求都会有进一步的了解，从而学校根据民族地区的实际市场需求，有针对性地培养各类应用型人才。同时，高校与科研机构参与到产学研合作当中，对高校和科研机构自身的科研实力也会有较大的提升。特别是民族地区高校与科研机构受区域经济发展的制约，大多数发展速度较为缓慢，普遍存在着研发能力不足等问题。通过与企业的合作，高校和科研机构可以获取充足的研发资金，提升其研发实力，通过研发产品与技术的转化，优化民族地区的产业结构，推动民族地区经济快速发展。

最后，民族地区大力发展产学研结合互动模式，是民族地区经济体制多元化发展的根本保障。就目前我国民族地区经济发展现状来说，民族地区的经济结构相对还比较单一，经济的发展主要依靠第一产业和第二产业，而第三产业在我国民族地区还基本处于萌芽阶段。大力推动民族地区产学研合作，提升学校和科研机构的研发能力以及企业的技术能力，在巩固民族地区第一、二产业的同时，也为第三产业的发展注入新的力量，从而使民族地区经济迈向多元化发展的道路。

三、“学历+技能”教育与区域经济互动模式

（一）“学历+技能”教育的含义

“学历+技能”教育模式是以提高学生的专业理论知识和职业技能水平为出发点，以“学需契合”为原则，以社会和市场就业为导向，根据某一职业对学生的需求，培养“学做结合”的综合性应用型人才的人才培养模式。它以“双证制”即“学历证书+职业技能资格证书”为基础，旨在加强学生理论学习的同时，培养和提高学生的职业岗位技能和创造力，增强学生的就业竞争力，为职业教育事业和社会经济的发展注入新的血液。

（二）“学历＋技能”教育的现状

1. 国外现状

法国、英国、日本等发达国家在“学历＋技能”职业教育方面都建立有相当完善的体系。职业教育的立法，促进了职业资格证书的规范管理，而将取得职业资格证书作为学历教育中新生入学和学生毕业的条件之一，这有效地调动了学生获得职业资格证书的积极性。在实施学历教育的过程中，通过课程学分折算的方式将职业资格证书教育的课程与学历教育体系的课程进行有效的衔接，保证了职业资格证书教育体系能融入学历教育的全过程。

职业教育立法，既保证了职业资格证书的行业特点，又为职业资格证书的执行和管理提供了法律依据，从而促进学历教育与职业资格证书教育的融合。例如德国已颁布的《职业教育法》和日本的《职业能力开发促进法》，大力推动了国家的学历教育和职业资格证书融合的进程。

入学资格认证，即学校将职业资格证书的获得作为学生进入学历教育阶段学习入学资格之一。英国实行的是统一的“国家职业资格证书”（NVQ）和“普通国家职业资格证书”（GNVQ）制度。“国家职业资格证书”有第一级至第五级资格证书，“普通国家职业资格证书”有初级证书、中级证书、高级证书三个级别。“国家职业资格证书”规定，获得 NVQ 三级证书者，可以免试升入大学，也可以继续攻读 NVQ 四级证书或直接就业。GNVQ 证书规定获得 GNVQ 高级证书者，如果想进入大学攻读学位，则可以免试直接升入大学学习，也可以转读 NVQ 第四、五级证书或直接就业。同时，GNVQ 证书还规定了职业教育与普通教育享有同等学力资格。

学分互认，即通过课程学分折算的方式将职业资格证书教育的课程体系与学历教育进行衔接。在澳大利亚的职业资格认证框架体系中，各级资格证书和学历文凭的连续性不受教育系统和地域的局限。如果接受过高中教育的学生进入 TAFE 学院后，高中阶段学过的与职业教育相关的课程学分可以得到 TAFE 学院的认可，并进行后续课程的学习，在 TAFE 获得高级文凭证书后可直接进入普通高校学习，并将 TAFE 学院的学分转到所读高校进行学分折算。

工作资格认证，即获得职业资格证书成为学生结束学历教育走上工作岗位的条件之一。企业可以从就业能力的不同方面考查学生，以提高学生的就业能力，保证将来进入企业工作的员工能为企业创造一定的经济效益。

2. 国内现状

我国“学历＋技能”职业教育的发展历史并不长。随着社会经济的发展，社会对人才的定义也发生着改变，现在社会所需要的是复合型的应用型人才，社会从重“学历”到重“能力”的转变，使得高校对人才培养的质量要求，已经不仅仅停留在教育标准——学历证书的获得，而将行业标准——职业资格证书的取得纳入高校教育的课程中。一方面，拥有职业技能的人，因缺乏相应的学历证书，在就业和职称的评比中受到学历门槛的影响。另一方面，拥有学历证书的人，因缺乏应具备的职业技能，在就业的过程因不满足工作岗位对技术的要求而影响就业。所以，只注重学历或只强调技能的教学模式已不能适应市场的需求，“学历＋技能”的教育模式势在必行。该教育模式不仅强调学生理论知识的学习，更加注重学生在技能方面的学习，旨在培养适应市场与企业需求的应用型人才。对于民族地区而言，“学历＋技能”教育模式更是亟待运行，如今我国虽然已经开始实施西部大开发战略，但是东西部的差距仍然很大，在西部尤其表现在民族地区。

近年来，国家出台了一系列相关政策，引导学校开展职业资格证书教育，如劳社部发［2002］21号文件《关于进一步推动职业学校实施职业资格证书制度的意见》中指出：“要鼓励高等学校毕业生参加职业资格考核鉴定，进一步拓宽高等学校毕业生的就业渠道。”在此基础上，还通过引入职业资格证书，开展双证书教育试点，在高校成立职业资格鉴定机构和构建高等教育与职业资格证书教育的立交桥等措施，提高高校学生的职业技能。

3. 现状分析

我国“学历＋技能”的双证书制度在总体上尚处于起步阶段，与发达国家相比，还存在着较大的差异，主要表现在以下几个方面：一是法制建设有待加强。在国家立法上面，我国并没有完善的有关加强“学历＋技能”这一教育模式的法律，存在法律方面的空白，导致这一教育模式的实施没有相应的法制保障。二是专业教育与职业技能教育脱轨。学校在实行“学历＋技能”教育模式的时候，并未将职业技能的教育真正融入教学中来，有些学校在进行技能教育的时候，多采用观摩式的教学方法，并未让学生自己动手操作，达不到培养学生职业技能的目的。三是思想有待转变。在英国实行的统一的“国家职业资格证书”和“普通国家职业资格证书”制度中，规定了职业资格与普通教育享有同等学力资格。在我国，许多人的思想还未从传统中解放出来，对职业教育还存在着较大的偏见，因此在进行职业教育的时候存在着一定的阻力。

作为培养人才、传授知识的重要途径，职业教育在民族地区经济发展中的地位和作用日益突出，而学历与技能双结合的人才培养模式不仅能提高民族地区人口的文化素质水平，也能促进人才技能水平的提高。学校培养复合型应用型人才，不仅能促进学生的就业，优化人才资源配置，也能促进企业的技术创新，同时提高企业的经济效益，从而推动民族地区经济的发展。

（三）“学历＋技能”教育的利益关联方

1. 学生的利益

对于学生来说，十几年寒窗苦读，最终目的是找到一份适合自己的工作，实现自己的人生价值。但是在学生就业过程中还存在不少问题：有些学生虽有学历证书，但是缺乏专业的技能操作；有些学生虽具备相应的职业技能操作，却没有社会认可的学历证书。这两类学生都遭遇了不同的求职门槛。学校在实施“学历+技能”这一教育模式的过程中，改变传统的教育教学方法，不再只注重学生理论知识的学习，还把职业技能培训加入到教学环节中，重视理论与实践的结合。学生在“学历+技能”教育模式运行下，注重理论知识学习的同时，还注重职业技能的培养，不断提高学生的实践动手能力，从而缩短学生在企业的适应期，提高其自身的职业竞争能力。

2. 学校的利益

学校在教学过程中实施“学历+技能”教育模式后，不仅可以提高学生的整体素质，进一步提高就业率，为地方经济建设输送高质量人才，还能通过实施职业教育促进学校“双师型”教师队伍的培养，提升学校办学的质量与文化内涵。

3. 企业的利益

学校全面实行“学历+技能”教育模式，最直接的受益者便是企业。学校培养出的理论知识与实践技能兼具的应用型人才，进入企业能很快适应岗位需求，为企业节约了职后培训的成本；同时，这批高技能人才在工作中能迅速把自己所学的理论知识转化为企业的经济利益，增强企业的实力，提升企业的核心竞争力。

4. 社会的利益

当今社会经济突飞猛进，在经济迅猛发展的同时，社会对人才的定义也发生着变化。当社会从重“学历”到重“能力”转变时，意味着社会所需要的人才也相应地发生转变，仅有学历或者仅有技能已经不能满足社会的这一需求，所以必须要培养出学历和技能兼备的人才。在这种环境下，“学历+技能”教育模式应运而生。在一定的时间内，学校通过实施学历教育与职业技能教育相结合的教育模式，使学校的人才培养更具针对性，从而为地方经济建设生产一线输送更多的人才，带动社会整体经济文化向前发展。

（四）模式的分析

“学历+技能”教学模式的构建，具体地讲，可以落实在“本科+技师”人才培养模式的构建上。“本科+技师”人才培养模式在高校中培养高技能人才方面开创了一个新的思路，对高校培养高技能人才做出了肯定性的回答，它证明了在高校中培养集知识性和技术性于一体的复合型人才是必要和可能的。其中，技师主要是指适应现代社会经济发展的新型技师。“本科+技师”人才的培养需经过两个阶段，即基本技能训练阶段和社会生产实践阶段。

1. 基本技能训练阶段

该阶段的教学以学校实习工厂为主，针对学生接受能力和知识水平，有机地整合原来的以培养高级技师为主线的实习课题。在这个阶段，教师要注重教学的针对性，把目标落实到每一个学生身上，让学生自主地根据课题设计训练的内容，教师随时指导，培养学生自主学习、自主创新的兴趣，培训学生创造性思维的习惯。在综合课题的训练中，指导教师走进企业，有针对性地引入企业小批量产品为综合训练课题，在校办工厂营造企业的生产环境，锻炼学生开发产品的实战能力。

2. 社会生产实践阶段

这是技师能力培养的一个关键阶段，是一种以企业生产现场为主的教育阶段。为此必需建立校外企业技师培养基地，构建校企联合的技师培养平台，借鉴研究生培养的导师体制，建立技师培养的导师资格审查与选聘制度，建立以企业技术骨干为主的技师培养导师资源库，做到校企共同进行技师教学计划大纲和教材的开发，共同进行企业新产品的开发设计和制造，共同进行企业的生产管理、质量控制和企业文化建设。

（五）“学历+技能”教育模式实施的关键环节

1. 以实践教学体系的建立为基础

实践教学体系的构建，要充分体现专业岗位的要求，与专业岗位群发展紧密相关。以此为原则组成一个层次分明、分工明确的实践教学体系。如实验、实训教学平台可分为基础实验技能训练平台、专业岗位技能训练平台、专业岗位实践平台三大步进行构建。实现实践教学由单一型向综合型发展，由学科间相对独立的实践教学到学科融合的实践教学发展。学校可以采取“点、线、面、体”相结合的实践教学体系。所谓“点”是指学生针对某一知识完成实验或实习；“线”是指针对某一课程综合练习和实践训练；“面”是把若干知识点或学科间的知识模块互相结合进行课程实习或设计；“体”是针对学科体系或专业结构开展的毕业实践、毕业设计。

2. 以与一线生产实践的结合为前提

学校要更加重视实践性教学环节如实验教学、生产实习等，通常将此作为学生贯通有关专业知识和集合有关专业技能的重要教学活动。学校通过构建开放式实验室，仿真模拟企业一线生产环境，为学生提供较大的自主学习的时间和空间，调动学生学习的主观能动性，培养学生的学习兴趣和创造性思维能力。同时，学校通过开展各种学科竞赛，使学生能熟练掌握实验、实训技能，在竞赛中提升学生的实际操作技能。

3. 以市场和社会需求分析为导向

随着经济的发展，我国人才需求的层次结构发生了明显的变化。如今制造业技术型人才供不应求。珠江三角洲、长江三角洲、环渤海湾等区域人才需求集中，经营、管理、外贸、物流等专业性人才缺口大，技术自主创新型人才紧缺。

当今社会，随着知识经济时代的到来，各种知识、技术不断推陈出新，竞争日趋紧张激烈，社会需求越来越多样化，使学生在工作中所面临的情况和环境极其复杂。在很多情况下，理论性人才的培养目标已不能适应社会和市场的需求，因而，学校应结合自身情况，加强对市场和社会需求的分析，确保培养出能够适应社会、符合市场需求的有用人才。

4. 以政府和国家的支持为保障

“学历+技能”教育模式的运行需要以政府和国家的支持为保障。一方面，政府可以帮助建立一些应用型专业人才培养基地。应用型专业人才培养基地是学校和相关企业以学科为依托，以专业为载体，以产学研结合为途径，合作培养应用型人才、开展产业技术创新的重要社会平台。另一方面，政府还应推行应用型专业人才培养体系的建立。该应用型人才培养体系应该坚持以人为本、资源共享和特色办学的原则，以学生就业产业发展和企业需求为导向，以创新人才培养模式为重点，深化改革，加强建设。

（六）模式构建的措施

1. 大力推进“双证制”职业教育

学校在注重学生的职业理论教育和学历教育的同时，要大力推行职业资格证书制度，实行学历证书和职业技能资格证书的“双证制”，以培养出知识与技能兼备的应用型人才为办学的出发点，并把获得相应的职业技能资格证书作为学生毕业的一个必要条件，而且要加强对职业技能证书的考核与认可制度，确保学生在获取资格证书的同时，具备其实际操作技能。在学生进入企业工作后，学校要进行跟踪调查，看学生是否掌握了相应的职业技能技术，学生的技术是否得到企业的认可，并根据调查结果调整相应的教学方法和专业、课程设置，切实塑造企业需要的应用型人才。

2. 合理规划理论和实践课程的设置

学校在大力推进“双证制”的同时，也要更改相应的课程设置。大多数学校以往都比较重视理论知识教学，忽视实践课程的教学。要培养高素质的应用型人才，就必须理论与实践“双手抓”。因此，学校要加大实践教学的比例，改革实践教学的方法，减少观摩式和浏览式的实践教学方法，增加学生自己动手的实际操作机会。在实践教学环节，可以实行校企联合，利用企业先进的实习基地，锻炼学生的职业技能，把理论知识技能化，使学生从根本上掌握技能知识。学校通过加大实践教学的比例，达到“授人以鱼不如授人以渔”的目标，真正培养出符合市场和企业需求的复合型的应用型人才。

3. 加强职业规划理论教学

学校从学生个人兴趣爱好、个性特点出发，根据学生的具体情况，因地制宜，将职业规划理论教学纳入教学内容。通过开设职业规划教育课，聘请专业性强的职业老师为学生授课，解答学生在以后就业方向上的困惑，帮助学生了解自我优势，制定符合自身优势的职业规划路线，确立就业目标，加强自我职业道德素质和职业技术能力的修养，并掌握一定的求职技巧，为顺利就业打下良好的基础。

4. 强化教育资源建设

教育资源建设包括基础设施建设和师资力量建设两方面。实践能力的培养离不开相应设备的支持，所以学校要加大对实验设备、实验基地和先进教学设备的资金投入，务必使学生在实践操作过程中强化对理论知识的理解，提升其实际动手能力。学校可以和当地企业合作，企业向学校提供资金支持与实训操作场地，而学校向企业输送适合企业发展的应用型人才，实现双方之间的技术与人才交流，促进学生就业，实现学校和企业的双赢。学校也可以向当地政府提出资金申请，改善教学条件，加速区域地区人才的转型，提高技术人才的比例，推荐优秀人才当地就业，实行人才反馈，从而促进地方经济的快速发展。

在加大基础设施投入的同时，学校还应兼顾师资力量的建设。学生的学习离不开老师的指导，要使学生成为复合型人才，就必须配备相应的教师团队做后盾。学校要加强教师理论知识与技术知识的考核，可以通过定期举办理论考试和技能大赛增强教师对技术知识的实际应用，对成绩优异者做出相应的奖励，激励教师优化知识结构，提升教师的技能水平。学校也可以定期组织教师进行职业规划理论学习和到企业等场所进行实践，增强自己的动手能力，确保教师传授技术的先进性。学校还可以招聘高素质的技师来学校教学，不仅能加强原有教师与新进教师之间的交流合作，更新和充实教师队伍，为教师队伍注入新的活力，还能提升学生实际操作技能水平，提高学生的就业竞争力。

（七）“学历＋技能”模式对民族地区经济发展的作用

首先，“学历＋技能”人才培养模式的改革有利于破解大学生就业难的社会问题。由于传统的本科教育将学生的培养目标定位于研究型人才，违背了大量本科生未来将从事生产一线工作的实际情况，因此，“学历＋技能”应用型人才培养方式的改革，纠正了大学生自身的定位偏差，解决学生“眼高”的问题，使学生能够对自己进行客观评价，同时，通过转变学生的培养模式，解决学生“手低”的问题，提升学生的实际动手能力。应用型人才培养模式将这种有针对性、实用性的教育常态化，使得大学毕业生真正能学以致用，从而有效破解大学生就业难的问题。特别是民族地区高校应用“学历＋技能”人才培养模式，能有效改变民族地区就业难、失业率高的局面，使学生毕业就能够就业，为民族地区的经济发展服务。尤其是学校与企业合作之后，企业能为学生提供很多实习和就业岗位，让学生能留在当地发展，为民族地区的经济发展作出贡献。

其次，“学历＋技能”人才培养模式为民族地区经济的发展储备了大量富有创造性的高素质人才。创新意识应用型人才的培养是知识、能力及素质相互协调发展的共同结果，他们不仅具有某种职业岗位的职业技能、技艺和运用能力，还具有构建应用知识体系进行技术创新、技术二次开发的能力和科学研究能力。他们不仅提升了民族地区整体的科学文化水平，而且促进了民族地区企业技术创新开发，从而推动整个民族地区经济的快速增长。

最后，“学历＋技能”模式培养出的应用型人才，服务地方，为民族地区经济发展作出了巨大贡献。在就业市场化的大背景下，应用型人才培养提升了民族地区劳动力技能的总体水平，提高了劳动力的市场竞争能力。“学历＋技能”模式培养了专业理论知识与职业技能兼具的高素质人才，他们运用所学的理论知识与专业技能，结合民族地区的发展现状，推动技术的变革，改变了民族地区长期作为东中部地区资源后盾和资源产品粗加工基地的地位，实现民族地区经济发展的转型。在资源利用过程中，减少了运输到东中部地区的附加费用，如运输费和材料损失费。利用高科技技术开发新产品和进行资源再加工，不仅能提高资源的附加值，还能改变资源的粗采粗造，节约自然资源的使用。“学历＋技能”模式改变了民族地区经济以流通为主的现状，逐步发展以加工、储存、流通为基础，以提高经济效益为目的经济模式，使零星的、松散的、自发的经济逐步向集体化、专业化和模式化的民族经济发展。

四、实验室创新发展模式

（一）实验室创新发展模式的含义

实验室创新发展模式（以下简称实验室模式）即校方通过建立实验室对学生进行教学的一种创新性教学模式。随着科技的日新月异、知识经济的蓬勃发展，传统的教育模式已不能适应综合型人才培养的需求。社会越来越看重知识和理论齐头并进的人才，因此为了培养具有良好的专业知识和较强实际运用能力的复合型人才，实验室教学模式应运而生。

（二）实验室模式的现状

1. 国外现状

目前，国外没有直接运行实验室人才培养的具体模式，但在高校实验室管理中诞生了一些可借鉴的管理模式。美国普遍采用的实验室管理模式为首席管理员（PI）负责制，由于PI专业实验室的基本配置为普通的常规仪器，所以那些昂贵和使用率不高的仪器由学校统一购买后放在公用实验室中，每台仪器指定专人管理，但不负责操作。经过培训的人员不仅可以使用公用实验室中的仪器，还可使用其他PI实验室的仪器。另外，院系内部可自行操作的公用仪器使用相对比较简单，对于操作复杂的大型仪器，学院会下设若干研究中心，如分子和遗传学研究中心、免疫学研究中心等，统一管理使用。

2. 国内现状

在国内，实验室教学一直被习惯地认为是对理论教学的辅助教学模式，没有真正把它提到应有的高度。高等教育的人才培养目标是让学生掌握职业技能和创新能力，在掌握一定理论知识的基础上，通过实践培训掌握独立操作和开发产品的技能。因此，应打破长期以来传统教学体制和专业化教学思想的束缚，解决在整个教学实施中存在的问题。比如：理论教学和实验教学内容衔接不够，实验没有统一的设计和安排，只是根据理论课时多少、教员闲忙而定，没有达到实验教学应有的效果。目前，我国高校实验室教学中主要存在以下问题。

实验实训的教师队伍不健全。长期以来，由于受传统教育模式的影响，实践教学一直处于辅助地位，对实验教师的培养没有一个长期规划，实验室的教师得不到应有的重视和及时的调整与补充，致使新进教师不愿意到实验室工作，造成实验教学与生产实践过程中应用的新技术相脱离，学生的理论知识和实践动手能力不能有机地结合。同时开放实验室对实验教师的能力也有了更高的要求。实验教学过程中，实验的涉及面将会更加宽泛，学生碰到的问题内容形式各样，尤其是专业性强的研究性实验，指导的难度会更大，实验指导的工作量会大大加重。同时，实验成绩应能全面反映出学生实验完成的好坏，保证学生从实验的选题、准备、操作和完成各环节，有一个良好的态度和重视程度以及完成实验课程的动力。因而指导教师对学生实验成绩评定的“度”的把握，应力求客观、准确、公正。这样实验指导教师必须跟踪学生实验的各环节，合理评价学生实验实训的效果，从而对承担实验的教师提出了较高的要求。另外，高校管理体制的弊端也日益困扰和制约实验实训教学体制的建设和发展，影响了实验实训教学内容的改革和实验实训教学水平的提高。

实验教学资源不足。实验教学改革也应重视实验室建设和发展的现状。这几年的高校扩招给教学带来了巨大的压力。学生人数急剧增加，但教学资源的建设和发展相对不足，现有的实践教学设备与实训场地无法满足学生实践操作技能培训的需求。另外，在实施开放实验室模式下，开放实验室对实验室的管理制度也是一个重大考验，必须有完备的管理制度和措施，才能保证实验教学规范、有序地进行。实验人数过多，仪器的利用率随之提高，这难免会造成仪器设备的高度消耗，增加设备维护的费用、难度和工作量。

3. 现状分析

实验室模式在职业教育中的运行，更多的是依靠大量人力、财力的投入。因此政府及各个社会团体应积极支持学校实验室教学的开展。针对实验室模式运行的现状，学校还要加强对实验室教学的管理，确保学生在实验过程中有所收获，以提高学生的动手操作能力，达到实验室教学的真正目的。

（三）实验室教学模式的利益关联方

实验室创新发展模式的推行，使学生、学校、企业和社会都受益。在学生方面，学生在接受实验室创新发展模式的教学时，能提高自己的动手操作能力，为职业技术能力的培养奠定基础，从而有利于今后就业。在学校方面，由于在教学中需要教师亲自指导学生实践，这就促使了学校高质量教师队伍的形成，提高了学校整体办学质量，为学校树立了良好的办学形象。在企业方面，企业可以从实验室创新发展模式的教学中为自己的生产、销售等吸收高素质人才，优化企业人力资源组合，实现后期的经济利益，提高企业的知名度。最后，在社会方面，学校开展实验室创新发展模式教学为生产、管理、服务一线输送了大量的实用型人才，对地方的经济文化建设起到了很大的助推作用，也使区域内的职业教育呈现出欣欣向荣的局面。

（四）实验室创新发展的模式分析

一般实验室模式分为三级管理模式：校一级管理模式、校—院（系）二级管理模式、校—院系—教研室（组）三级管理模式，其中还有一种混合管理模式，不同的管理模式具有各自的特点。

校一级管理模式是由学校统一配备教学实验室，主要用于全校公共性服务和低年级学生实验需要服务。它以人为本，具有独立的教学资源，管理集中，机构合理，过程简单，运行环节少，拥有强大的师资队伍，领导班子齐全。校—院（系）二级管理模式用于二级学院按照学科功能建立综合实验室，由院系直接管理使用。它有利于调动各级学院领导的积极性并且促进科研教学工作，有利于学科整体发展，扶持新专业，资源共享，扬长避短，促进学科的综合与交叉，对学校的发展大有裨益，利于宏观管理与微观分解，上下联动，责权分立，利益分成。校—院系—教研室（组）三级管理模式是以课程为目的建立实验室。教研室主任统筹管理实验室，它有利于教研室与实验室、教师与实验技术人员的协调，有利于教学科研和人才培养的统一。教师自身技能的提高，还有利于建立成特色的实验室、形成品牌，并且管理简单，责权利分明。混合管理模式是根据学校的实际情况和专业需要，将三种不同的管理模式进行重新协调配置的模式，根据学校的实际情况，向利于学校建设的方向发展，构建更加充满活力的管理机制和管理模式。

实验室创新管理模式在学校实际运行过程中，应充分结合学校的实际情况，充分发挥其三级管理模式的优势，促进实验室创新管理模式在应用型人才培养中的作用。校一级管理模式一般适用于规模较小、人数较少的学校，而规模大的学校一般不宜采取。主要原因有：一是职能部门力不从心，鞭长莫及；二是缺少规范化管理，难以监督；三是不容易调动起二级学院的积极性，不能更好地发挥作用。校、院（系）二级管理模式一般适用于当前发展快、规模大，但是教育资源有限，教学经费紧张的学校。该模式的运行主要存在以下几方面的缺点：一是不同学科实验室功能不尽相同，不利于形成特色；二是任课教师不参与或者少参与，影响教学的连贯性与一致性；三是实验室与教研室关系难以协调，不利于科研与青年教师的培养。校、院、教研组三级管理模式是较传统的管理模式，既有优点，又有缺点。缺点主要表现为：一是研究领域太窄，学科单一，规模较小，学科方向老化、陈旧，与其他实验室合作较少；二是重复建设，浪费资源，容易形成小而全的局面；三是实验室用房较多，实验室的人员编制多，资源消耗较大。

不同的学校有不同的历史、规模、学科建设、校园文化，实验室的管理模式应与环境条件相适应，使之能够进行有效的管理，并且发挥不同模式所应有的各种作用，提升学校应用型人才培养的水平，推进职业教育更好地发展。

（五）实验室模式的关键环节

1. 以实验室开放程度为前提

实验室教学能否取得成功，关键在于实验室的开放程度，它直接决定了学生对实验教学的积极性和学生能否真正掌握到所学专业的核心实践能力。针对不同教学目的和不同受众，可以开展不同开放程度的实验室教学。实验室开放程度大致可以分为两类：有限开放和完全开放。

有限开放就是对实验的内容、方法以及仪器设备有一个大致的限定，在有限的条件下挖掘学生分析问题、解决问题的能力，完成实验教学。由于实验室制约实验教学的因素很多，若一味强调学生的主体地位、兴趣爱好将会使实验室的开放显得更加被动，反而不利于实验教学。而在对专业课程实验教学中，可采取完全开放的形式开放本专业的实验室，因为专业课实验的学生大都具有较强的专业知识，对专业也有一定的兴趣爱好。因此，在实验室规定的时间内，经过预约登记，他们可以自主选择大纲内的任何实验项目，自由地在实验室完成专业性、研究性较强的实验。

2. 以实验室管理制度为保障

实验室创新发展模式的顺利运行必然离不开有效的实验室管理机制。一方面，要求学生在做实验的过程中严格遵守实验室的操作规程，爱护所有的实验仪器设备、设施，不乱拿、乱用、乱拆、乱装，实验完毕后，及时断电、关水，并将仪器设备等物品整理复原，经指导老师检查后方可离开。另一方面，要求实验教师和相关负责人在课堂前后都要检查仪器、仪表的情况，及时维修有故障的仪器仪表，防止事故发生，也保证了接受实验教学的学生能有效利用实验室资源。

（六）实验室教学模式的发展措施

以学生为中心的开放式实验室教学模式是以自主式、合作式、研究式为主的教学模式。在实验室教学内容上合理设置必做实验、选做实验、验证性实验、综合性实验和设计性实验的比例，实验教学由部分开放式逐步转化为全面开放式。

1. 独立设课，单独考核

传统的实验室教学课程都是根据理论课的教学进度和内容进行安排的，完全依靠理论课程。一般是根据教学进度安排做什么实验，做完一个再做第二个，而且完全由教师安排实验内容，最后学生可能对前面所做的实验内容几乎忘得一干二净。所以，学生对做实验普遍不重视、兴趣不大，认为做实验就是走过场，没有充分调动学生对动手实验的积极性。为了提高学生的实践能力和分析问题的能力，改变“重理论、轻实践”的思想，将实验室实训课改成独立设课，自成体系，集中训练，并且单独考核。这样就提高了实验教学的地位，保证了教学时数，增强了实验的系统性，同时有利于各教学班实验课的合理安排和统一管理，有利于对学生进行考核，激发学生的学习热情，使实验教学与理论教学成为相互联系、相互融合的两个独立教学环节。同时，实验课程的独立设置，需要建立相应的考核体系，改变学生成绩评定办法。

2. 推行开放式教学模式

采取完全开放式实验室教学模式就是开放实验场地、实验仪器设备和实验内容，学生除了完成教师安排的实验内容外，还可独立自主地进行实验。这种模式是目前公认的一种行之有效的培养学生思维能力、实践能力和创新能力的教学模式，是实验室教学模式改革的一个重要方向。

传统的实验教学模式是教师把实验内容和一切实验设备准备好，学生照着实验步骤按部就班地来做，学生缺乏自主性和独立性。长此以往，学生的内在潜能得不到发挥和发展，极大地限制了学生技能素养的提升。开放式实验模式是一项全新的实验教学工作，学校应不断探索有限开放式实验教学的经验和规律，逐步向完全开放式实验教学过渡，以达到充分利用实验实训教学资源和提高实验教学质量的目的。首先，实训基地在开放式综合实验模块改革和创新的实施过程中，可以使学生通过参与开放式综合实验，巩固理论知识，同时还极大地锻炼了学生的知识综合应用能力和创新研究能力。其次，开放式实验增加了实验室的开放时间，提高了实验设备的利用率，这对于那些昂贵的实验设备来讲具有重要意义。由于是自主选题，学生可完全根据自己的爱好和个人规划选择所参与的项目，在理论研究上或是在工程技术上有优势和兴趣的学生都得以最大程度展现自己的才华。在对这些学生进行辅导的同时，可以选拔出在某些方面表现突出的学生参与到更高层次的实践活动中去，从而进一步挖掘其潜力，使其得到更加充分的锻炼。

3. 促进实训与职业技能考证相结合

把“以就业为导向，以能力为本位”作为教学的总目标，在教学实践中始终将“培养学生掌握各类职业技能”贯穿于教学各个环节之中。根据国家工业和信息化部以及人力资源和社会保障部制定的各行业工种职业技能标准对学生进行各种职业技能训练，实行“多证书”培养。学校在践行“多证书”培养目标过程中，应把有关职业资格证书的课程纳入教学计划，教师在教学计划之内对学生进行职业技能培训，学生在毕业前拿到相关专业的职业技能证书后，为学生就业赢得了广阔的空间。

4. 建设师资队伍

在实验室教学模式运行过程中，学校应注重专职教师的培养，以应对实验室教师数量不足以及教师教学素质不高的问题，学校应选择有实践经验的教师进行实验培训，建立一支具有实验教学能力的教师队伍。教师除了增强自身专业知识提高教学水平，还可以让教师自身建立属于自己教学的管理方法，以提高实验教学水平。学校还可以结合其实际情况，针对学校实验室教师稀缺的问题，专门引进一批具有很强实践经验的高素质人才，加大学校教师力量的储备，强化实验教师队伍，从而促进实验室教学模式的顺利开展。

5. 建立合适的评价制度

每个学校都应结合学校的办学方针，建立符合学校办学定位、促进学校发展的评价制度。评价制度是双向的，一是对教师的教学评价，二是对学生学习成绩的评价。针对教师的教学评价，可由学生实行匿名评价，这样可以反映出老师的优缺点，可以看出教师的教学水平，以此促进学校整体的实验教学水平的提升。针对学生的成绩评价，除了根据学生每一次实验实训的结果，还应根据学生在实际操作过程中的综合素质的发挥进行综合地考虑，做到公正公平，这样才能激发学生的学习热情与实践动手热情，更好地促进实验室教学的开展。

（七）实验室教学模式对民族地区经济发展的作用

职业教育是建立在基础教育之上的专业性教育，担负着培养技术人才、直接为社会服务的重任，与社会的经济发展联系密切。对于民族地区来说，职业教育的发展为民族地区的经济起到了极大的促进作用，为民族地区经济的发展，储备了大量高技能、高素质的人才。而实验室教学模式作为职业教育中一种重要的教学模式，培养出了理论与实践相结合的综合性人才，不仅节约了企业对新进员工的培训费，降低了企业人力资本的投入成本，而且还缩短了学生就业的磨合期，提高了学生的就业率，缓解了民族地区劳动者的就业压力。实验室教学模式的运行，能够更好地推动民族地区地方经济的发展，同时，民族地区经济的发展也能促进开放式实验室教学模式的完善。

五、多主体合作办学互动模式

（一）多主体合作办学的含义

多主体合作办学互动模式是由学校、政府、企业、社会团体和学生共同参与的，以培养符合社会需要的应用型人才为目标的人才培养模式。该模式重在充分整合和利用各主体方面的优势资源，对现有的职业技术教育以学校和学生为主要参与者的单主体教育模式进行改革，以让学生成为理论与技术皆能具备的复合型人才为共同的努力目标，最终推动人才型社会的进展，增强国家文化软实力，促进经济的发展。

（二）多主体合作办学的现状

1. 国外现状

国外的多主体合作办学模式发展相对较早，并且形式多样，又各具特点。

20世纪后半叶，尤其是80年代以来，美国基础教育出现了“反对公共教育整齐划一”的义务教育强制性的思潮，要求重视民众教育选择权的呼声日益高涨。80年代末至90年代初，布什一直致力于推动美国的教育改革，提出了“择校就读”的思想，并积极采取各种措施。在其追求卓越的教育策略中，一项重要内容就是多元教育，提出要满足不同的教育利益及扩展教育选择权，鼓励在公立学校内从事实验和革新。

德国多种类型的高职教育均以市场为导向，注重校企合作、“顾客导向”的高等职业教育是在战后发展起来的。按其培养目标、功能特色，属于高等教育层次的高职学校一般可归纳为以下四种：第一，高等教育水准的职业教育——普通专科学校；第二，高等职业教育的主体——高等专科学校和高级专科学校；第三，双元制高等职业教育——职业学院；第四，量多面广的职业培训——成人职业培训。

日本以5年制高专为支柱，尊重个性，加强协作，促进国际交流，使职业教育向终身教育过渡。20世纪60年代是日本职业教育，尤其是高中后职业教育迅速发展的时期。这表现为高等专门学校、短期大学、专修学校以及大企业兴办的培养中等技术人才的“工学院”。

英国工读交替的合作教育，办学形式灵活多样。英国为培养企业适用的工程技术人才，许多学校实行了“工读交替制”的合作教育。这种人才培养方法分为三个阶段：学生中学毕业后，先在企业工作实践一年，接着在学校里学习完两年或三年的课程，然后再到企业工作实践一年，即所谓的“1+2+1”和“1+3+1”教育计划。

2. 国内现状

从目前我国合作办学整体情况来看，我国高职教育结构有所优化，人才培养逐渐与市场相结合，突出人才专业化和市场化，办学模式也由原来的单一模式逐渐向多元化转变，办学主体由原来单一的学校和政府投入的办学模式逐渐向校企合作、中外合作及各种社会团体的参与转变，办学主体呈现多元化的发展趋势。高职院校的办学模式趋于多元化，弥补了原来以学科性为主体的高等教育结构单一的不足，但是高职教育的育人模式、投入机制和办学理念有待进一步深化，高职教育自身的结构体系也尚待进一步完善。从规模上看，高职教育规模呈扩大趋势；从结构上看，其专业结构、管理结构、体制结构还有待逐步完善；优质的专业课程双语师资仍旧欠缺，合作办学教学质量与我国当前办学条件不适应，并且对高职教育的培养目标定位还缺乏统一的认识，高职教育的质量和效益的评价体系、监控机制等也有待逐步健全。

3. 现状分析

相对于国外的多主体合作办学互动模式，我国则开展较晚，而且在运行方面还需要进一步完善。就我国民族地区而言，经济文化落后，教育资源相对缺乏，更加有必要整合优势资源，凝聚多方力量，在职业教育中推行多主体合作办学互动模式，为学生、学校、企业和社会提供切实可行的发展机会。

（三）多元化主体办学的利益关联方

1. 学生的利益

多主体合作办学互动模式注重实践性，鼓励学生参加社会实践，在实际工作中发现问题、分析问题、解决问题，收集、处理信息，提高学生的综合素质和能力，有利于课内与课外结合、学习与生活实践联系，更好地把学校培养人才目标与市场需求相结合，突出职业技术教育的办学特色，有利于培养调动学生的积极性。

2. 学校的利益

多主体合作办学互动模式要求整合多方的优质资源，共同办学，学校必然是主体之一，也是获益最大主体之一。通过校校联合、校企联合等多种形式的多主体互动，学校不仅可以节约教育成本，还可以吸收借鉴他方的优势，建立特色鲜明的高职教育教学师资队伍，提高自身整体办学质量，树立良好的口碑，开辟更多吸引优质生源的途径。

3. 企业的利益

企业在与学校联合开展多主体合作办学的过程中，主要以提供资金、技术、实训基地等方式参与到其中。对于企业来说，投资教育是为自身储备高技能人才的最佳方法。学生毕业之后直接进入到企业工作，由于之前已在企业接受过相关的培训，减少了企业职后培训的成本，提高了员工的技能水平，并且增强了员工的归属感和忠诚度，从而为企业更好地服务，创造出经济利益。

4. 社会的利益

学校实施了多元化合作办学后，可根据市场需要及时调整专业，让企业、政府、职业和学生等各类因素都参与到职业技术教育领域，有利于及时调整课程内容，突出本专业领域的新知识、新技术、新流程和新工艺，构建适应学生个性化发展需要和有职业发展前景的课程体系，建立并实践多主体的高校教育模式，结合地方经济和社会发展的实际，根据企业、行业、政府和学校之间的合作程度，更好地服务当地经济，促进当地社会经济稳定、长远地发展。

（四）多主体合作办学的模式分析

多元化主体合作办学模式主要有嫁接型、移植型、融合型以及混合型四种模式。

1. 嫁接型

传统的“嫁接”限定于生物学上的将植物体某一部分器官嫁接到另一植物体特定部位，这一措施增大了植株的生存概率。现代意义上的“嫁接”即政府、企业、高校经过多方面的协商，多方会谈，决定在保留学校自身原有的大部分管理体系的前提下，通过内部提议、局部改进、管理重组等方法，选择出适合的方案补充和改进多方主体管理体制。具体落实到人才培养方案上，就是明确人才培养目标、教学计划和课程设置，通过课程衔接等跨地区教育模式来组织实施。项目具体实施过程中，双方保持各自的独立性，同时又相互帮助，实现资源和信息的有效沟通，各部门间和谐共进。在信息全球化的今天，为了大力发展教育事业，提升国家的综合国力水平，国家出台相关政策，鼓励企业和个人加大对教育的投资，同时学校之间相互联合创办新式教育职业模式，推动职业教育的快速发展。嫁接型的多元化主体合作办学模式，首先优化了企业—学校、个人—学校、学校—学校这一产业链关系，减少了中间环节，一定程度上实现了人力资源的合理配置，最大限度地节约了办学成本。其次，实行多方联合办学，加强了各部分对经验、理念的交流，减少了因自身信息缺乏而造成的在具体操作过程中的失误。

2. 移植型

这里的“移植”，通俗地说就是借鉴国外和我国沿海地区先进的办学理念，加强多方合作，纠正我国民族地区由于制度的不完善，长期走应试教育发展路线，对人才培养所持有的错误理念，进一步完善我国在教育上的不足，培养出适应社会需求的高素质、高技能人才。移植可以分为整体移植和部分移植。整体移植是指以国外先进教育理念为主体，沿用国外和我国沿海省市的办学模式，并根据我国民族地区的具体情况进行部分调整；而部分移植则是主张吸收国外的核心课程，并聘请外教来国内实施教学，同时又大力开展我国民族地区乃至全国教师出国深造这一措施，加强东西方就课程设置和授课这一模块相互交流。移植型的多元化主体合作办学模式的运行，不仅有利于聘请知名专家树立企业形象，输送教师出国进行深造，还提升了教师的整体教学质量。其次，“移植”本身是一种有效的对外交流方式，不仅带来了新理念、新技术的变革，而且还加强了我国教育的基础建设力量。

3. 融合型

从国内方面来说，融合型教育模式就是加大我国内部实现跨地区、跨文化的联合办学模式，实现不同地区的学校对各自办学模式、办学理念、办学目的上的交流、沟通，最后汇总为一个整体。在统一的基础上，大力开展基础教育建设，培养多功能型人才，服务地方、服务国家。从国外方面来说，融合型教育模式要求中外双方在项目实施和人才培养过程中把双方的教育教学完全融合在一起。从课程体系设计、教材选择、教学方法运用、教学理念、运行机制、管理制度等各个方面相互吸收，优势互补。融合办学的特点有：首先，通过教育的交流，加强联合办学这一措施，带动国家在经济、文化方面的沟通和交流，改善中外关系。其次，实施中外联合办学，结合我国自身方面的不足，融合国外先进的观点，更加有利于大力发展我国教育，促进我国教育更上一个台阶。

4. 混合型

混合型办学基于“嫁接”“移植”“融合”这三种模式发展延伸而来，结合了这三种模式在多主体联合办学这一主体上的优点，去掉了单一模式下多主体办学模式的不足，着力于我国国内教育由传统的应试教育转变为服务式教学。在借鉴国外先进教育理念的前提下，结合我国教育发展的实际情况，确立办学方针与办学特色。同时，加强“校企合作”“校校合作”“产学研”具体模式的实施力度，大力开展基础教育，着重加强高级技能型人才的培养。其中在本硕连读的合作办学中，硕士阶段往往直接嫁接到外方学校进行人才的培养。

（五）多主体合作办学的关键环节

1. 坚持办学主体多元化

多主体合作办学互动模式就是参与办学的主体多元化，通过政府、企业和社会其他团体的参与，构建一种全民教育和终身教育体系，为校企合作建立桥梁，使政府、企业、社会团体介入职业教育，从而解决学校培养高技能人才问题的难题。通过办学主体学校和企业的良性互动，增强学校办学活力，形成独具特色的品牌优势和校企“双赢”的动力机制，实现资源的优化配置和效益最大化。

2. 坚持市场国际化

随着经济全球化的发展，我国在世界舞台上扩大了影响力，我国高等职业技术教育的人才培养就显得相当重要。然而人才培养的目标规定了人才培养的质量，决定了人才培养的方向与层次，教育的培养目标必须符合社会与我国教育自身的发展规律。因此我国必须要创新模式，开展政府—学校—企业合作办学，培养目标适应社会与我国教育发展。从职业教育的外部环境来看，全球化发展步伐加快，世界各个国家与地区的经济通过全球化的市场与生产越来越紧密地相互影响与依存，职业教育必然要承担起培养参与国际竞争人才的重任。院校的合作办学通过各种形式与手段与国外大学的相关专业进行密切合作，从课程体系、教材、教学方式、管理手段、教育理念、评价模式以及师资等方面进行全面直观的接触与了解，有利于利用这些优质资源培养国际化人才。

因而，职业教育应改变传统的教学模式，设置一套有利于培养学生学习能力、创新能力和实践能力的教育新机制，从传授理论知识向培养创新能力教学模式转变，大力培养创新思维和实践能力，促进学生创新思维、创新意识、创新能力和实践能力的提高，突出办学特色，推动职业教育的发展，以适应市场的需求。

（六）多主体合作办学的发展措施

1. 开展教学合作

鼓励在职业教育领域开展中外合作办学。中外合作可以有效吸收资金，扩大办学规模，提高办学质量。中外合作办学一般可以由中方提供土地、校舍、劳动力资源、服务设施，外方提供资金、设备、知识产权、专业技术教学等，实现资源的优化。另一方面，每个学校可以根据所在地的具体情况进行招生，开展校企合作，谋求企校互惠、双赢，为专业教师提供到相关企业深入生产一线上岗学习实践的机会，了解企业需求，积累实践经验，理论联系实际，更好地服务于职业技术教学。开展校企技术合作项目研发工作活动，建立起学校同企业间技术层面的合作关系，把科研成果转化为企业先进生产力，让企业真正感受到与学校合作的实惠。除此之外，学校之间可以通过校校合作，强强联合，实现优势互补。各学校之间学分互认，师资互通，把自己办学条件较差的专业学生送到条件好、特色明显的学校完成专业的技能学习，实现资源的共享。

2. 开展实习基地合作

职业教育主要注重培养学生对前沿技术的理解和掌握、工艺流程的革新、加工方法的创造、管理形式的变革等。为改善办学条件，突出办学特色，学校可通过合作模式遵循互惠互利、合理设置和资源共享的原则来建设实习基地，走实习基地的合作之路。第一，加强校内生产性实训基地建设，充分发挥校企共建的实训基地的作用，引厂入校，给学生提供更多更专业的实践机会，加强校企合作的广度和深度，探索“校中厂、厂中校”的建设和合作模式，通过联合进行人才培养、产品开发、技术研发等形式，加强实训基地的产业化进程。职业技术学校通过加强与企业的共建办实体，既能解决学校学生实训问题，又能解决资金不足问题，探索与企业紧密合作的运行机制，建立实训教学的组织规范、质量管理等标准，达到与企业建立长效、稳定、运行良好的办学模式。第二，开展校外实习实训基地建设，学校要结合本专业的特点和社会的实际需要，要求每个专业建立能满足本专业学生校外实习实训的稳定的实训基地，加强产学研相结合。实习实训基地建设要与人才培养目标紧密结合，尽可能选择专业对口、工艺和设备先进、技术力量雄厚、管理水平高的企业开展校企合作，为学生提供良好的实习环境，使学生学有所成，学以致用。

3. 建设师资队伍

师资水平是合作办学质量的最重要保障之一，合作办学有利于促进教师专业发展，提升教师教学的整体水平，拓展教师教学深度和外延。教师专业发展是指教师内在专业结构不断更新、演进和丰富的过程。作为合作办学中的个体，教师不仅要具备专业知识以及学科教学能力，更重要的是具备利用外语进行专业教学的能力，而且该能力在其专业发展中具有不可替代的作用。合作办学的实践表明，对于从事双语教学的专业教师来说，合作办学从客观上对教师提出了更高的要求，这一要求通过教学实践转换成为教师自我专业发展的内在需求。首先是要提高利用外语进行专业沟通的能力。其次是理解不同文化及教育背景下的人对某一问题的思考方式的差异，这种思想的碰撞有利于教师转变教育理念，改变教师角色，使教师与学生真正成为知识的发现者与创新者。第三，合作办学使国内教师有更多与国外同行进行学术交流与合作的机会，这无疑对开阔教师的眼界、提升教师的科研水平大有帮助。另外，合作办学也会吸引更多海外优秀学者加入到办学的师资队伍中，从而保障合作办学的质量。

4. 树立办学品牌

教育的发展分为初等教育、中等教育和高等教育三个不同的层次。随着我国经济的快速复苏，初等教育和中等教育人才在整体中所占的比例逐年缩小，但是仍占有相当一部分。为了满足我国经济的发展对于高等技术人才的要求，国家应该改善初等教育和中等教育质量，大力加强学生特别是民族地区学生的思想宣传工作，鼓励学生接受高等职业教育，致力于改善我国高等职业教育人才稀缺的现状。同时鼓励政府、企业、个人加大投资，联系民族地区高等职业技术教学单位，加强“校企合作”“产学研”模式的建设。从我国高等教育发展的规律以及中外合作办学发展的生命周期来看，合作办学必然要经历从引进期到成长期再到成熟期的过程，在不同的阶段会面临着不同的问题。而目前我国的合作办学尚处在从引进期到成长期的过渡阶段，因此大力加强中外联合办学这种模式的建立，建设自己的品牌，提高合作办学的质量是该阶段的重要任务。

5. 制定科学评价指标体系和监督体系

多主体办学模式就是加强多种经济体联合办学，利用丰富的社会资源，实现人力资源的充分利用并且实现合理配置，进一步促进我国经济的全球化发展、文化的传播。这就需要我国制定相应的政策，建立完善的法律体系和科学评价体系，要求广大人民群众的监督，确保政策能够公开、公正并且落到实处。

（七）多主体合作办学互动模式对民族地区经济的促进作用

教育是经济社会发展的重要动力，教育同经济发展的关系将越来越密切，推动经济发展的作用也将越来越明显。民族地区教育水平低下，与经济发展水平不相适应，究其原因，无外乎基础设施的薄弱、管理体制的不完善、资金的投入不足、教育体制的不完善，以至于不能合理、有效地适应民族地区经济的发展。

为了改进民族地区发展现状，加快民族地区发展步伐，利用民族地区资源优势，大力发展地方特色经济，应逐渐建立起以民族地区教育发展带动经济的发展的产业链模式。多主体合作办学模式开拓了多元办学的新思路，充分利用各个主体的优势资源，实现教育资源的共享，强力促进对学校人力、财力、物力的有效整合，实现资源共享和优势互补，使职业教育走上良性发展之路。同时，政府要为民族地区各职业技术教育学校制定相关的健全的管理体系，加强政府引导作用，大力促进职业技术教育向有利方向发展，确保职业技术教育的顺利进行。为了完善民族地区高等职业教育的监督管理体系，学校要加强与政府、企业、社会团体等的合作，大量吸引社会闲散资金，进一步加大对教育的投入，改善民族地区办学条件，提高办学质量，完善职业教育体系。同时，学校必须面向市场自主办学，根据市场对各种应用型人才的需求，确定人才培养的目标、培养的方向、专业的设置、课程的选择等。这种多元化办学模式进一步推动学校关注市场需求变化，并针对各个时期具体情况，推动学校办学的多元化，不断提高教学质量，从而为民族地区经济的发展储备应用型人才。联合办学不仅存在于单一的学校同社会各界和政府之间，在学校之间也要互相合作，促进教师资源的自由流动和学生间相互交流学习，促进本校教育理念的更新，并加强对学生的专业理论知识与职业技术的双重教学。结合民族地区的实际开展城乡合作，充分利用优质职业教育资源，实现资源的综合利用，提高合作学校的办学水平和职业教育发展的整体实力，从而让更多的孩子走出农村、走进城市，促进学生就业，提高民族地区的就业水平，最终促进民族地区经济的发展。

多主体合作办学模式运行中，中外合作的互动办学可以促进我国民族地区教育与世界接轨，吸收当代世界文明成果，进一步扩大教育对外开放，加强国际教育交流与合作，开展与国外学校或专家联合培养人才，联合进行科学研究，为民族地区培养优秀的高素质人才，树立民族地区的良好形象。同时，多主体合作办学互动模式还鼓励社会各方面力量和公民个人投资办学、集资办学、合作办学，以形成办学主体多元化、投资多渠道、管理多样化，以国家办学为主体，社会各界共同办学的多元化办学模式。这种办学模式以“面向社会、面向市场、面向就业”作为办学宗旨，立足当地经济建设和社会发展，加强学校内部管理，提升学校的办学质量与办学效益，同时密切联系社会，强化校企、城乡、区域的多元合作与融合，从而有利于把科技成果转化为生产力，把资源优势转化为经济优势，实现民族地区经济健康、快速、可持续发展。

参考文献

[1] 刘永佶，等. 中国少数民族经济发展研究［M］. 北京：中央民族大学出版社，2006.

[2] 聂华林，马红翰. 中国区域经济格局与发展战略［M］. 北京：中国社会科学出版社，2009.

[3] 张友，庄万禄. 西部民族地区经济发展研究［M］. 北京：民族出版社，2007.

[4] 杨云. 西部民族地区经济跨越式发展研究——基于人力资本视角［M］. 北京：民族出版社，2007.

[5] 彭徐. 西部大开发与民族地区绿色教育［M］. 北京：中央文献出版社，2006.

[6] 中国高等教育学会，《中国高教研究》编辑部. 中国高等教育启思录：百所地方本科院校办学理念与特色研究［M］. 北京：北京理工大学出版社，2009.

[7] 夏明忠，任迎虹. 本科教学质量标准与监控：西昌学院的实践［M］. 北京：北京理工大学出版社，2013.

[8] 郭佩霞. 凉山彝区政府反贫困研究［M］. 北京：经济科学出版社，2008.

[9] 李斌. 社会学［M］. 武汉：武汉大学出版社，2009.

[10] 周云清，等. 新编社会学大纲［M］. 武汉：武汉大学出版社，2004.

[11] 张继华，邱永成，等. 现代职业教育与经济社会发展研究［M］. 成都：四川人民出版社，2008.

[12] 黄育云. 职业技术教育在中国［M］. 成都：电子科技大学出版社，2004.

[13] 张冠梓. 国情调研·2006（下）［M］. 济南：山东人民出版社，2008.

[14] 钱民辉. 职业教育与社会发展研究［M］. 哈尔滨：黑龙江教育出版社，1999.

[15] 李光寒. 高等职业教育的理论和实践问题研究［M］. 长沙：中南大学出版社，2009.

[16] 崔炳建. 职业教育集团化办学的理论与实践——来自中原大地的报告

[M]. 郑州：大象出版社，2009.
[17] 张继华，等. 教育经济新视野 [M]. 成都：电子科技大学出版社，2004.
[18] 马小丽. 民族经济与农业产业化发展研究——以凉山彝族自治州为例 [J]. 农业经济，2012 (9).
[19] 马小丽，高杉. 少数民族地区扶贫开发研究述评 [J]. 中国农业信息，2011 (11).
[20] 马小丽. 四川凉山农业产业化发展现状及对策 [J]. 安徽农业科学，2011 (12).
[21] 马小丽. 从制度安排的角度分析政府在凉山州农业产业化进程中的作用 [J]. 西昌学院学报：自然科学版，2011 (4).
[22] 马小丽，陈建西. 新建本科院校人才培养模式探究——基于大学生职业化教育视角 [J]. 西昌学院学报：自然科学版，2013 (3).
[23] 马小丽. 民族地区职业教育发展的现状、问题与对策 [J]. 都市家教，2013 (5).
[24] 马小丽. 农民专业合作社货币资金管理存在的问题 [J]. 财会月刊，2012 (8).
[25] 马小丽. 农贸市场超市化改造对农产品流通的影响 [J]. 中国商贸，2011 (12).
[26] 陈建西，马小丽. 项目教学法在资产评估课程实践教学中的应用与完善 [J]. 教育与职业，2011 (11).
[27] 马小丽. 凉山州农业产业化发展对策研究 [D]. 雅安：四川农业大学，2010.
[28] 徐成波，马小丽. 当代大学生就业难的经济思考 [J]. 科技信息，2007 (10).
[29] 黄磊. 高职院校青年教师科研素质的现状分析与原因探究 [J]. 华章，2009 (1).
[30] 高平. 高职院校办学中存在的问题与对策 [J]. 辽宁教育研究，2007 (4).
[31] 徐建中，徐琼霞. 高职院校教育科研工作的地位与作用 [J]. 江苏社会科学，2008 (s1).
[32] 吴岩. 高等职业教育发展定位中的若干问题 [J]. 职业技术教育，2004 (19).
[33] 卢红学. 试论高等职业教育多元化主体办学体制的互补互动 [J]. 教育与职业，2004 (21).
[34] 陆璐. 提高高职院校青年教师科研素质的对策与有效途径 [J]. 华章，2009 (1).

[35] 黄小英．校企联合办学模式的经济分析［J］．集团经济研究，2007（9）．

[36] 龙祖坤，刘建兰．武陵山区高等职业教育多元化合作模式研究［J］．前沿职教新观察，2007（7）．

[37] 何林．浅谈高职教育的办学模式及体制创新［J］．中国成人教育，2007（6）．

[38] 王晓微．试析对我国高职教育管理体制与运行机制的若干思考［J］．职教论坛，2011（20）．

[39] 潘懋元，邬大光．世纪之交中国高等教育办学模式的变化与走向［J］．教育研究，2001（3）．

[40] 李建忠．国际职业教育发展现状、趋势及中国职业教育的基本对策［J］．外国教育资料，2000（6）．

[41] 胡永甫，何光全，唐阚勇．近年来我国中等职业教育现状与对策探析［J］．成人教育，2007（10）．

[42] 丁子平，田玉英．民族地区中等职业技术教育的调查与分析［J］．宁夏社会科学，2005（4）．

[43] 曹鸣，彭图亮．民族贫困地区中等职业教育改革与发展的思考——以湘西州的中等职业教育为例［J］．当代教育论坛：校长教育研究，2007（12）．

[44] 杨玉兰，杨琳，谢萌．我国民族地区中等职业教育存在的问题及其对策——以湘西自治州为例［J］．现代教育论丛，2008（12）．

[45] 张云华，江文涛，张丽，等．我国中等职业教育发展现状与对策［J］．职业技术教育，2005（34）．

[46] 郑晓云．论我国民族地区高等职业教育的发展［J］．职业时空，2007（17）．

[47] 古志华，古翠凤．浅论民族地区高等职业教育的发展［J］．职业教育研究，2007（3）．

[48] 李莉娜．影响职业教育发展因素浅谈［J］．出国与就业：就业教育，2011（14）．

[49] 马永涛．论民族高等院校职业教育的发展［J］．云南民族大学学报：哲学社会科学版，2005（5）．

[50] 易莉．试论职业技术教育在凉山州社会发展中的重要作用［J］．西昌学院学报：自然科学版，2010（4）．

[51] 易莉．凉山彝族地区毕摩文化与对当地社会基础的影响［J］．中华文化论坛，2012（5）．

[52] 易莉．对四川省民族地区高校教师专业发展环境的思考［J］．吉首大学学报，2009（6）．

[53] 易莉. 中等生的消极心理品质及应对措施 [J]. 商情，2011 (33).
[54] 易莉. 民族地区高等教育教学质量影响因素及对策分析 [J]. 西昌学院学报：社会科学版，2011 (3).
[55] 彭徐. 西部大开发与民族地区绿色教育研究 [J]. 西昌师范高等专科学校，2001 (4).
[56] 曹银根. 漫谈我国古代的职业技术教育 [J]. 职教论坛，1995 (3).
[57] 李延平. 政府主导下的澳大利亚教育公平 [J]. 外国教育研究，2009 (7).
[58] 胡永甫，何光全，等. 近年来我国中等职业教育现状与对策探析 [J]. 湖北大学成人教育学院学报，2007 (6).
[59] 关玲，肖亚丽. 欠发达少数民族地区中等职业教育问题与对策——以黔东南苗族侗族自治州为例 [J]. 毕节学院学报，2009 (7).
[60] 程千瑞. 少数民族地区中等职业教育发展路径探析——以我国西部A县为例 [J]. 重庆教育学院学报，2012 (2).
[61] 杨玉兰，杨琳，谢萌. 我国民族地区中等职业教育存在的问题及其对策——以湘西自治州为例 [J]. 现代教育论丛，2008 (12).
[62] 马永涛. 论民族高等院校职业教育的发展 [J]. 云南民族大学学报：哲学社会科学版，2005 (5).
[63] 王在朴. 民族地区高等职业教育的发展研究 [J]. 黔东南民族职业技术学院学报：综合版，2009 (1).
[64] 刘玉海，刘腾飞. 民族地区高等职业教育发展研究 [J]. 中国成人教育，2010 (18).
[65] 潘吉平. 大学生职业社会化的基本内容与特点 [J]. 中国成人教育，2011 (22).
[66] 任献华. 大学生职业意识教育研究 [J]. 吉林工程技术师范学院学报，2011 (5).
[67] 刘玉娟. 高等职业教育与学生职业社会化探微 [J]. 镇江高专学报，2006 (2).
[68] 王小琴. 四川省少数民族地区职业技术教育问题与对策研究 [J]. 民族教育研究，2007 (4).
[69] 黄永辉. 新加坡职业教育的特色及对我国职业教育的启示 [J]. 无锡商业技术学院学报，2007 (1).
[70] 李延平. 政府主导下的澳大利亚教育公平 [J]. 外国教育研究，2009 (7).
[71] 马小丽. 关于合并院校财务实质性融合的几点意见 [J]. 经济生活文摘，2012 (7).
[72] 马小丽. 高校后勤社会化改革财务管理问题初探 [J]. 大学时代：学术教

育，2005（11）.

[73] 马小丽，徐成波．合并高校财务管理模式探究［J］．西昌学院学报：自然科学版，2006（4）.

[74] 徐成波．民营经济与民族经济发展研究——以四川省凉山彝族自治州为例［D］．成都：西南财经大学，2008.

[75] 易莉．民族地区高等教育教学质量的影响因素及对策分析［J］．西昌学院学报：社会科学版，2011（3）.

[76] 教育部职业教育与成人教育司．职业教育与成人教育改革创新案例选编，2010（2）.

[77] 中国职教研究．海南省职业教育集团化办学案例研究报告，2011（8）.

[78] 赵成．海南省职业教育集团化办学案例研究报告，2007（11）.

[79] 李晶．西部地区高等职业教育与经济发展协调关系研究［D］．成都：四川师范大学，2008.

[80] 潘吉平．解析大学生职业社会化的基本含义［J］．高教探索，2011（5）.